노붐 유럽 테마사

일러두기

- 인명과 지명, 고유명사 가운데 외래어는 최대한 원어 발음에 맞춰 표기했다.
- 그러나 가톨릭과 마르크스처럼 현대 한국 사회에서 널리 쓰이는 표현이 존재할 경우, 이를 우선 적었다.
- 인물의 생몰년도는 자료마다 달라 학계에서 통용되는 시점을 기준으로 적었다.
- 유럽 대륙 외에 위치한 지역의 경우 첨자 표기를 하지 않았다.

# 노붐
# 유럽
# 테마사

진보 대 보수,

## 틀리고

좌파 대 우파,

## 맞다

권오중 · 김진호
지음

효형출판

이 책은 기존 서양사 책과 다르게, 연대기적 흐름에서 벗어
났다. 개론서로써의 익숙하고 관행적인 서술을 지양하고 본
론으로 곧장 진입해 긴박감이 넘친다. 각 장과 꼭지를 진행
할 때마다 그 사건의 단초를 풀어내 인과관계가 손쉽게 그
려진다. 무거울 수 있는 글을 부드럽게 해주는 설명과 비하
인드 스토리를 담아 이해를 돕는다. 독일에서 공부한 저자
가 직접 경험한 신선한 이야기들이 딱딱하고 고루한 역사를
생생하게 알려준다. 다만 고대부터 중세와 르네상스 그리고
현대에 이르기까지 정치·사상·철학 등을 중심으로 서술하
다보니, 시대마다 담겨 있는 문화·예술사 등 소프트한 이면
은 건너 뛰었다.

독일 중심의 '중부 유럽 구상'이 한때 유럽 통합의 뿌리였다
는 점을 알고 있는 사람이 얼마나 될까. 새로운 시각과 숨
겨진 이야기들로 유럽사를 보는 관점이 색다르다. 이제까
지 서양사는 영국·프랑스·스페인 등 서부 유럽은 물론 미
국 입장이 반영된 기술이 대다수였다. 신성 로마 제국과 오
스트리아-헝가리 제국으로까지 거슬러 올라 본 중부 유럽
의 시각은 우리에게 유럽을 바라보는 또 다른 안목을 제시
해준다. 중세 이후 천 년 이상 이어온 수많은 제후국의 존재
가 '동네주의'로 개념 잡히고 훗날 민주 사회로 정착하는 뼈
대가 된 것을 알고 있는가. 이는 '따로 또 같이'라는 고대 그

리스 폴리스 체제의 인문주의와 함께 어우러져 지금까지 이어져 온 유럽 통합의 밀거름이 되었다.

우리나라를 비롯한 동양권에서는 흔히 좌파는 진보, 우파는 보수나 수구로 단정짓는 경우가 많다. 시민 사회에서의 용어 사용은 물론 정파 간의 인식에서도 온통 혼돈이다. 심지어 선악의 잣대로도 남용되고 있다. 유럽에서 진보는 자유주의나 보수주의, 사회주의 가릴 것 없이 모두 공통으로 추구하고 지향했던 개념이었다. 결코 이념적으로 대치되지 않았다. 19세기 이래 유럽의 보수주의는 선제적으로 '진보적 보수'를 내세우고 '사회적 개혁'을 밀고 나갔다. 그 대표적 인물로 디즈레일리, 비스마르크, 아데나워 등을 꼽을 수 있는데, 이들은 하나같이 보수주의자들이었다.

나폴레옹의 '패권적인 유럽 원정'도 긍정적인 시각에서 접근한다. 자유주의 바람과 혁명의 기운을 유럽에 심은 전파자로 말이다. 그는 기득권층 소수를 제외하고는 모든 계층에서 열광적인 환영을 받았다. 특히 독일 땅 곳곳에서의 환대는 매우 인상적이다. 괴테의 환대는 더욱 눈물겹기까지 하다. 무릎 꿇고 손등에 입맞춤을 하며 "이 시대 최고의 영웅을 직접 만나는 이 영광을…."

이처럼 독일의 시각으로 본 유럽사를 통해 기존 지식을 뒤집어 보게 된다. 우리가 알던 편협한 상식을 뒤엎는 다소 역설적이고 도전적인 내용이 곳곳에 보인다. 독자들이 이 책을 통해 다른 시각으로 유럽을 바라보길 바란다. 아울러 우리가 잘못 알고 있던 정치 사상의 지형을 되새겨 보는 계기가 되었으면 한다.

# CONTENTS

# 1장.  이념의 등장

## 자유주의가 등장하기 이전에는
## 이념이 존재하지 않았다

# 1
# 자유주의의 뿌리, 계몽사상

#부르주아 #계몽주의 #사회계약론 #백과사전 #자유주의

# 절대주의

17세기 후반에 이르러 유럽 사회는 패러다임의 변화를 맞이한다. 바로 계몽사상Enlightenment의 등장이다. 계몽사상이 출현하게 된 배경에는 절대주의Absolutism 체제가 있었다. 근대에 접어들며 자리잡게 된 절대주의 체제는 중세 봉건 체제가 변형된 것이다. 중세의 봉건 영주들의 주종 관계는 쌍무적인 계약으로써 소제후부터 영작, 백작, 선제후, 공작 등을 거쳐 왕에 이르는 세력의 흥망성쇠에 따라 지위의 변화가 가능했던 수평적인 관계였다. 그러니 황제도 하나의 봉건 영주에 불과했다. 그러나 영주들의 관계가 수직이었던 절대주의 아래에서는 이러한 지위의 변화는 불가능했다. 절대주의 체제는 강력한 하나의 왕조가 등장해 그보다 세력이 약했던 여타 제후들을 정치, 군사적으로 압도하는 수직적 질서를 의미한다.

천여 년을 이어왔던 유럽식 봉건 체제가 변화하게 된 배경에는 부르주아들이 있었다. 중세에 부르주아는 도시민을 의미했는데, 도시나 성독일어로는 Burg. 프랑스어로는 Bourg에 거주하는 평민Bürger, Bourgeois들을 뜻했다.

중세에 이들은 왕이나 귀족에게 봉사하며 영세한 상업이나 수공업에 종사했었다. 그러나 신대륙 발견 이후 상업혁명 Commercial Revolution을 통해 이들은 빠르게 성장해 간다. 상업에 종사하는 부르주아들은 기존의 중세 봉건적 체제인 독립 국가들의 연맹 상태에서는 더 큰 이익을 얻을 수 없어 불평과 불만이 커져만 갔다. 국가마다 통용되는 화폐가 다르니, 국

유럽 중세에서 시민과 농민은 분명 구분되는 개념이다. 시민은 성안에 거주하며 수공업에 종사하는 사람들과 성주에 소속된 군인(기사), 시종들을 포함한 개념이었다. 이후 상공업이 발전하면서 시민의 개념은 자유 도시(영주에게 세금을 내고 자치권을 얻은 도시)들의 거주민까지 확대되었다. 다시 말해 시민이란 시민권을 가진 사람들에 국한된 개념이었다. 반면 농민은 성이나 도시 밖에 거주하며 시민이 아닌 사람들을 총칭하는 개념이었다. 현대 사회에서는 사실 국적민이 모두 시민권을 갖고 있지만, 아직도 시민과 농민을 구분해 사용하기에 다소 헷갈릴 수 있다.

유럽의 도시들을 여행하다 보면 왕이 거주했던 성 앞이나 시청 앞 광장에 일정 날짜에 반짝 시장이 열린다. 중세 시대에는 유럽에서 모든 상거래 행위는 여기서만 가능했다. 그 이유는 시장이 파할 때 그 지역의 지배자가 현장에서 바로 세금을 걷기 위해서였다.

---

상업 부르주아

절대주의 형성에 기여

자유주의 혁명으로 절대주의 붕괴

---

경을 통과할 때마다 각각 다른 영주들에게 세금을 납부해야만 했다. 부르주아들은 가장 강력한 왕조에게 세금을 몰아주고, 그의 도움으로 다른 지역에서는 세금을 건너뛰는 방법을 고안해 냈다. 부르주아들의 지원을 받은 왕조는 국가 체제를 더 번듯하게 해 강력한 군대를 갖추었고 소규모 영주들은 감히 넘보지 못하는 절대적 군주로 변모해 갔다.

결국 절대 왕조는 부르주아들의 재정적인 후원에 의해서 성립된 셈이다. 이렇듯 절대 왕조가 다른 영주들을 확고히 제압하는 체제가 절대주의 체제다. 역설적으로 절대주의 체제는 봉건 영주들의 쇠퇴와 시민 계급의 등장으로 형성되었다. 또한 '중상주의mercantilism'[1]라고 일컫는 절대주의 시대의 경제 정책은 절대 왕조가 자국의 부르주아들을 보호하고, 그들에게 가능한 한 많은 이익이 돌아가게 하는 일종의 보호 무역 정책이었다. 이러한 중상주의 정책은 식민지 없이는 불가능했다. 절대 왕조들은 더 많은 식민지를 얻기 위해 전 세계로 진출하는 데 혈안이 되었다. 16세기 이후 유럽의 각 지역에서 등장했던 절대 왕조들에는 프랑스의 부르봉Bourbon, 신성 로마 제국Heiliges-Römisches Reich der Deutschen의 합스부르크Habsburg, 프로이센Preussen의 호엔촐레른Hohenzollern, 러시아의 로마노프Romanov 왕조 등이 있었다. 그중에서도 절대 왕조의 전형을 꼽는다면 단연 부르봉이라 할 수 있다.

## 계몽이란?

계몽啓蒙은 영어로는 Enlightenment, 독일어로는 Aufklärung
이라 표기한다. 두 단어 모두 비슷한 의미를 가지고 있다.
독일어로 그 뜻을 풀어보자. Aufklärung은 Auf와 Klärung
이 합쳐진 단어다. 우선 Klärung은 klären알게 하다. 설명하다이라
는 동사의 명사형으로, '설명함' 또는 '알게 함'을 의미한다.
Auf는 보통 '위에'라는 뜻으로, 동사와 합쳐지면 무엇을 '열
다'의 의미로 해석할 수 있다. 따라서 Aufklärung은 '무엇을
열어 알게 함'이라는 뜻이 된다.

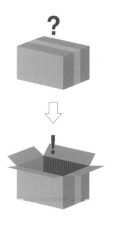

어떤 상자가 있다고 하자. 그것을 열어 속을 보기 전에는
무엇이 들어 있는지 모른다. 그러나 뚜껑을 열면 그 안에
무엇이 들어 있는지 확인할 수 있다. 이렇듯 계몽이란 알지
못했던 것을 알게 하고 깨닫게 해준다.

과거 사람들이 깨닫지 못했던 건 신분 제도, 즉 태어나면서
부터 수직적인 질서가 존재하는 인간 사회의 불합리였다.
신분제는 인간이 등장한 이래 가장 오래된 사회 제도다. 신
분제 사회에서 인간은 태어나면서부터 주어진 신분의 울타
리를 벗어날 수 없었다. 왕족으로 태어나면 왕이 되거나 그
에 버금가는 권력을 쥐었고, 노비로 태어나면 노비로만 살
아야 했다. 사람들은 이것이 잘못되었다고 생각조차 하지
못한 채 수천 년을 관행적으로 살아왔다. 신분제야말로 인
류 사회에서 가장 비합리적으로 이어진 잘못된 구습이었다.
이런 불평등과 불합리한 사회 질서가 잘못되었음을 지적하
고, 변화시키려고 했던 것이 바로 계몽사상, 계몽주의였다.[2]

계몽주의는 합리적인 사고와 이성을 통해 제반 사회 현상을 이해하고 구체적으로 실현하려 한, 즉 구습이나 미신 등[3]의 비합리적인 것들을 타파하려는 인류 역사상 가장 혁신적인 지적 운동이었다. 다시 말해 이성을 통해 정확한 개념을 이해하고 합리적인 원칙을 통해 모든 것에 접근하려 한 구체적이고 현실적인 시도였다. 무엇보다 계몽사상의 가장 의미 있는 시도는 신분 제도의 타파였다.[4] 17세기 후반에 시작된 계몽주의를 통해 세상은 비이성에서 이성의 시대로 변화했고, 기존의 패러다임은 크게 바뀌었다. 계몽주의를 통해 평등한 시민 사회를 지향했던 시도는 이후 자유주의Liberalism로 발전했다. 그리고 이는 미국의 독립 전쟁과 프랑스 혁명, 그리고 19세기 전반 유럽에서 발생한 시민 혁명의 이념적 뿌리가 되었다.


## 계몽주의 사상가들

계몽주의는 유럽에서 17세기 후반부터 시작해 18세기에 점점 무르익었으며, 주 무대는 단연 프랑스였다. 계몽사상이 등장한 때는 절대주의 시대였다. 국가와 정부 그리고 왕이 한통속인 구조 속에서 절대 군주들은 모든 권력을 독점했다. 한편 신대륙 발견 이후 부를 축적한 부르주아들이 늘어나 국가 조세의 대부분을 부담했다. 그런데도 절대 왕조들의 잦은 전쟁과 사치는 더욱 심해져 세금 부담은 끝이 없었고, 부르주아들의 불만은 한계에 이르렀다. 부르주아들은 조세의 책정 과정에 자신들도 참여하고 싶었으나, 현실적으로 평민이 정치에 참여한다는 건 어림도 없었다. 이러한 상황이 지속되자 정치적으로 불평등한 사회적 질서, 즉 지금까지 보편타당했던 것들에 대한 부르주아의 불만이 커져 갔다. 이런 상황은 개선될 기미가 없었다.

계몽사상에서 가장 선구적 역할을 한 사람은 영국의 존 로크John Locke, 1632~1704다. 의회주의Parliamentarism를 줄곧 옹호하던 로크는 제임스 2세James II, 1633~1701가 열거한 반역자 84명 중 한 명으로 지목되어 위험에 처하자 네덜란드로 피신했다.[5] 로크는 명예혁명Glorious Revolution에 연루되었다가 사면되자 그것을 옹호하며 2개의 논문으로 구성된 「정부론Two Treatises of Government」을 저술했다. 여기에서 그는 사회 계약과 자연권에 기초한 국민 주권과 재산권, 나아가 저항권까지 강조했다. 무엇보다 자연법에 기초한 자연권사상을 내놓기에 이른다. 자연법이란 모든 인간이 자유롭고 평등한 상태로 태어났다는 것을 의미했다.[6] 로크는 자연법에 뿌리를 둔 인간의 자연권은 천부적인 것으로 각자의 권리이기에 그 누구에게도 양도될 수 없다고 강조했다.[7]

정부의 새로운 개념을 제시한 존 로그.

「정부론」에서 로크는 '사회는 그 구성원들의 사회적인 계약에 의해서 형성되는 것이고 국가는 시민이 모인 사회civil society'라는 혁명적 주장을 폈다.[8] 다시 말해 사람들이 모이면 자연스레 우두머리가 정해지고, 그 우두머리는 다른 사람들을 지배하는 게 아니라 그들의 이익을 위해 봉사해야 한다는 것이다. 왕과 정부는 국민 위에 군림하는 것이 아니라 국민을 위해 존재해야 한다는 것이다. 국민이 없으면 정부도 없기 때문이다. 그는 국가는 국민과 영토로 구성되며 정부는 국민의 합의에 의해서만 존재하고, 국가는 영원하지만 정부는 잘못하면 교체될 수 있기에 영원히 존재할 수 없다고 했다. 결론적으로 로크는 국가, 정부, 왕이 하나라는 공식이 잘못되었다고 주장했다.

로크가 생각한 정부의 존재 이유는 무엇보다 국민의 생명과 자유, 그리고 재산 등 개인 자연권의 보호다.[10] 그 다음으로 법의 확립이 강조되었다. 법이 있기에 자유가 존재할 수 있고, 정부는 법을 확립시키고 궁극적으로 법을 통해 국민의 자유를 보장해야 한다고 본 것이다.[11] 즉, 국민의 권리를 무시하는 정부는 타도의 대상이라고 했다.[12] 만일 통치자가 사회적 계약을 위반하고 시민의 권리를 유린할 경우 이에 반항하는 것은 시민의 자연권이라는 것이다.[13] 따라서 저항권 The Rights of resisting은 인간의 천부적 권리인 자연권에 해당된다고 했다.[14]

로크는 철저한 법치주의Constitutionalism 옹호자였다. 그는 '법이 있기에 자유가 있다'[15]고 생각했다. 또한 법을 지키는 것만이 정의로운 것으로 이는 결국 개인에게 이익이 되고, 법에 대한 복종을 통해 개인의 자유와 생명 그리고 재산이 보호받을 수 있다고 했다.[16] 정리한다면 엄정한 법의 집행이 모든 개인에게 자유를 가져다 주는 전제 조건이기에, 법의 존재 가치는 통치자가 아닌 국민에게 있다고 거듭 강조했다.

그러나 로크의 이런 일련의 이론은 그의 죽음으로 영국에서는 더 이상 뿌리내리지 못했다. 그의 사상은 18세기 들어

한 국가에서 정부는 기업의 최고 경영자(CEO)와 같은 개념으로 이해해야 한다. 기업의 CEO가 주주들의 이익을 최고 목표로 삼듯이, 정부도 국민의 이익을 최우선으로 삼아야 한다. CEO가 잘못해 주주들에게 피해를 주면 주주들이 CEO를 교체할 수 있듯, 정부가 잘못하면 국민이 교체할 수 있는 권리가 있다. 정부도 CEO와 마찬가지로 국민에게 봉사해야 하는 존재이지, 국민 위에 군림할 수 없다. 「정부론」에서 로크는 국민이 정부를 교체할 권리를 가지고 있다는 이론을 전개했다.[9]

프랑스에서 계승, 발전되어 꽃을 피웠다. 때맞춰 프랑스에서는 주목받는 계몽사상가들이 속속 등장했다. 그중에서도 장 자크 루소Jean Jacques Rousseau, 1712~1778는 가장 의미 있는 인물이었다.

장 자크 루소.

루소는 「사회계약론Theories of Social Contract」, 「인간불평등 기원론Discourse on the Origin and Basis of Inequality among men」, 「에밀Emile」 등의 명저를 잇따라 내놓으며 불합리로 얽힌 온갖 비논리성을 비판했다.

여기에서 루소의 개별의지와 일반의지가 나온다. 인간 사회는 수많은 개별의지특수의지, volonté particulière: particular will가 모여 있고, 이 개별의지가 모인 것이 일반의지전체의지, volonté générale: geneal will이다. 그리고 사회는 일반의지에 의해 움직여야 하고, 이를 위해 개별의지는 일반의지에게 양보를 해야 하는 것이다.

그 당시 일반의지는 국민 전체의 의지였고, 개별의지는 왕과 귀족 등 지배 세력의 의지였다. 루소는 소수개별의지가 다수일반의지를 무시하고 자신들의 의지를 관철시키는 것을 독재라고 규정했다. 그는 사회나 국가는 그 구성원 전체의 사회적 계약에 의해 성립된다고 봤다. 주권은 구성원 전체에게 있는 것이지, 왕이나 귀족 등 특권층에게 양도된 것이 아니라고 역설했다. 인간은 자신의 주권을 정부에 양도한 게 아니라 위탁한 것에 불과하다는 주장이다. 이것이 바로 루소의 '사회계약설'이다.

또한 그는 일반의지는 법 질서가 확립되는 뿌리로, 일반의지의 표현이 진정한 법의 실현이라 했다. 정부왕가 이를 무

시하면 자연히 독재가 되기에, 왕정부은 축출되어야 한다고 했다. 결국 정부나 법은 일반의지의 의미 있는 구현을 위해 존재해야 한다고 했다.[17] 아울러 루소는 인간이 자연 상태에서 완전한 자유와 평등을 누리고 있었다며 '자연으로 돌아가라'고 했다. 이 말은 자연 상태의 자유와 평등을 쟁취해야 함을 강조한 혁명적인 의미였다.

개인은 공동의 힘이라 할 수 있는 일반의지에 따라 자신을 보호할 수 있기에, 루소는 일반의지에 대한 복종이 전체적이고 완전해야 한다고 강조했다.[18] 나아가 루소는 개인의 사익에 해당하는 특수의지개별의지와 집단 이기주의를 경계했다. 다수를 따르고 공익을 존중하는 것이 무엇보다 필요하다고도 했다.[19]

그는 민주주의Democracy를 운영할 수 있는 능력을 가진 시민들은 전체 사회가 요구하는 일반의지가 무엇인지를 인식해야 한다고 생각했다.[20] 따라서 루소는 사회가 원하는 일반의지를 이해하고 특수의지를 양보할 수 있을 때 비로소 민주주의가 가능하다고 보았다.[21]

루소는 직접민주주의Direct Democracy를 선호했기에, 주권만은 누군가에 의해 대신 행사될 수 없다고 했다. 루소가 남긴 말 가운데 이런 표현이 있다.

"영국 사람들은 그들이 자유인이라고 생각할 수 있지만 천만에, 그들은 크게 오해하고 있다. 그들은 의회 의원들을 선거하는 동안만 자유이지 대표자들이 뽑히는 순간 노예로 전락하며, 인민주권은 그만 휴지 조각이 되어 버린다.[22]"

영국의 민주주의를 바라보면서 루소는 대의민주주의

Representative Democracy의 부정적인 면에 주목했다. 왜냐하면 그는 대의제로 선출된 대표들의 정치귀족화를 우려했기 때문이다.[23] 루소는 「사회계약론」에서 민주주의에 대한 비판적 견해를 드러낸다. 진정한 민주주의는 성인聖人들에서나 가능한 것이지, 실질적으로 민주주의란 결코 존재하지 않았고 앞으로도 그럴 것이라며, 비관적인 입장을 취했다.[24] 만일 소수가 특수의지로 무조건 관철시키려 한다면 전체를 위한 의사결정은 할 수 없다고 했다. 그것은 성숙한 민주주의가 아니며[25] 공동의 선Common good과 공동의 이익Common interest을 추구하지 않으므로 불평등만 수반될 것이라고 했다.

## 백과사전의 편찬

계몽 시대에 계몽사상가들은 백과사전의 편찬으로 인류사에 업적을 남긴다.[26] 백과사전은 일반 시민들이 모르는 것을 설명하기 위해 만들어졌다. 백과사전이야말로 모든 사실을 객관적으로 기술해야만 한다. 특정 인물에 대해 주관적이고 자의적으로 서술한다면 그것은 백과사전에 들어갈 수 없다. 계몽사상가들은 무지몽매한 일반인들에게 조금이나마 객관적인 정보를 제공함으로써, 스스로 판단하고 행동할 수 있게끔 도움을 주어야 했다. 백과사전의 편찬은 계몽사상을 확산시킬 수 있는 계기를 마련했다.[27] 지식을 집대성한 진보라는 개념이 인간의 의지에 의해 실현될 수 있다는 것을 보

1773년 계몽주의자인 디드
로(Denis Diderot, 1713~1784)
와 달랑베르(Jean Le Rond
d'Alembert, 1717~1783)가 편찬
한 백과사전.

여주었다.[28] 프랑스의 백과사전에는 35권에 달하는 방대한
분량의 지식이 담겼다.

백과사전은 프랑스 혁명이 일어날 때까지 수십 년 간 프랑
스 모든 분야로 파고들며 큰 영향을 끼쳤다. 이 백과사전을
편찬했던 사람들을 우리는 흔히 백과사전파Encyclopédistes라 부
른다. 신문도 이때 처음으로 발행됐다. 정치, 경제, 사회, 문
화 등 최신 정보를 쏟아내 프랑스 사회를 크게 변화시킨다.
정보가 물밀듯 몰려오자 자유, 평등, 주권에 대한 시민 의식
은 더욱 고취되었고, 평등한 사회로의 전환은 큰 흐름을 잡
아나갔다.[29]

## 자유주의의 출발

자유주의는 근대 서양에서 계몽주의의 영향으로 만들어지
고 발전되었다. 그리고 근대 시민 사회의 가장 기본적 가치
이자 사상으로 자리잡았다. 신분 제도와 같은 이전의 체제
를 벗어나려 한 계몽사상가들은 경제적으로 크게 성장한 부
르주아들에게 사회 질서를 바꿔야 한다고 역설했다.

자유주의는 개인의 정치, 경제 행위에서 자유와 평등을 추
구했다. 정당한 경쟁을 저해하는 장애 요인을 없애고, 자유
시장과 법 앞에서 시민의 평등을 강조했다. 자유주의는 개
인주의Individualism에 따른 법치주의에 그 뿌리를 두고 있다.
개인주의는 자유를 바탕으로 한 책임을 강조하며 소명과 직

업 의식을 통해 부를 축적하는 데 적극적인 사상이라 할 수 있다. 개인주의는 다른 사람에게 피해를 주지 않는 범위에서 자신의 이익을 도모하는 것으로 무분별한 탐욕을 의미하는 이기주의와는 확연히 다르다. 법치주의는 로크가 강조했듯 자의적 지배보다 법에 의한 지배가 평등하게 이뤄져야 한다고 주장했다. 한마디로 자유주의자들은 법에 기초한 공화주의적 민주주의를 지향했다.

본래 자유주의는 평등한 법적 지위를 쟁취하기 위한 정치적 자유주의에서 출발했으나, 자유주의 세력의 주체였던 부르주아들의 경제적 이해 관계를 감안해 경제적 자유주의로 확장되었다. 경제적 자유주의는 경제 활동의 자유, 재산권의 확립 등 개개인의 경제적 권리를 의미했다. 아울러 국민들에 대한 정부의 자의적 규제나 횡포를 거부한다. 국민들의 동의를 얻은 공정한 법을 위반하지 않는 한 개인의 자유와 재산을 완벽하게 보장해야 한다는 것이다.[30] 이는 뒤이어 자유방임주의laissez-faire로 발전하였다.

# 2
# 유토피아를
# 거부하다,
# 보수주의

#에드먼드 버크 #비스마르크 #법치주의 #개혁의 아이콘

## 유럽의 보수주의

보수주의Conservatism라는 개념은 시대에 따라 변화되어 왔기에, 구체적으로 정의를 내리는 것은 쉽지 않다. 보수라는 용어가 처음 쓰여지기 시작한 것은 자유주의 혁명 시기로 거슬러 올라간다. 1789년 프랑스에서 유럽 최초의 자유주의 혁명이 일어났을 때 혁명으로 말미암은 급격한 변화에 제동을 걸고 나서며 보수주의라는 용어가 처음 등장했다. 당시 기존 질서를 뒤집는 것에 대한 거부로 나타난, 구체제로 복원시키려는 총체적인 개념으로 '보수'라는 단어가 세상에 나타난 것이다. 이후 보수주의는 구체제의 질서를 지지하는 정치적이자 사상적 운동을 의미했다. 18, 19세기를 거치며 유럽에서 보수주의는 자유주의, 사회주의Socialism와 더불어 3대 이데올로기 중 하나로 자리매김한다.

보수주의라는 개념을 처음 사용한 사람은 영국의 에드먼드 버크Edmund Burke, 1729~1797였다. 그는 영국의 휘그당Whig Party을 이끄는 정치인이자 사상가로서 프랑스 혁명 직후인 1790년 「프랑스 혁명에 대한 고찰Reflections on the Revolution in France, and On the Proceedings in Certain Societies in London, 1790」이라는 논문을 발표한다. 국가는 유기적으로 연관되며 앞으로 나아가는 것이고 모든 제도들도 온갖 시행착오 끝에 정착되었기 때문에 단기간에 이성에만 치우쳐 진행된 개혁은 매우 비역사적이라고 비판했다. 또한 혁명가들의 합리주의를 내세운 이상주의적 개혁 시도는 자칫 거창한 투기장이 될 수 있다고 강조했다. 그리고 그는 사람들이 정의를 가장하여 보존되어야 할 가치

있는 전통까지 닥치는 대로 파괴하는 것에 대해 심히 우려했다. 버크는 공동체의 질서에 대한 존중은 물론, 신에 대한 경외심 등 그 사회가 지킬 만한 가치가 있는 미덕과 전통은 높게 평가되어야 한다고 했다. 또한, 권위에 따르는 책임인 '노블레스 오블리주Noblesse Oblige'를 강조했다. 버크는 급진적 혁명가들이 자칫 전체주의Totalitarianism에 휩쓸려 무책임한 정치 집단으로 흘러갈 수 있다고 경고했다. 개혁이야 좋은 것이지만, 개혁의 명분 뒤에 도사린 전체주의, 즉 독재는 잘못된 것이라고 했다.

보수주의의 선구자 에드먼드 버크.

"평준화하려는 자는 결코 평등화하지 못한다."

그는 미국의 독립 혁명에 대해서는 높은 평가를 하면서도, 프랑스 혁명이 지나치게 이상주의에 치우친 것에 대해서는 부정적이었다. 또한 그는 급진주의자들의 계급 평등화 시도에 대해서도 반대했다.

"평준화하려는 자는 결코 평등화하지 못한다."라는 버크의 말이 이를 잘 대변해준다. 그는 창조적이고 생산적인 사회에서 더 높은 지위로 올라가고 싶은 것은 누구나 당연하다고 보았다. 그렇지만 그런 지위 상승이 노력 없이 거저 이뤄져선 안 된다고 했다. 버크는 혁명가나 개혁주의자들이 일련의 선동으로 평등이나 평준화를 강조했으나 실패했다고 보았고, 그들만이 높은 지위를 독점해 결국은 수구화되는 모습을 경계했다.

이후 보수주의는 자유주의가 보편화되는 것과 더불어 뿌리를 내리는데, 자유주의 사상의 한 갈래인 법치주의와 긴밀히 연동된다. 이런 관점이라면 "악법도 법이다."라고 한 소크라테스Socrates, 기원전 470~기원전 399를 보수주의의 시초로 볼 수도 있지 않을까. 개인주의와 법치주의 사상은 혁명이 진전되고 자유주의가 사회의 모든 부분에 파고들자 한층 강화된다. 그렇게 보수주의는 자유주의와 함께 법치주의를 기반으로 발전해 갔다.

맥밀런 백과사전The Macmillan Encyclopedia에 적시된 보수주의의 정의는 매우 명쾌해 보인다.

"보수주의는 검증되어진 공동체를 지향하며 도덕성과 양심에 따라 대중에 영합하는 포퓰리즘Populism에 회의적이다. 그리고 물질적이고 감성적인 사람들로부터 지지 받는 중도 좌파 및 극단적 좌파들의 선동 전략에 반대하는 것이다."[31]

영국에서는 프랑스 혁명이 성공하고 시민의 권리가 신장되자 정당 이름들이 바뀐다. 토리당Tory Party이 보수당Conservative Party으로, 휘그당이 자유당Liberal Party으로 개칭한다. 영국의 보수 정치인들은 수구성에 머물던 과거 보수의 의미를 진일보해 새롭게 정립시켜 나간다. 보수당 당수였던 디즈레일리Benjamin Disraeli, 1804~1881는 보수의 변화에 누구보다 앞장선다. 1876년엔 개혁 입법에도 손을 대 획기적인 선거권 확대에 나섰다. 디즈레일리 정부는 1879년에 이르러서는 노동법을 개정했고 교육법, 위생법 및 공중보건법 등을 제정했으며 노동자들에게 결사 시위의 자유를 허용하는 등 약자들에게 이익이 돌아가게끔 했다. 또한 그는 노동자 주거 개선을 위한 법 제정은 물론 주택 마련용 저렴한 대출까지 마련했다. 그러나 디즈레일리 개혁 입법의 진수는 단연 선거법 개정이라 할 수 있다. 노동자들에게 선거권을 부여하자 유권자 수가 무려 250만 명에 이르렀다. 실로 대중민주주의Mass

개혁 정책을 펴 대중적 지지에 성공한 보수당의 디즈레일리.

Democracy의 발판을 놓았다고 할 수 있다. 그전까지 팽팽한 경쟁 관계였던 자유당은 보수당의 이런 움직임에 밀려 점차 세력을 잃어만 갔다. 유럽 대륙에서 폭발했던 자유주의 혁명이 영국에서도 불붙기 전에 먼저 개혁의 패를 쥐고 참정권을 확대하고, 노동자 복지에 앞장섰던 것이 영국의 보수 세력이었다. 결국 디즈레일리의 보수주의 개혁은 탄탄대로를 걸었고 영국의 보수당은 지금까지도 영국 정치의 한 세력으로 그 힘을 이어가고 있다.

버크의 보수주의 개념과 가치는 독일에서 깊이를 더하며 발전하게 된다. 18세기 초, 독일의 보수주의 사상가들은 버크와 마찬가지로 계몽사상에 따른 이상주의적 개혁을 반대하며 자유주의에 맞섰다. 이후 버크의 영향을 받은 할러Karl Ludwig von Haller, 1768~1854, 사비니Friedrich Carl von Savigny, 1779~1861, 게를라흐Ernst Ludwig von Gerlach, 1795~1877, 슈탈Friedrich Julius Stahl, 1802~1861 등과 같은 법률가들에 의해 보수주의는 새로운 국면을 맞는다. 특히 마부르크 대학교Philipps-Universität Marburg의 법학 교수였던 사비니는 보수주의가 법치주의에 기반해야 한다고 했고, 자유는 재산권과 연결되어 있다고 강조했다. 이후 독일의 보수주의 역시 법치주의에 기반하며 허황된 유토피아를 철저히 배격했다. 독일 보수주의 사상가들의 다수가 법률 전문가였다는 점에 특히 주목해야 한다.

1871년에 통일 독일 제국Deutsches Reich의 등장과 함께 정치적으로 보수주의를 밀고 나간 인물이 출현했으니 다름 아닌 비스마르크Otto Eduard Leopold von Bismarck, 1815~1898였다. 그는 프로이센루터교의 소귀족 가문 출신임에도 불구하고 시대의 변화

를 읽고 귀족들에게 기득권을 포기하게 하
는 등 법에 따른 보수주의를 표방했다. 그
의 정치 행보는 철두철미하게 법에 따른
것으로, 당시에 일던 변화를 탄력적으로
수용하면서 법치를 일궈 나갔다. 그는 자
유주의를 탄압이 아닌 협력의 대상으로 삼
고 한편으로 가톨릭주의에 대해서는 모호

뮌스터 성당(오른쪽)과 루터교
교회(왼쪽).

한 태도를 취한다. 어떤 면에서는 제국 내의 뿌리 깊은 지역
주의Regionalism와 종교 갈등을 자극하기도 했다. 그는 가톨릭
세력을 문화적으로 굴복시키려 했으면서도 내심 가톨릭 전
통의 독일 민족 국가들을 하나로 통합하려 했다. 이를 문화
투쟁Kulturkampf이라고 한다.

비스마르크는 제국 내 가톨릭 세력에 대해 심리적 압박을
해 나갔다. 그러나 상황이 급변한다. 사회주의 세력이 급성
장한 것이다. 어쩔 수 없이 문화 투쟁은 중단되고 노동자 세
력을 제압하는 쪽으로 방향을 틀어야 했다. 그의 노동자 정
책은 아주 유연했다. 그들의 요구를 적극 수용하는 전략을
쓴 것이다. 그 유명한 비스마르크의 사회보장제도 도입이
그렇게 시작되었다.

비스마르크는 당시 독일 제국 내의 모든 정치 세력을 똑같
이 대하지 않았다. 그는 제국의 정치적 통합에 걸림돌이 될
수 있는 경쟁적인 종교 세력에는 강압적인 문화 투쟁을 통
해 접근해 갔다. 하지만 사회의 불안을 초래할 수 있는 노동
자들의 요구는 과감히 수용했다. 비스마르크야말로 시대의
변화와 요구가 무엇인지를 꿰뚫어 본 보수주의 정치가였다.

독일의 본(Bonn) 한복판에
뮌스터 성당(Bonner Münster)
이라는 오래된 성당이 있
다. 이 지역은 종교 개혁 이
후에도 주교령 등이 이어지
면서 현재까지도 가톨릭 지
역으로 남아있다. 그런데 이
지역이 프로이센에 통합된
후 비스마르크는 뮌스터 성
당 맞은편에 십자가 교회
(Kreuzkirche)라는 루터교 교
회를 높이 올려 성당을 내려
다보게 했다. 루터교 신자가
거의 없었던 본에 뮌스터 성
당보다 높게 올린 교회는 이
지역 가톨릭 교인들의 자존
심을 상하게 했다. 이는 종
교적 차원의 선전포고나 다
름 없었다. 비스마르크의 문
화 투쟁은 이런 방식으로 전
개되었다.

제 1차 세계대전 이후 바이마르 공화국 시대Die Wiemarer Republik, 1919~1933에 보수주의 정치는 가톨릭 세력에 뿌리를 둔 중앙당Zentrumspartei이 이어받았다. 히틀러Adolf Hitler, 1889~1945의 제 3제국Drittes Reich 시절에는 모든 정당이 해산되어 보수주의 정치가 단절되었다가 제 2차 세계대전 이후 중앙당의 후신이라고 할 수 있는 기독교민주연합Christlich Demokratische Union, CDU이 독일의 보수주의 정치를 이어오고 있다.[32]

사회 정의와 자유주의 경제를 조화롭게 추진해 사회적 시장 경제를 성공적으로 실현시킨 서독 기독교민주당의 아데나워도 보수주의 정치인이었다. 그의 개혁은 라인강의 기적을 실현시켰다.

## 보수Conservatism와 수구Reactionary는 다르다

보수주의를 영어로 'Conservatism' 이라 하는데, 이는 '무언가를 지킨다'라는 라틴어 Conservare에서 유래했다. 반면에 수구는 영어로 Reactionary로 표기한다. 보수와 수구는 같은 의미가 아니다. 일반적으로 수구는 어떤 변화에 반대하는 '반동'의 의미로 사용된다.

현대의 정치적 용어로써 보수와 수구는 반드시 구분되어야 한다. 보수가 건전한 윤리와 관습, 전통을 지키면서도 시대의 요구를 수용하며 지속적인 변화와 개혁을 추구하는 이념이라면, 수구는 현재 상태를 최고로 여기며 현재에 만족하고 그 어떤 변화도 수용하지 않는 개념이다. 보수와 수구의 구분은 시대적, 사회적 변화를 수용하는지, 개혁이 가능한지 여부로 판단할 수 있다. 그러나 이는 변화의 주체가 누구냐에 따른 상대적인 개념이기도 하다. 18~19세기에 진행되었던 자유주의 혁명 시기에는 구질서로 복귀를 원하는 세력이 수구 세력이었다면 20세기 초 러시아 혁명 당시에는 혁명에 저항하는 러시아 왕당파와 자유민주주의 세력이 수구 반동이었기 때문이다. 한마디로 보수주의는 그 용어가 처음 등장했을 당시에는 과거의 것을 지킨다는 의미였지만, 자유주의와 사회주의가 등장하면서 예전의 좋았던 것은 지켜나가며, 새로운 것은 취하고 변화시켜 나가는 온고지신溫故知新을 실천한다는 의미로 바뀌었다.

## 유럽에서 보수는 항상 변화를 추구한다

19세기 독일의 보수주의 사상가 후버Victor Aimé Huber, 1800~1869는 보수적인 것이야말로 자유와 진보의 원천이 되기 때문에, 사회가 진보하기 위해서는 보수적 태도가 필요하다고 주장했다.

그는 보수주의는 무엇보다 진보적이어야 한다고 강조했다. 후버는 자유주의에 뿌리를 둔 보수주의자였고 또한 철저한 법치주의자였다. 그의 자유주의에 대한 이상은 보수주의 사상과 결합한다. 후버는 사회를 유기적인 공동체로 보고 기독교 윤리에 기반한 법치를 지켜내기 위해 보수 정당의 필요성을 수차례 강조했다. 그는 1841년 「독일에서의 보수 정당의 요소, 가능성과 필요성에 대하여Über die Elemente, die Möglichkeit oder Notwendigkeit einer konservativen Partei in Deutschland, 1841」라는

독일에서 보수주의 정치의 이론을 제시한 후버.
그는 후에 비스마르크의 요청으로 독일의 협동조합 및 노동조합에 대한 입법에 참여한다.

논문을 발표했고 이듬해 「반대 의견, 보수 정당에 대한 부록 Die Opposition, Ein Nachtrag zu der konservativen Partei, 1842」이라는 논문을 발표해 개혁 시대를 열어갈 보수 정당의 창당을 주장했다. 즉, 보수 세력이야말로 사회적 개혁에 앞장설 수 있다고 분명히 정의한다. 후버의 이런 사상은 비스마르크의 개혁 입법에 큰 영향을 준다. 그는 비스마르크의 개혁 법제화에 적극 나선다. 실제로 당시 독일 사회의 개혁 입법은 거의 보수주의자들에 의해 이뤄졌다고 해도 과언이 아니다. 또한 비스마르크는 참정권을 확대하는 정책을 일관되게 추진했다.[33]

전후 서독 경제를 부흥시킨 '라인강의 기적Wirtschaftswunder'의 밑바탕이 됐던 경제 철학은 다름 아닌 '질서자유주의Ordoliberalismus'였다. 그 질서자유주의에서 비롯된 정책은 다름 아닌 '사회적 시장 경제Soziale Marktwirtschaft'였다. 사회적 시장 경제란 시장 경제의 효율성과 성장을 존중하면서도 분배 및 사회 정의를 함께 시행해 간 정책이었다. 이를 동요 없이 꾸준히 밀어붙인 건 보수주의 세력인 독일 기독교민주당이었다.[34] 유럽 정치에서 보수는 항상 변화를 추구한다.

보수주의 이론과 관련해 또 한 명의 보수주의자 스크런튼 Roger Scruton, 1944~2020[35]이 주목된다.[36] 그는 근대의 보수주의가 전통적 자유주의자인 토마스 홉스Thomas Hobbes, 1588~1679, 제임스 해링턴James Harrington, 1611~1677, 존 로크 그리고 몽테스키외 Montesquieu, Charles-Louis de Secondat, 1689~1755 등의 영향을 많이 받았다고 했다. 그는 개인의 해방은 관습과 제도의 유지 없이는 불가능하다고 강조하며, 진정한 개혁과 진보는 사회적 전통을 감안해 점진적인 균형을 이룰 때 가능하다고 보았다. 그

고대 그리스 아테네의 정치가였던 솔론(Solon, 기원전 640~기원전 560)은 "법은 거미줄 같아서, 약한 자만 걸리고, 강한 자는 줄을 끊고 달아난다."라고 했다. 그의 말은 법이 약한 자들만을 구속할 뿐, 강한 자는 구속하지 못한다는 것을 지적한 것이다. 이것을 보수의 정의에 치환해 보면 법치를 무시하는 강한 자들은 절대로 보수주의자가 될 수 없고, 독재자가 된다는 것을 말해준다. 결국 2600여 년 전 폴리스 시대도 현재의 인간 사회와 다르지 않았다. 보수주의자라면 절대로 법을 무시해서는 안 되고, 법치를 준수해야 한다. 만약에 법이 잘못되었다면 그 법을 개정하도록 노력해야지 법을 무시해서는 절대로 안 된다는 것이다.

리고 이런 맥락에서 보수주의야말로 대중의 주권에 대한 진보적 개념을 수용하는 계몽의 산물이라고 했다.[37]

19세기 중반 디즈레일리는 진보적 보수Progressive Conservative라는 단어를 자주 쓰며 일련의 사회적 진보 정책을 꾸준히 실행해 나갔다.[38] 현대 영국 정치에서 진보적 보수주의 프로젝트를 자주 발표했던 총리들이 있다. 2010년부터 2016년까지 보수당 당수를 역임했던 카메론David Cameron, 1966~과 그 뒤를 이은 테레사 메이Theresa May, 1956~다. 그들은 자신을 진보적 보수주의자라고 당당하게 내세웠다.

19세기 이후 유럽의 많은 나라에서 나타난 획기적이거나 주목할 만한 개혁안은 대부분 보수주의 세력의 작품이라 할 수 있다. 올바른 의미의 보수주의는 사회 구성원 모두에게 공평하게 이익이 돌아가게 하는 것이다. 그래서 제 2차 세계대전 이후 유럽의 보수주의 정당들이 좌파와 정책 대결을 하는 양상을 언뜻 보면 큰 차이를 보이지 않는다. 정강 정책에서 굳이 차이를 말한다면 실행 방법의 차이뿐이다.

유럽의 정당들은 저마다 상징색을 가지고 있다. 좌파 계열은 노동자를 상징하는 색인 빨강을 주로 사용하지만, 우파 계열에서는 검은 색(극우)도 있고 파란색(우파)도 있다. 또한 자유주의 혁명 이후 부르주아 중심의 자유주의 계열은 노랑을 사용한다. 20세기 후반에 등장한 녹색당은 환경이 중심이기에 녹색을 사용하지만, 이를 제외하곤 모두 단색을 사용한다. 보라색 같은 혼합색은 이념을 표현하기에 어려움이 있어서인지 잘 쓰이지 않는다. 분홍색은 동성애자 단체 등에서 사용한다.

| 극우파 | 자유주의 계열 |
|---|---|
| 우파 | 녹색 |
| 좌파 | 극좌파 |

## 극단적인 우파와 보수주의는 다르다

런던 정치경제대학교London School of Economics and political science, LSE 철학 교수였던 과학 철학자 칼 포퍼Karl Popper, 1902~1994는 진보라는 말을 사용하는 것 자체가 매우 오만한 행위라고 했다.

칼 포퍼.

"우리는 모두 다
틀릴 수 있다."

그는 저서 『열린 사회와 그 적들Open Society and Its Enemies, 1945』을 통해 역사상 진보라는 용어를 마구잡이로 남용하고, 막연하고 추상적인 이념을 강조하는 사람들의 위선과 이중성에 대해 신랄히 비판했다. "우리 모두는 다 틀릴 수 있다."[39] 이 말은 칼 포퍼의 철학 세계를 상징하는 대명제였다. 포퍼는 나만의 이론과 정책, 그리고 사상들이 진보를 이루고 발전하게 된다는 자기 확신을 경계하며 그런 유토피아주의Utopianism로 흐르게 되는 것은 아주 위험하다고 일침을 놓았다. 그는 인간은 누구나 완벽하지 않기에 그들이 생각한 정책이나 사상들도 틀릴 수 있다고 보았다. 포퍼는 내 생각만이 진보를 가져온다고 고집하는 자들을 유토피아주의자들이라고 강렬히 비판했다.[40] 그는 전체주의의 기원이 유토피아주의에서 비롯됐으며 '나만이 옳고 정의롭다'라는 생각이 이 세상을 아주 참혹하게 만들었다고 했다.[41]

더구나 유토피아주의는 좌우에 상관없이 마구 인용되었던 개념이었다. 역사상 좌우를 불문하고 포퓰리즘에 젖어 극단적 유토피아를 내세우고 선동했던 정치 세력들은 하나같이 전체주의 독재로 나아갔다. 실제 극우 포퓰리즘은 나치즘Nazism과 파시즘Fascism이라는 전체주의로 변질되었고 극좌 포퓰리즘은 공산주의Communism라는 전체주의로 바뀌었다. 결론적으로 극단적인 우파 세력들은 보수주의와는 전혀 무관한 것이다.

# 진보는 좌파만의
# 전유물이 아니다

우리나라에서는 보수와 진보를 이념적으로 상대적인 개념
이라고 여긴다. 그러나 유럽에서는 보수주의를 우파라 하고
사회주의 계열을 진보라 하지 않고 좌파라고 한다. 진보라
는 개념은 자유주의 계열이나 보수주의 계열 그리고 사회주
의 계열이 공통적으로 추구하는 개념이기 때문이다. 진보의
가치는 변화와 개혁에 있고 이는 수구의 상대적 개념일 뿐,
어떤 이념적인 가치가 아니다. 그러나 우리나라에서는 좌파
라는 용어에 대한 부정적인 이미지가 강하기에, 진보라는
용어를 마치 이념적인 용어처럼 사용하고 있다. 때문에 보
수 진영은 상대적으로 변화와 개혁을 거부하는 수구 집단으
로 매도되고 있다.

# 3
# 분배의 문제가
# 떠오르다,
# 사회주의

# 사회주의가 말하는 것

산업혁명Industrial Revolution은 자본주의Capitalism의 성장에 큰 기여를 했지만, 한편으로는 수많은 도시 공장 노동자를 양산했다. 이들은 열심히 일해도 생활 수준이 개선되기는커녕 저임금에 시달리며 열악한 나날을 보냈다. 비참한 생활에서 벗어나지 못하는 가난한 노동자들이 사회에 만연하며 불만은 점점 쌓여만 갔다. 산업화는 부익부 빈익빈 현상을 가속화시켰다.

사회주의는 자본가와 노동자 간의 분배 문제가 본격적으로 수면 위로 떠오르면서 등장했다.[42] 사회주의는 자본가 위주의 분배 논리에 이의를 제기했다. 이는 생산 수단의 공유화를 강조하며 공정한 분배를 지향했던 경제적 이론이기도 하지만 동시에 정치적 운동이었다.

사회주의 이론가 중 가장 먼저 떠오르는 인물은 칼 마르크스Karl Marx, 1818~1883다. 그의 저서 『자본Das Kapital, 1867』[43]에는 사회주의의 대표적 논의가 집약되어 있다. 자본주의 사회에서는 '자본 + 노동 = 이익 창출'이라는 기본적 이론이 등장한다. 그는 이익 창출에 있어 자본돈과 노동일을 동등한 가치로 간주했다. 즉 둘 중에 하나라도 없으면 이익을 창출할 수 없기에, 이익은 자본가와 노동자에게 합리적으로 분배되어야 한다는 대명제를 내세웠다.

마르크스는 자본주의 체제에서 자본가의 차지가 되는 '잉여 가치'의 문제점을 지적했다. 본래 뜻은 부가적 가치로, 다시 말해 정당하게 얻어지는 가치

칼 마르크스.

"금융은 자본주의에 기생한다."

합리적 분배

자본 + 노동 = 이익 창출

외에 부수적으로 떨어지는 가치를 의미한다. 마르크스에 따르면 자본가의 목적이 최대의 이익을 창출하는 것은 분명하지만, 판매가와 원가의 차이에서 발생하는 이익은 인위적으로 조작할 수가 없다. 그러나 자본가들은 이에 만족하지 않고 더 많은 이익을 얻으려고 한다. 자연스럽게 쉽게 가치를 창출하는 방법을 떠올리게 됐는데, 이 가운데 가장 효율적인 방법이 바로 노동 임금의 착취였다. 하루 8시간의 노동으로 받는 정당한 임금이 10만원이라고 가정하고 아래의 표를 살펴보자.

| 사례 | 노동 시간 | 임금 | 잉여 가치 | 수혜자 |
|------|-----------|------|-----------|--------|
| A | 8 | 10만원 | 0 | 무 |
| B | 8 | 5만원 | 5만원 | 자본가 |
| C | 16 | 10만원 | 10만원 | 자본가 |
| D | 16 | 5만원 | 15만원 | 자본가 |

위에서 볼 수 있듯, 노동자들이 정당하게 받아야 할 대가는 잉여 가치가 되면서 자본가에게 돌아간다.[44] 다시 말해 초과된 노동의 가치가 잉여 가치로 전환되어 자본가의 몫이 된다는 것이다. 또한 마르크스는 더 많은 잉여 가치를 얻기 위해 분배 과정에서 조작이나 기만 행위가 나타날 수 있다며 자본가의 잉여 가치가 증가할수록 노동자에 대한 착취가 정비례하게 증가한다고 강조했다.[45] 따라서 그는 잉여 가치를 창출하는 생산 수단은 마땅히 사유 재산이 아닌 공공 자산이 되어야 한다고 주장했다.

## 마르크스가 지적한 자본주의의 모순

마르크스는 인간 사회의 발전 과정을 정-반-
합으로 설명했다. 정ㅠ은 보름달같은 전성기를
말하고, 반ㅇ은 그믐같은 몰락함을 의미한다.
이와 다르게 정과 반이라는 현상이 더 나타나
지 않고 정의 상태가 계속 유지되는 것을 합ㅎ

이라 했다. 마르크스는 인간의 역사가 정과 반이 반복되는
과정이라고 설명했다. 그는 이것을 인간 개인뿐만 아니라
한 민족이나 국가의 경우에도 적용할 수 있다고 보았다. 또
한 그는 한 민족이나 국가가 멸망하는 것도 생산 수단의 소
유 문제에서 비롯된다고 생각했다. 생산 수단이 소수에 쏠
리면 빈부 격차가 더욱 심해지면서 가난한 사람이 넘쳐날
것이므로 그 사회는 반드시 붕괴된다고 본 것이다. 마르크
스는 정과 반이 더 이상 반복되지 않는 합의 상태를 사회주
의라고 하였다.[46] 그는 사회주의가 합으로 나타나기 바로 직
전을 '자본주의가 정점에 도달한 시기'라고 했다.
마르크스는 자본주의의 몰락에는 또 하나의 자체적 모순이
존재한다고 주장했다. 그 내부적인 모순은 다름 아닌 이익
분배 문제에 관한 것이었다. 이익은 그 이익을 만드는 데 기
여한 자본가와 노동자들에게만 돌아가야 하는데, 생산 과정
에는 참여하지도 않은 채 자본주의 구조 속에서 기생하며
반사 이익을 얻는 제 3의 집단이 그 이익을 가져갈 때 자본
주의는 붕괴된다고 보았다.[47] 그 제 3의 집단의 실체를 그는
금융이라고 지목했다.

일반적으로 자본가와 노동자 모두 돈을 필요로 한다. 그러니 쉽게 채무자 신세가 될 수밖에 없다. 거기서 발생하는 이자는 그만큼 자본가, 노동자의 이익이 빠져나갔음을 의미한다. 즉, 갚아야 할 이자가 불어나면 은행이야 수익이 늘어나지만, 자본가와 노동자들의 몫과 이익이 은행 차지가 되어 결국에는 파산하게 된다. 그리고 이들이 파산하면 이자는커녕 원금조차 회수되지 않으니, 끝내 은행도 파산하게 되고 결국 자본주의가 붕괴되고 만다는 것이다.[48]

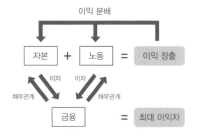

## 사회주의적 개념에서의 민주주의

1947년에 간행되었던 구소련의 대백과사전Большая советская энциклопедия에는 민주주의를 "프롤레타리아Proletariat 일당 독재"라고 정의했다. 이는 공산주의 체제에서 민주주의를 이해하는 특유의 방식이다.

자본주의가 개개인의 능력을 최대한 인정하고 보장하는 반면, 사회주의는 개인보다는 전체의 평등한 삶을 최우선 순위에 둔다. 자본주의 체제에서는 개인의 능력 여하에 따라 빈부의 격차가 생겨나고, 그에 따라 필연적으로 경제적 계층의 분화로 이어진다. 이것을 자본에 의한 '인간 희생'이라고 할 수 있다. 그러나 사회주의는 이런 현상을 비민주적이라고 맹렬히 비판했다.[49] 사회주의적 관점에서 보면 진정한

민주주의는 소수의 자본가들이 자본을 독점하고 노동자들의 희생을 강요하는 체제가 아니다. 인간이 자본에 예속되지 않으며 노동의 정당한 가치가 구현되는 평등한 사회적 체제를 의미한다. 따라서 자본주의는 다수 노동자의 희생을 전제로 하기 때문에 결코 참된 민주주의가 아니라고 보았다.

시대를 막론하고 구성원 대다수는 노동자이기에 민주주의는 전체의지를 반영할 수 있는 노동자 중심이어야 한다는 것이다. 바로 이것이 '프롤레타리아 독재'를 의미한다.[50] 전체의지로 이루어진 프롤레타리아 독재야말로 거대 자본 권력과 강요된 희생을 막을 수 있기에, 마르크스가 규정한 '합'의 상태가 되는 것이다. 따라서 마르크스는 민주주의 투쟁 과정die Bekämpfung der Demokratie에서 최종 승자는 프롤레타리아 계급이라고 확신했다.[51]


## 사회주의가 간과한 문제점들

사회주의는 민족이나 지역을 불문하고 모든 노동자들을 '동무'라고 호칭해 동등하게 여기며 인간이 지닌 본질적인 욕망을 애써 무시했다. 인간은 본능적으로 이기적인 성향을 갖고 끊임없이 탐욕을 버리지 못한다. 사회적 지위를 얻기 위해 더 높은 학력을 지향하고 그에 따라 더 많은 재산을 쌓으려는 본성이 있기 마련이다. 실제 이 경쟁을 통해 사회는 발전했고 근대에 이르러 그 속도가 더욱 빨라졌다. 그에 비해 사회주의는 능력에 따른 개개인의 경쟁을 철저하게 인정하지 않았다.

예를 들어 힘센 사람과 허약한 사람에게 각각 쌀 가마니를 옮기라고 했다 치자. 당연히 이 두 사람의 하루 작업량은 큰 차이가 날 수밖에 없다. 그런데 일당이 같다면 힘센 사람은 대충 일할 것이고 골골한 사람 역시 눈치만 살필 것이다. 그러니 생산성과 능률은 현저히 떨어져 하루면 끝낼 일이 몇 날 며칠이 걸릴 것이다.

처음부터 사회주의는 공산 사회적 이상향을 꿈꾸며, 인간이 능히 잘 운영해 나갈 것이라고 인간을 과대 평가하는 우를 범했다. 사회주의의 비효율성에 대해 영국의 존 스튜어트 밀John Stuart Mill, 1806~1873은 간명하면서도 함축적인 말을 던졌다.

"설령 사회주의가 자리를 잡더라도 그것은 결코 합이 아니며 또다시 붕괴될 수 있다."

왜냐하면 인간의 본성을 무시한 이상향은 윤리 의식이 아주 높은 사람들로만 이루어진 사회에서나 가능하기 때문이다.[52]


## 사회민주주의와 공산주의의 차이점

사회주의는 자본가와 노동자 간의 합리적이고 공평한 분배를 목적으로 등장했다. 그리고 생산 수단을 공동으로 소유함으로써 빈부 격차가 없는, 경제적으로 평등한 사회를 만들고자 했다. 하지만 실천 방법에서 간극이 생겨, 결국 사회민주주의Social Democracy와 공산주의로 분화되기에 이른다.

두 노선 모두 노동자들을 대변한 것은 같다. 그러나 그 정책 방향에서만큼은 차이를 보인다. 분배 방식의 차이가 우선 눈에 띈다. 사회민주주의는 자본주의 체제를 인정한다. 정당한 노동의 대가를 강조하고 사회적 분배를 중요시한다. 반면, 공산주의는 생산 수단도 함께 소유하고 동등하게 나누는 식의 분배를 고집했다. 전 산업의 국유화 및 공유화 문제에서 사회민주주의는 상당히 유보적이었다. 더 나아가 자본주의 사회를 부르주아 계급의 지배와 기만으로 보는 마르크스주의적 관점을 거부했다. 다시 말해 사회민주주의는 시장 경제의 기능을 인정하며 생산 수단의 국유화보다는 적절한 국가의 개입으로 성장도 가능하고 공정한 분배까지 이룰 수 있다고 보았다.[53]

사회주의 이념의 실현 방식에서도 큰 차이를 보인다. 사회민주주의는 자유민주주의 체제 속에서 다른 이념의 정당들과 경쟁을 통해 노동자들의 정당한 권리와 이익을 얻게 해줄 수 있다고 본 반면, 공산주의는 자유민주주의와 그 속의 모든 정치적 집단을 인정하지 않고, 오직 사회주의 집단만이 모든 것을 독재적으로 처리해야 한다고 주장했다.

사회민주주의는 시장의 순기능에 수긍하고 사회주의를 발전시켜 나가는 데 있어서도 혁명은 철저히 배제했다.[54] 사회주의를 지향하는 것은 맞지만 변증법적 유물론사적유물론, 국

에두아르트 베른슈타인.

사회민주주의의 선구자는 독일의 베른슈타인(Eduard Bernstein, 1850~1932)이다. 그는 사회주의는 폭력이 아닌 합법적인 수단으로 구현될 수 있다고 하며, '자본주의는 반드시 붕괴하며 사회주의는 계급 투쟁, 혁명과 프롤레타리아의 일당 독재로 가능하다'는 정통적인 마르크스주의에 대해 반대했다.[57] 이러한 수정주의가 사회민주주의로 나타났다. 그는 자본주의 사회는 결코 취약하지 않으며 실업, 과잉생산, 불평등한 부의 분배 등의 문제를 극복해 나가고 있다고 했다. 또한 사회주의는 노동계급과 부르주아 계급 간의 갈등으로 촉발되어 이루어지는 것이 아니라 계급 간의 잘못된 구조를 개선한다면 그 역할을 다한 것이라고 했다. 그는 보통 선거로 노동자들이 투표권을 행사할 수 있는 만큼 바람직한 선거 제도를 바탕으로 훌륭한 사회주의 체제를 건설할 수 있다고 했다.[58]

가 소멸론, 계급 투쟁 등 마르크스의 핵심 이론들은 시민들에겐 불필요한 이론이라며 과감히 거부했다.[55] 또한 사회민주주의자들은 계급 투쟁과 프롤레타리아의 독재를 포기하기에 이른다.[56] 의회를 인정하는 점진적인 개혁도 인정한다. 그에 반해 공산주의는 폭력을 동원한 혁명으로 사회주의를 실현해야 한다고 했다. 현재 영국의 노동당이나, 독일의 사민당 등 좌파 거대 정당들은 모두 사회민주주의 계열로, 공산주의 정당들과는 명확히 구분된다.

공산주의는 1990년 소련이 붕괴되면서 사실상 소멸됐다고 볼 수 있다. 사회민주주의는 오늘날에도 유럽 좌파 정당들의 이념적 토대가 되어 보수와 부르주아적 자유주의 정당의 상대 세력으로 존재하고 있다.

## 공산주의 체제의 의미

공산주의는 생산 수단의 사적 소유를 금지하면서, 공유화를 통해 공평한 분배를 지향하는 그야말로 이론상으로는 평등한 체제였다.[59] 이는 프롤레타리아의 일당 독재를 전제로 한다. 대표적인 국가로 소련이 있었다. 그러나 이들은 역사상 최악으로 평가 받는 수구적인 체제로 변질되고 말았다. 공산주의에서 그토록 내세우는 평등은 형식에 그쳐 실질적인 참정권 행사와는 거리가 멀었고 소수 당원들이 권력을 쥐고 독재를 했다. 쿠바 공산 혁명의 지도자 체 게바라Che Guevara,

Ernesto Guevara de la Serna, 1928~1967는 전 세계 노동자들이 동지라는 명분 아래 타 민족에 대한 강제 병합을 일삼았던 소련을 또 다른 제국주의Imperialism 국가라고 맹렬히 비방한 바 있다.[60]

초기 공산주의 세력은 역사상 가장 혁신적이라고 평가 받기도 했다. 그러나 혁명 성공 후 공산당 귀족소수의지을 위한 체제로 전락하고 만 것이 결정적인 오류였다. 공산당은 기존의 마르크스주의적 관점을 포기하지 못하는 한계를 지닌 채, 내부적으로 수구화되며 부패를 전혀 극복하지 못했다. 또한 마르크스의 사회주의에서 파생된 공산주의는 인간이 어떤 감정도 없는 기계일 경우에만 유토피아Utopia가 실현 가능한 이론이었다. 하지만 인간은 저마다 부와 명예를 탐하는 욕망에 찬 존재이기에, 개별적 능력 차이를 처음부터 부정한 공동체 실험은 생산성의 오류 등 온갖 문제를 극복하지 못하고 실패할 수밖에 없었다. 한마디로 공산주의는 노동자들의 전체의지이익를 대변하지 못했기에 종말을 맞이했던 것이다.

체 게바라.

영화 〈모터사이클 다이어리 (The Motorcycle Diaries, 2004)〉 에서 주인공으로 다루어지기도 한 체 게바라. 그는 장관 재임 시절 일선 현장에서 맨몸으로 땀 흘리며 일했다.

## 공산주의와 북한

사회주의에서는 노동자 계층의 이익이 최우선이기 때문에, 민족의 개념이 중요하지 않다. 그래서 각기 자국에서 활동하는 보수주의 계열과는 다르게 유럽 각국의 사회민주주의 계열은 전체가 연대하여 연맹을 구성하고 있다. 또한 공산주의는 자유주의 혁명 이후 평등한 시민 사회에서 자본가와 노동자를 이분법적 계급으로 규정하였다. 공산주의의 가치는 전 세계 노동자 계급의 연대를 통한 노동자 중심의 사회 구현이었다. 과거 소련은 소비에트 연방Soviet Union의 약자로, 역시 노동자 연대를 강조했다. 이를 통해 주변에 있는 타 민족들의 지역들과 국가들을 강제로 함병할 수 있었다. 공산주의에서는 민족보다 우선인 것이 바로 노동자 계급의 연대였다.

북한의 정식 국호는 조선민주주의인민공화국이다. 여기서 민주주의는 프롤레타리아 일당 독재를 의미하고, 인민은 노동자를 의미하며 동시에 과거 모든 공산주의 국가의 명칭에 공통으로 사용되었던 표현이다. 그런데 문제는 '조선'이라는 명칭이다. 조선은 자유주의에서뿐만 아니라 공산주의에서도 타도의 대상인 왕조의 명칭이기 때문이다. 과거 공산

주의 국가들 중에서 왕조의 명칭을 사용한 국가는 단 한 곳
도 없었다. 따라서 아직도 북한이 사용하고 있는 조선이라
는 국호는 양반과 천민을 구분했던 신분제 사회의 상징이기
때문에 공산주의의 개념과 가치에 맞지 않는 이율배반적인
명칭이다. 또한 노동자 계급의 연대와 단결보다 민족의 주
체를 강조하는 민족주의를 표방한 주체 사상도 공산주의의
본질과는 전혀 다른 이념이다.

북한이 사용하는 공화국이라는 명칭은 왕정이 폐지되고 시
민이 중심이 된 체제를 의미한다. 그러나 북한은 선거제가
무의미한 권력 세습이 이뤄지기에 실질적으로는 왕조 국가
라고 해도 무방하다. 따라서 북한이 공화국이라고 자칭하는
것도 모순이다.

# 좌파 정권의 집권 기간이
# 짧은 이유

독일의 전후 70여 년의 역사에서 사민당이 정권연정을 차지
했던 기간은 대략 20년 남짓이다. 다른 서유럽 국가들에서
우파와 좌파의 집권 기간도 대략 비슷한 경향을 보인다.

1998년 11월 25일, 영국의 영향력 있는 언론 매체인
《SUN》에서 독일의 재무 장관 오스카 라퐁텐Oscar Lafontaine,
1943~이 파안대소하는 사진을 1면에 소개하며 그를 '유럽에
서 가장 위험한 인물'이라고 지목했다.

기사화되기 전인 같은 해 10월, 독일 연방 선거를 통해 16
년 간 지속되었던 기민-자민 연립정권을 무너뜨리고 등장
한 사민-녹색의 연정은 곧바로 막대한 재정 지출을 단행했
다. 당시에 독일에서 유학 중이었던 저자도 연방 정부가 월
세로 거주하는 모든 국민에게 매월 지급하는 월세 보조금
Wohngeld을 그해 11월부터 두 배로 받게 되어 생활에 도움을
받았다. 하지만 이것은 단지 하나의 사례일 뿐이었다. 당시
독일 정부는 사회 각 분야에서 막대한 재정 지출을 감행했
다. 이를 주도했던 인물이 라퐁텐이었고, 통합 작업이 한창
진행 중이었던 유럽에서 각국은 라퐁텐의 이러한 정책 기조

를 매우 위험하다고 보았다. 그 이유는 막대한 재정 지출로 야기될 독일의 인플레이션이, 화폐 통합이 예정된 유럽 연합의 재정 운영을 어렵게 만들 것이기 때문이었다.

노동자가 압도적 다수인 유럽에서 좌파 정권들의 집권 기간이 짧은 이유는 과도한 재정 지출로 인한 인플레이션과 세금 인상, 그리고 경기 침체와 실업률의 증가 때문이었다. 그런데 이러한 현상이 1998년 10월 사민당의 집권과 동시에 나타날 조짐이 보이자, 결국 이듬해 3월에 수상인 슈뢰더 Gerhard Schroder, 1944~는 라퐁텐과 담판을 하기에 이르렀다. 슈뢰더는 라퐁텐에게 "당신이 물러나지 않으면 내가 물러나겠다. 그렇게 된다면 녹색당과의 연정도 깨지고, 연방 의회 선거를 다시 해야만 한다. 우리가 16년 만에 집권했는데, 다시 선거를 한다면 승리한다는 보장이 없다"라고 했다. 과도한 재정 지출에서 파생된 문제들은 정권의 존망과도 직결되는 문제였던 것이다. 그래서 라퐁텐은 장관 취임 후 불과 5개월 만에 연정의 유지를 위해 자진 사임 형식으로 재무부를 떠났다.

사실 슈뢰더가 수상이기는 했지만, 사민당의 실권자는 라퐁텐이었다. 하지만 라퐁텐이 수상 후보가 된다면 경제계의 반발이 심했기 때문에, 고육지책으로 2인자인 슈뢰더를 내세워 선거에 겨우 승리했었다. 라퐁텐의 사임은 당시 독일에서 충격적인 사건이었다. 사민당 내의 1, 2인자 간의 충돌은 '제 3의 길'을 걸었던 2인자 슈뢰더의 승리로 마무리되었다.

# 4
# 민족주의의
# 사생아,
# 전체주의

#무솔리니 #파시즘 #히틀러 #나치즘

## 민족주의

내셔널리즘Nationalism은 경우에 따라서 국민주의, 국가주의 또는 민족주의라는 의미로 쓰이고 있다. 하지만 우리나라에서는 주로 민족주의로 통용되고 있다. 유럽 학계에서도 대공황Great Depression, 1929 이후의 내셔널리즘은 민족주의에 가까운 개념으로 보고 있다. 민족주의는 어느 한 민족이 독립성自主性을 유지하는 것을 목표로 하는 사상이다.[61] 타 민족의 지배에서 벗어나 해방이나 독립을 목표로 하는 것으로 프랑스 혁명 이후 자리잡다가 제국주의 시대와 민족자결원칙 제창, 베르사유 체제 때 절정에 달했다. 어느 민족이 타 민족의 지배에서 벗어나 자유롭게 되는 것은 바람직하지만, 19세기 말부터 20세기 초까지는 민족 간의 치열한 분규와 갈등이 거듭되며 결국엔 충돌의 원인으로도 작용했다.

## 전체주의

전체주의는 개인보다 전체의 가치를 우선시하는 이념으로 개인은 전체의 방향에 따라야 하고, 경우에 따라서는 희생도 감수해야 한다는 원칙을 담고 있다. 여기서 의미하는 전체의 가치는 계몽사상에서 말하는 전체일반의지가 아닌 소수의 집권 세력소수의지이 추구하는 가치이다. 또한 대부분의 전체주의 국가는 독재 국가로, 민주주의 국가와는 거리가 멀다. 무소불위의 국가 권력이 국민의 개인적인 일상까지 간섭하거나 통제할 수 있었다. 전체주의야말로 민족주의에서 아주 비합리적으로 엉뚱하게 파생된 민족우월주의 또는 민족적 자부심에 바탕을 두고 있다. 이탈리아의 파시즘과 독일의 나치즘이 바로 그 대표적인 예라 할 수 있다. 히틀러와 무솔리니Benito Mussolini, 1883~1945는 제 1차 세계대전 후 팽배했던 국민적 불만에 편승해 온 나라를 선동했다. 피해 의식에 찬 이들에게 민족주의를 자극했고, 이를 이용하여 전체주의적인 정권을 수립했다.

## 파시즘

무솔리니.

파시즘[62]은 지나치게 자기민족중심적인 입장에서 출발한다.[63] 따라서 민족을 하찮게 여기는 공산주의식의 독재와는 정반대의 개념이다.[64] 파시즘은 민족주의적인 성향을 거부하는 공산주의와 사회주의를 적대시한다. 극우 성향의 정치 집단이 모든 권력을 독점한 하나의 협동체 국가Corporate State를 이루는 것을 목표로 했다. 아울러 파시즘은 민족 간의 불평등을 당연한 현상으로 보고, 제국주의적 팽창 정책을 정당화했다. 그래서 국민은 절대 권력자에게 무조건 복종해야 하고, 그 권력자가 국가 전체를 독재로 통치하는 방식을 추구했다. 즉 사회의 전 분야에서 획일화된 국가를 목표로 했다.

# 나치즘

나치라는 용어는 독일어로 National-sozialistische Deutsche Arbeiterpartei, 즉 '국가사회주의 노동자당<sup>약칭 NSDAP</sup>'이라는 뜻이다. 그런데 나치라고 약칭으로 부르는 것은 이들을 비하하는 속뜻을 담고 있다. 그래서 일반적으로 학술 전문서적에서는 약칭이 아닌 전체 표기로 '국가사회주의 노동자당'을 사용한다. 나치즘은 이들의 이념과 사상을 지칭하는 용어이다. 국가사회주의는 독일 민족이 세상에서 가장 뛰어나다는 전제하에 반유대주의, 인종주의<sub>Racism</sub>, 국수주의<sub>Chauvinism</sub>, 반공산주의, 반자유주의, 반민주주의, 심지어 사회진화론까지 갖다 붙인 민족우월주의였다. 그중에서도 민족 혹은 인종차별이 유별났다. 히틀러가 직접 분류한 도표는 참 괴기하다.

히틀러는 가장 우수한 인종으로 아리안족을 뽑았는데, 이에 해당되는 독일인과 영국인, 그리고 스칸디나비아인들이 세계를 지배해야 한다고 했다. 라틴계 민족은 지적 능력은 괜찮으나 마냥 게으르고 도통 믿을 수가 없기에 적당히 관리해 일상적인 행정 업무나 시키면 된다고 봤다. 슬라브계 민족은 지적 능력도 형편없기에 오로지 단순 노동에나 어울린다고 주장했다. 그리고 유색 인종은 인간이기는 한데 미개하기에, 살던 대로 내버려 두며 교화해야 한다고 했다. 이것을 '아리안의 사명'이라고 강조했다. 유대인에 대한 생각은 정말 가관이다. 유대인은 인간의 형상을 하고 있지만, 사회에 피해만 주는 인간 이하의 존재라고 주장했다. 심지어

| 히틀러의 인종 분류 |
| --- |
| 1. 아리안(Aryan, 독일 민족) |
| 2. 라틴 |
| 3. 슬라브 |
| 4. 유색인종 |
| 5. 인간 이하(Untermensch) = 유대인 |

전 세계에 흩어져 있는 유대인을 한데 모아 아프리카의 동쪽 마다카스카르에 수용할 계획까지 세웠다. 처음에는 대다수의 독일인들은 이러한 민족우월주의에 동조하지 않았지만, 피해 의식 속에 분노하던 이들이 하나둘 히틀러의 주장에 수긍하면서 그에 대한 반감이 줄어들었다.

국가사회주의 노동자당은 처음 출범했을 때는 지지율이 불과 1%에도 미치지 못하는 군소 정당이었다. 그러나 1929년 경제 대공황이 도약의 기회가 되었다. 처음부터 나치는 반공산주의와 반유대주의를 주요 정책으로 밀고 나갔다. 어디서나 그렇듯 중산층은 자본가와 각을 세우며 동시에 공산주의에도 상당한 반감을 품고 있었다. 중소 자본가들도 히틀러를 지지하는 분위기였다. 바이마르 공화국의 우유부단한 외교 정책이 못마땅했던 국수주의자들도 국가사회주의 노동자당 쪽으로 기울고 있었다. 물론 노동자들에게도 유대인 자본가는 혐오의 대상 그 자체였다. 국가사회주의 노동자당은 다양한 계층의 국민을 자기 쪽으로 결집시켜 나갔다.

1933년 1월 30일, 히틀러는 총리의 자리에 올랐다. 그는 곧 자신의 권력 기반을 단단히 하기 위해 의회 해산을 단행했다. 투표일을 일주일 앞둔 1933년 2월 27일 밤, 제국 의회 의사당이 화염에 휩싸였다. 그는 이때다 싶어 이 사건을 공산주의자들의 소행으로 몰고 갔다. 다음달 5일 총선에서 국가사회주의 노동자당은 288석으로 드디어 제 1당이 되었다. 여기서 눈여겨볼 대목이 있다. 사회주의 정당들에 대한 온갖 음해와 테러까지 자행하면서 치러진 총선을 통해 나치가 제 1당이 되었지만 히틀러 개인에 대한 거부감은 56%에 달

국가사회주의
노동자당의 지지도 변화

| 연도 | 의석수 |
| --- | --- |
| 1924년 | 20석 |
| 1928년 | 12석 |
| 1930년 | 577석 중 107석, 사회민주당에 이어 제2당이 됨 |
| 1932년 | 608석 중 230석(37.4%) 제 1당이 됨, 공산당은 100석 |
| 1932년 | 608석 중 211석(33.1%) |
| 1933년 | 608석 중 267석(43.9%) |

했다는 것이다. 이는 당시에도 독일 국민의 과반수는 히틀러를 지지하지 않았다는 것을 말해준다.

1933년 3월 23일 친위돌격대Schutzstaffel, SS가 의사당에서 공포스러운 시위를 하면서 국가사회주의 노동자당은 가톨릭 중앙당을 협박해 무소불위의 정부 권력과 바이마르 헌법을 사멸시키는 수권법Ermächtigungsgesetz을 통과시켰다. 이어 공산당 Kommunistische Partei Deutschlands, KPD과 사회민주당Sozialdemokratische Partei Deutschlands, SPD도 불법화하고 가톨릭중앙당을 해산시킨다. 1934년 1월에는 연방 참의원까지 없애면서 독일을 연방이 아닌 중앙 집권 국가로 바꿔버렸다. 1934년 8월, 대통령이었던 힌덴부르크Paul von Hindenburg, 1847~1934가 사망하자 히틀러는 기다렸다는 듯이 곧바로 대통령제를 폐지하고 스스로 대통령과 총리를 아우르는 초유의 거대 권력을 거머쥐는 총통이 되었다. 이로써 바이마르 공화국은 종말을 맞이한다.

국가사회주의 노동자당의 일당 독재 국가를 히틀러는 '제 3 제국'이라고 명명했다. 제 3 제국은 개인을 국가에 예속시키면서 정부에 대한 어떤 비판도 허용하지 않았고, 자유 시장 경제를 철저한 국가 통제 체제로 전환시켰다.[65] 그리고 실업자들을 공공 프로젝트와 군수 산업에 동원하며 일자리를 늘리고 경제가 돌아가게 만들었다.

나치즘이 승승장구할 수 있었던 또 다른 요인이 있었는데 그것은 다름 아닌 산업 자본 집단이었다. 전통적으로 산업이 발달했던 독일에서는 일찌감치 자본가 계층이 형성돼 있었다. 이들은 당시 많은 식민지를 보유하고 있던 국가들과의 경쟁에서 뒤쳐질 수밖에 없었다. 기존 산업 자본가들은

1933년 3월 24일 나치의 일당 독재를 가능하게 했던 수권법(Ermächtigungsgesetz) 통과 다음날 발매된 나치 기관지 《Völkischer Beobachter》의 1면 기사. 헤드라인은 '제국 의회가 아돌프 히틀러에게 지배권을 넘겼다'이다.

히틀러가 집권한 이후의 독일의 공식 명칭은 '제 3 제국'이었다. 그는 '제 1 제국'을 신성 로마 제국, '제 2 제국'을 독일 제국으로 보았다. 자신이 만들고자 하는 국가가 두 제국을 계승하는 정통성을 지녔다고 주장했다.

더 넓은 시장을 원했기에 팽창 정책을 추구하는 나치를 적극적으로 후원한다.[66] 결국 나치의 야욕이 주변국으로 뻗어가는 것은 시간 문제였다. 나치 독일은 베르사유 체제를 전면 거부했으니 기득권을 가진 국가들과의 충돌은 불가피했다. 이로 인해 결국 제 2차 세계대전이 터지게 된다.

# 아리안족의 기원

인도 북부 지역에서 기원한 아리안족은 기원전 6천 년에서 3천 년 사이에 인도-아리안과 인도-게르만족으로 분화되었다. 현재 인도, 파키스탄, 방글라데시, 이란, 아프가니스탄, 타지키스탄 등 과거 페르시아 제국Persian Empire에 속했던 민족들도 모두 아리안의 후손이다. 이곳에서 인도-게르만족은 서쪽으로 이동하여 오늘날의 유럽인이 되었다. 이들은 다시 라틴, 게르만, 슬라브족으로 나뉘었다. 이들은 모두 아리안의 방계 후손이다. 그러나 히틀러가 생각하는 아리안은 인도-게르만족에서 파생된 게르만족을 의미했기에 전체 아리안의 개념과 곧잘 혼동되는데 둘은 엄연히 다르다.

또한 이란을 페르시아 제국으로 착각하는 경우가 흔하다. 페르시아는 오늘날 이란의 남쪽 지역인 Persis현재명 Pars에서 유래했다. 과거 페르시아 제국은 다민족 국가로, 페르시아족은 그들 중 하나였다. 과거 페르시아 제국의 영역이었던 곳에는 현재 다양한 국가가 존재한다. 이들 중 처음으로 1936년에 독립한 나라가 이란이다. 이들이 이 국호를 사용하자, 독립을 준비 중이었던 타 민족들이 격렬히 항의했다. 그들도 훗날 독립하게 되면 이란이라는 국호를 사용하려 했기 때문이다. 이란은 아리안을 의미한다.

옛 페르시아 제국은 7세기에 아랍인들에게 정복당하면서 이슬람교로 개종되었기에, 보통 사람들은 이란 등 아리안계 국가들을 아랍 문화권으로 오해하기도 한다. 하지만 이들은 아랍인들과 민족도, 언어도 완전히 다르다.

# 2장. 자본주의에 기생하는 금융

## 금융은 자본주의에서 필요악인가?

# 1
# 막다른 골목에 선 자본주의, 대공황

## 자본주의의 역기능

공황이란 말은 영어로 Depression으로, 이는 '우울함'을 의미한다. 아울러 공황은 우울한 상태가 오래 지속되어 아무 희망이 없는 상황을 말한다. 따라서 경제 공황은 경제적으로 희망이 없어진 채 우울증 상태에 빠졌음을 뜻한다. 자본주의 체제의 순기능이 한계점에 도달하고, 시장이 통제되지 못한다면 공황이 나타날 수 있다. 역사상 최악의 경제 공황은 1929년 미국에서 시작돼 1930년대 유럽을 휩쓴 세계 경제 대공황이었다.

제1차 세계대전 후 유럽 국가들은 피해를 복구하기 위해 미국으로부터 막대한 차관을 들여오고 대부분의 공산품을 수입했다. 그야말로 미국에 의존할 수밖에 없었다. 독일 역시 엄청난 배상금을 마련하기 위해 우선적으로 산업을 가능한 빠르게 복구하려 했다. 이 역시도 미국의 도움 없이는 불가능했다. 연합국에 지불해야 하는 배상금에, 미국에도 이자 및 수입 비용을 내야 했던 독일은 이중 삼중의 고통에 시달렸다.[67] 여러 의미에서 베르사유 체제는 독일인들이 밤낮으로 일해서 미국과 영국, 프랑스 등을 먹여 살리는 구조였다.[68] 이 시기에 독일인들은 아무리 열심히 일해도 결코 가난을 벗어날 수 없었다.

반면 미국은 돈이 넘쳐났다. 패전국은 물론 승전국으로부터도 복구 비용 이자가 눈덩이처럼 들어왔다. 유럽 승전국들의 경제 상황도 아주 좋았다. 전후에도 해외 식민지는 그대로 유지했고 독일로부

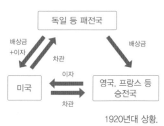

1920년대 상황.

터 막대한 배상금도 받았으니 나쁠 리가 없었다. 이런 상황은 1920년대 내내 지속되었다. 서양 현대사에서는 이 시기를 '황금의 20년대the Golden 1920s'라고 부른다.[69]

차고 넘치면 탈이 난다는 말이 있다. 경제적으로 풍족했던 상황이 아이러니하게도 공황을 일으키고야 말았다. 마르크스가 예견했던 상황이 찾아왔다. 은행을 비롯한 모든 금융 기관들이 조금이라도 더 이익을 내기 위해 수많은 채무자를 양산해 위기가 가중되었다. 이자 수익을 얻기 위한 저리 대출은 무분별한 투자를 유도했고 대공황 직전에 증시와 부동산이 활황이었다.

경제 공황의 바로 전에 찾아오는 것이 디플레이션deflation이다. 디플레이션은 통화 수축을 뜻하며, 통화 팽창을 의미하는 인플레이션inflation과는 반대의 개념이다. 통화 팽창은 말 그대로 시장에 돈이 넘쳐나 화폐 가치가 떨어지고 물가는 오르는 상태다. 반대로 통화 수축은 시장에서 돈이 사라지는 것을 의미한다. 디플레이션이 오면, 사람들은 심리적으로 위축되어 우선 지갑을 닫아 버린다. 소비는 급격히 줄어들고, 그에 따라 물가도 떨어진다. 여파로 생산은 감소하고, 고용도 따라 줄어든다. 결국 기업들이 구조 조정을 하거나 도산하게 되어 다시 실업률이 치솟는다. 그야말로 악순환의 연속이다.

이런 현상의 대표적인 사례가 1929년에 발생해서 1930년대 내내 지속되었던 경제 대공황이다. 전조 증상이 뚜렷했는데 그게 바로 디플레이션이었다.

'황금의 20년대'에는 미국이 유럽 특수를 누렸다. 전쟁으로 파괴된 유럽에 필요한 생필품을 수출해 미국 경제는 전례 없는 호황이 지속됐다. 특히 농업 분야에서의 생산 확대가 두드러졌는데, 미국의 농부들은 은행으로부터 낮은 금리로 대출을 받아 농지를 매입하고 생산량을 극대화했다. 은행이 이 시기에 저리 대출로 사업 확장을 유도했기 때문이다. 그런데 '황금의 20년대'가 끝물에 이르자, 전후 복구 사업이 얼추 마무리가 된다. 미국 제품들의 수출이 급격하게 줄어드는데 그 중에서도 농산물 부문이 유독 많이 감소했다.

유럽으로의 수출길이 막히자 농부들은 은행에 이자도 내지 못하며 줄줄이 도산했다. 막대한 빚을 갚지 못해 토지를 은행에 압류당하는 지경에 이르렀다. 뒤이어 연쇄적으로 농업과 연계돼 있던 얼음 공장, 운송 회사 등이 도산하기 시작했고, 이어 연계된 산업들이 도미노처럼 차례로 무너졌다. 어느 한 산업 분야가 붕괴되면, 그와 관련된 다른 분야로 전파되어 대량 실업 사태로 이어지게 된다. 금융권은 가장 빨리 위기를 감지하고, 곧장 금리를 올려 대출을 회수하려 했다. 부동산 가치가 곤두박질쳐 사람들은 이자는 고사하고 원금마저도 떼이고 파산했다. 결국 경제가 완전히 붕괴되고 공황이 찾아왔다.

소비가 늘어나 생산이 증가하고, 이를 통해 고용이 늘어나 경기가 활력을 얻는 게 자본주의의 원활한 흐름이다. 하지만 소비와 생산 그리고 고용이 연쇄적으로 감소하는 악순환이 시작되면 시장이 제 기능을 발휘할 수 없게 되고, 회생의 실마리를 잡지 못하면 경제적 파국을 맞이하게 된다.

1920년대 막바지에 다다르자 미국 내 대출을 통한 무분별

한 투자가 부메랑이 돼 경제는 디플레이션의 늪에 빠진다. 미국은 유럽에 빌려준 차관을 회수하려 했다. 영국, 프랑스, 일본 등 식민지들을 보유하고 있었던 국가들은 식민지와 연계된 블록 경제를 이루었기에 그나마 버텼지만, 독일은 온전히 그 충격을 감당해야만 했다. 독일은 제일 잘나갔던 미국과 함께 최악의 공황으로 빠져들었다.

## 대공황의 결과

최악의 경제 공황에 맞닥뜨린 독일은 여전히 전쟁 배상금을 꼬박꼬박 부담해야 했다. 참다 못해 결국 베르사유 체제에 대한 노골적인 불만이 표출되기 시작했다. 자연스레 극단적인 정치 세력들이 튀어나왔다. 이런 상황은 정도만 다를 뿐 독일뿐만 아니라 유럽 곳곳에서 진행되었다. 사회가 안정되면 중도 성향의 정치 세력이 힘을 받지만, 정세가 혼란스러우면 극단적인 정파에 열광하는 세력들이 늘어만 간다. 이는 현 체제에 대한 불만을 가진 이가 많아졌다는 뜻이다. 이런 현상이 대공황 이후 유럽에서 감지되었다.

히틀러는 대공황을 극복하기 위해 국가 인프라 구축을 위한 일자리를 만들어 고용을 창출하려고 했다. 그 유명한 독일의 아우토반Autobahn 프로젝트가 이때 나온다. 먼 장래를 내다보고 공공 인프라 사업을 시행한 것이다. 정부 주도였지만, 당시 나치 정부는 투자 여력이 없었다. 일종의 어음과 비슷한 채권을 발행해 임금 대신 지급했다. 노동자들은 이 채권을 현금으로 바꿔 소비하기 시작했다. 기초 생필품부터 시작해 소비에 활기가 돌기 시작했다. 다른 순기능도 있었다. 소비 상황이 개선되니 생산 설비가 재가동되고, 일자리가 늘었다. 발행했던 채권이 만기가 되어 돌아오기 전에 소비를 통해 세수가 늘어 채권 발행의 선순환이 이뤄지고 있었다. 히틀러 정권의 경기 부양책은 어느 정도 성공을 거뒀다. 이런 방

<table>
<tr><td colspan="1">1933년 미국의 뉴딜 정책</td></tr>
</table>

1. 재기 가능한 은행에 대대적인 지원을 통해 업무를 정상화시킨다.
2. 금 본위제를 폐지하고 통화 관리법을 도입해 정부가 규제를 강화한다.
3. 농산물 생산 제한을 통해 과잉 생산 및 가격 하락을 방지하고 가격의 균형을 꾀하면서 농민들에게 자금을 지원한다.
4. 공정 경쟁 규약으로 지나친 경쟁을 억제하고, 생산 제한 및 가격 협정을 인정한다. 노동자의 단결권과 단체 교섭권을 인정하고 최저임금과 최장 노동시간을 규정한다.
5. 테네시 강 유역 개발을 통해 정부 주도로 전기를 생산한다.
6. 지원 보존 봉사단과 연방임시구제국을 설립해 연방 정부가 실업자와 빈곤자 구제를 지원한다.

식으로 독일 경제는 짧은 기간 안에 정상 궤도로 다시 올라갈 수 있었다. 비슷한 경제 부양책으로 미국의 뉴딜New Deal 정책을 들 수 있다. 미국의 대표적인 공공 인프라 프로젝트인 테네시 강 유역 개발 사업은 엄청난 수의 일자리를 창출했다.

히틀러나 루즈벨트Franklin Delano Roosevelt, 1882~1945의 경제 정책은 자유방임적 경제 시스템에 제동을 걸며 정부가 시장에 개입해 적극적으로 통제하고 관리하는 것이었다. 이러한 방향 선회는 케인즈John Maynard Keynes, 1883~1946의 수정주의Revisionism 이론에 근거한다고 볼 수 있다. 이후 케인즈의 수정자본주의Revised capitalism는 자유방임적 경제 이론을 대신하여 1980년대 말까지 자본주의 사회에서 가장 보편적인 경제 이론으로 자리잡았다.

# 2
# 자유방임으로의 회귀,
# 신자유주의

#케인즈 #수정자본주의 #신자유주의

## 자유방임형 자본주의의 몰락

자유방임형 경제 이론의 원조라 불리는 애덤 스미스Adam Smith, 1723~1790는 스코틀랜드 출신의 정치 경제학자이다. 1776년에 발간된 그의 저서『국부론An Inquiry into the Nature and Causes of the Wealth of Nations, 1776』에서는 이미 자본주의와 자유 무역의 당위성에 대한 내용이 핵심이었다. 그 이후 스미스를 비롯한 고전학파 경제학자들은 자유주의 경제 이론을 꾸준히 심화시켜 나갔다.

애덤 스미스.

그 이론의 주요 내용은 이렇다. 모든 경제 주체가 정상적인 사회 제도 아래에 어떤 조정이나 관리가 없는 상태에서 이익을 얻기 위해 경쟁하게 되면 시장의 보이지 않는 손Invisible hand에 의해 수요와 공급이 맞춰지며 결국엔 경제가 성장한다는 것이다. 그러므로 정부는 개입하지 말고 시장 경제에 맡겨야 한다. 이런 논리로 고전적 자유주의 경제 이론가들은 영국 정부의 중상주의 정책을 비판했다.[70] 사실 절대주의 시대의 중상주의는 국왕이 상업 자본가들의 이익을 최대한 끌어올려주며 자신들의 권력을 강화시키려는 의도에서 시작되었다. 그러나 18세기 후반에 이르자 상업 자본가들은 정부가 개입하는 것조차 불편해했다. 자본가들은 아무런 구속 없는 경제 활동을 통해 이익을 극대화하려고 했다.

사실 유럽에서는 일찌감치 산업혁명이 성공하며 거대 산업 자본가들이 곳곳에서 나타났다. 자유방임형 자본주의는 점점 그 모순을 드러냈다. 1929년 10월 24일, 뉴욕 증권거래소의 주가 폭락과 더불어 경제 대공황이 찾아왔다. 이내 세계 전체가 심각한 상황에 처했다. 시장 스스로가 제 기능을 하지 못하는, 극복할 수 없는 상황에 빠지게 되었고 자유방임형 자본주의 경제 논리는 더 이상 유효하지 않은, 매우 불완전한 논리가 되고 말았다.


## 수정자본주의

케인즈.

1929년 경제 대공황으로 붕괴된 자유방임형 자본주의 체제를 대체할 이론으로 케인즈 학파의 수정자본주의가 각광을 받으며 등장했다. 수정자본주의는 정부가 시장에 적극 개입하면서 공격적으로 투자를 유치하고 전반적인 경제 흐름을 통제하며 자유방임형 자본주의 시스템의 구조적 모순과 결함을 극복할 수 있다는 이론이다.[71]

이미 언급했듯이 케인즈 이론을 적극적으로 수용했던 대표적인 사례가 미국의 뉴딜 정책과 히틀러의 아우토반 건설이었다. 1930년대 초반, 미국과 독일에서는 경제 시스템이 붕괴되어 실업률이 치솟았다. 경제를 회복시키려면 우선 일자리가 필요했으니, 장기적인 관점에서 댐이나 고속도로 등의 사회 기간산업을 일으켜야만 했다. 노동자들이 임금을 받으니 소비 심리가 빠르게 회복되었고, 경기는 급속히 활성화되었다.

또한 수정자본주의 이론은 우선 누진세와 사회보장제를 통해 실질 소득을 평준화하고, 소득 불균형에서 비롯된 각종 모순을 없애려 했다. 유효 수요는 증대되었고, '요람에서 무덤까지'라는 표현에서 볼 수 있듯이 공공복지를 확대해 사회 전체를 안정시키려 했다. 자본과 경영을 분리시켜 오너 리스크를 없애려 했고, 전문 경영자와 주주, 그리고 노동자에 의한 삼자간 운영을 추구했다. 이는 자본가와 노동자의 이분법적 구조에서 계급적 대립으로 끌고 간 칼 마르크스의 사회관과는 완전히 다른 개념이었다.

경제 대공황에서 출발한 수정자본주의는 1970년대까지 보편적인 경제 이론으로 자리매김하면서 전성기를 누렸다. 또한 정부의 시장 개입을 통한 규제와 간섭은 20세기 내내 일반적 흐름으로 자리 잡았다. 특히 서독 시절 보수 정당인 기민당의 주도하에 일궈낸 라인강의 기적은 사회적 시장 경제의 상징적인 수정자본주의 사례로 평가 받는다.[72]


## 신자유주의

1970년대에 접어들어 다시 세계적으로 불황이 몰려오면서 물가가 계속 오르는 스태그플레이션Stagflation=Stagnation+Inflation이 만성화되었다. 더 나아가 케인즈의 수정자본주의 정책이 이제는 종말을 맞았다는 주장이 제기되기 시작한다. 신자유주의Neoliberalism 이론이 등장한 것이다. 미국의 시카고 학파로 대표되는 신자유주의자들의 주장은 1970년대 들어 닉슨Richard Milhous Nixon, 1913~1994 정부의 경제 정책에 반영되기 시작했다. 1980년대 들어서는 레이건Ronald Wilson Reagan, 1911~2004 정부의 레이거노믹스Reaganomics에 이론적 근거가 되기도 했다.[73]

신자유주의는 국가의 시장 개입을 완전히 부정하지는 않지만, 국가의 개입이 경제의 효율성과 공정성을 오히려 약화시킨다고 거듭 주장한다. 다시 말해 개입을 최소화해 경제 주체들의 활동을 자유롭게 해야 한다고 했다. 따라서 신자유주의는 정부가 경제 정책이나 통화 정책에 소극적으로 개입하고, 각종 규제들을 풀어야 하며, 자유 무역과 국제적 분업을 통해 국가들 간에도 장벽을 없애야 한다는 논리이다. 여기서 나온 용어들이 바로 작은 정부, 세계화, 자유 무역 등이다. 또한 신자유주의자들은 끊임없이 공공복지를 늘리는 것은 재정을 악화시켜 근로 의욕을 떨어뜨리고 복지병을 낳을 수 있다고 경고하며 국영 기업체를 모두 민영화시켜야 한다고 했다. 실제 1990년대 이후에는 많은 나라에서 이를 시행하기도 했다.

그러나 민영화 조치로 인해 더 많은 수익을 얻으려는 기업 논리에 따라 대규모 구조조정이 생기는 등 고용이 급격히 줄어드는 반작용도 생겨났다. 신자유주의 체제에서 일자리는 온전히 시장 기능에 좌우될 수밖에 없다.

신자유주의는 크게 보면 다시 과거의 자유방임형 경제 체제로의 복귀를 의미했다. 시장에서 정부의 개입을 최소화해 자본가들의 이익을 극대화하는 것이 궁극의 목적이었기 때문이다. 그러나 2008년 가을, 리먼 브라더스Lehman Brothers 사태가 터지면서 1929년과 마찬가지로 시장의 자율 조정 기능이 없다는 것이 또다시 증명되었다. 각국은 막대한 통화

량을 시장에 풀어 가까스로 경제 붕괴 국면은 피했지만, 이는 절벽에서 떨어지는 사람의 손을 잡아 끌며 당장의 추락만 모면시킨 것이라 볼 수 있다. 매달린 사람을 끌어올리지는 못한 것이다. 당시 시장에 살포된 돈이 소비로 이어지지 않은 채 다시 금융권의 이익으로 돌아갔기 때문이다. 시장에 돈이 풀리면 통화량이 증가해 인플레이션이 와야 하는데, 반대로 디플레이션이 지속되며 불황은 이어졌고 소비 심리는 오히려 위축되었다. 이런 상황이 기저에 깔리며 다시 튀어나온 것이 '2020 세계 경제 위기'이다. 2020년 현재 진행중인 경제 불황은 단지 코로나 바이러스Covid-19로 인한 감염병 확산만이 원인이 된 것이 아니라, 신자유주의라는 자유방임형 경제 체제의 구조적인 모순으로 인한 것이라 할 수 있다. 결국 신자유주의는 자유방임 경제를 바탕으로 비능률을 해소하고 시장의 효율성을 극대화시켰지만, 불황과 실업은 해결하지 못했고 빈부 격차는 계속해서 심화되고 있다. 또한 국제 사회에서 무제한 시장 개방 압력은 선진국과 후진국 간 갈등을 초래하고 있다.

미국 월스트리트(위쪽)와 그리스 경제 위기 당시 시위 모습.

2008년 금융 위기 당시 금융 기관들은 저리 대출을 통해 기업들과 개인의 무분별한 투자를 부추겼다. 이는 사실상 금융권이 최대의 이익을 가져가는 구조로의 복귀를 의미했다.

## 사회적 시장 경제

독일도 제 2차 세계대전 종전까지는 거대 자본이 카르텔을 형성하고 있었다. 이들이 시장을 장악해 기회 불평등한 경제 구조를 가지고 있었다. 그러나 종전 이후 완전히 붕괴된 서독의 경제를 새롭게 체계화하는 과정에서 사회적 시장 경제라는 개념이 도입되었다. 이를 주도했던 인물은 보수 정당인 기민당 정권의 경제 장관이었던 에르하르트Ludwig Erhard, 1897~1977였다.

'사회적'이라는 단어가 포함된 것 때문에 자칫 사회주의 경제 이론이라고 생각하면 오산이다. 사회적 시장 경제는 질서자유주의에서 비롯된 것으로써, 경제·복지·교육·노동·교통·통화·연금 등 사회 대부분의 분야에 정부가 적절히 개입하여 조정자 역할을 하는 것이다. 시장의 균형과 발전을 위해 정부가 모든 경제 주체들에게 기회의 평등과 사회적 분배를 제공하는 것이 핵심이다. 이 시스템은 현재까지 독일 경제 정책의 근간을 이루고 있으며, 과거 '라인강의 기적'을 이끌어 내는 데 중추적인 역할을 했다.

사회적 시장 경제는 자유주의 경제에 뿌리를 두고 있지만,

부익부 빈익빈을 야기하는 자유방임형 시장 경제를 거부했다. 거대 자본의 무분별한 확장을 통한 질서의 파괴, 소자본의 기회 상실을 방지해 모든 국민이 평등한 경제 주체로서 경제 활동을 보장받게 하는 시스템인 것이다.

한국에서는 제6공화국이 출범하면서 헌법에 '경제민주화'라는 용어가 등장했다. 그리고 30여 년 동안 이 단어는 뜨거운 감자였다. 하지만 그 개념이 도대체 무엇인지 제대로 이해하고 있는 사람은 많지 않다. 국내에서 회자되는 경제민주화라는 표현이 무엇을 의미하는지 확실하지는 않지만, 만약 독일의 사회적 시장 경제를 모방한 것이라면 한국에서 실현 가능성이 극히 낮다. 왜냐하면 과거 독일은 전쟁으로 경제 시스템이 완전히 붕괴된 상태, 즉 무에서 새롭게 시작했기에 가능했던 반면 한국은 여전히 재벌 중심의 경제 구조가 견고하게 이어지고 있기 때문이다.

# 3장. 인문주의와 동네주의

현재의 유럽 연합은 폴리스 체제와
로마 그리고 중세 동네주의가
어우러진 결과다

# 1

# 인문주의와
# 지역주의의 뿌리,
# 고대 그리스

#폴리스 체제 #인문주의 #민주주의 #균형 의식 #지역 의식

## 폴리스 체제로 유지된 평화

오늘날 그리스는 남부 유럽과 동지중해Levant에 면해 있는 하나의 국가다. 하지만 유럽사에 있어 고대 그리스는 하나의 통일된 국가가 아니었다. 따라서 그리스라는 통합된 개념의 명칭이 존재하지 않았다. 그리스라는 국명은 후대인 1832년, 발칸 남부와 에게해 도서 지역의 일부가 오스만 제국Osman Empire으로부터 독립한 후에 태어났다. 고대에는 수많은 도시가 독립된 국가를 이루고 있었다. 이런 도시 국가를 폴리스Polis라고 한다.

고대 그리스인들의 활동 무대였던 지역은 헬라스Hellas라고 불렸다. 아직도 그리스인들은 자신의 나라를 자랑스레 Hellas라고 표기한다. 이는 지금의 발칸 반도와 인근의 섬들을 칭한다. 지금도 간혹 올림픽 등 국제 경기에 출전한 선수들의 유니폼에서 헬라스라는 지명을 발견할 수 있다.

이 지역은 험준한 산악 지대가 많고, 곳곳이 바다로 막혀있어 교통이 불편했다. 그래서 고대 그리스인들은 뿔뿔이 흩어져 독자적인 도시를 만들고 독립된 생활을 이어 나갔다. 폴리스는 군사적 공동체로 시작되었지만, 후엔 정치적, 경제적으로도 자립된 하나의 도시 국가 단위로 발전했다.

폴리스는 오늘날의 발칸 반도와 소아시아 연안 등 동지중해에 무려 천여 개가 존재했다. 이들은 모두 독립된 국가였다. 도시의 인구가 늘자, 이 문제를 해결하기 위해 새로운 식민 도시가 곳곳에 건설됐다. 식민지 폴리스들은 동지중해를 벗어나 지중해 전체로 확장되어 이탈리아 반도와 남유럽, 더

나아가 북아프리카 연안까지 진출했다. 이 또한 그 숫자가
천여 개에 달했다.

고대 유럽에서는 지중해와 그 연안이 하나의 세계였다. 폴
리스는 대체로 해안 가까운 평지에 위치했으며, 그 안에는
수호신들을 모신 신전을 품은 아크로폴리스Acropolis가 있었
고, 그 아래에 아고라Agora라 불리는 광장이 있었다. 그리고
폴리스 전체는 성벽으로 둘러싸여 있었다. 친숙하게 들어본
아테네Athens와 스파르타Sparta 등 역시 폴리스였다.


## 인문주의

고대 그리스인들은 인간의 능력에 대해 자신감을 갖고 있
었다. 그들은 창의력을 극대화했으며 철학, 문학, 예술, 과
학, 수학, 천문학 등 다방면에 걸쳐 오늘날의 학문에까지 지
대한 영향을 끼쳤다. 그들은 번개를 다루는 신부터 대장장
이 신과 같이 생활 속에 밀접하게 연관된 신까지 만들었다.
인간이 무엇이든 해낼 수 있다는 자신감에서 인간을 신으로
형상화했던 것이다. 그래서 고대 그리스의 신들은 신앙의
대상이라기보다는 인간 스스로에 대한 믿음의 표현 그 자체
였다.

인간에 대한 자신감은 인문주의를 크게 발전시키는 계기가
되었다. 이를 바탕으로 고대 그리스인들은 창의적이고 찬
란한 문화를 꽃피웠고, 이는 로마로 계승됐다. 그리고 중세

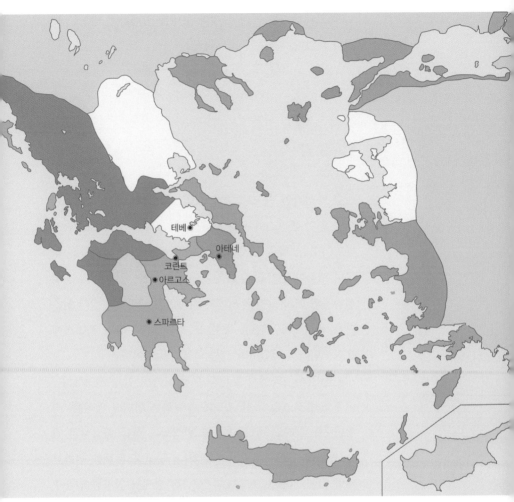

테베●

아테네●

코린트●
●아르고스

●스파르타

고대 그리스 시대의 주요 폴리스들과 방언 분포.

**서부 지역 방언**

  도리아

  북서 그리스

  아케아 도리아

**중부 지역 방언**

  에올리아

  아카디아 키프러스

**동부 지역 방언**

  아티카

  이오닉

이후 르네상스를 거쳐 근대와 현대를 존재하게 만드는 뿌리가 되었다.


## 민주주의

인간 중심적인 사고는 고대 그리스의 정치 체제에 그대로 투영됐다. 폴리스에 사는 사람들은 크게 시민과 노예들로 나뉘어졌다. 작은 도시 국가였기에 성인 시민 남자들은 누구나 평등한 권리를 갖고 정치에 참여할 수 있었다. 다만 미성년자와 여자 그리고 노예와 외국인은 제외됐다. 외국인은 다른 폴리스의 시민을 뜻한다. 가령 종로구라는 폴리스에 용산구민이 놀러왔다면 그는 외국인인 셈이다.

시민들은 아고라에서 토론을 통해 국가의 일을 결정했다.[74] 이렇듯 참정권을 가진 모두가 참여하는 형태의 정치를 '직접민주주의'라고 한다. 오늘날 반상회나 학급 회의처럼 작은 집단에서 이루어지기 수월하다. 누구나 동등한 권리로 제약 없이 의견을 주장할 수 있다는 점에서 진정한 민주주의라 할 수 있다.

만일 논리정연하게 말을 잘하는 사람이 나타난다면 그 사람의 뜻대로 매사가 진행되는 경우가 생길 수도 있다. 자연스럽게 그 주변으로 따르는 사람들이 많아지면서, 다른 사람의 의견은 묵살되고, 개인에게 전체가 끌려가게 될 수도 있다. 이것은 남의 의견을 무시하게 되는 것이므로 독재라

고 볼 수 있다. 독재자는 고대 그리스인들이 가장 혐오하는
대상이었다. 그런 현상을 막기 위해 아테네 같은 폴리스에
는 '도편추방제Ostracism'가 있었다. 독재자가 될 가능성이 있
는 시민을 외국으로 추방하는 제도였다. 전체 성인 남자 시
민들의 투표를 거쳐 독재자라는 결과가 나오면 10년 간 국
외로 추방했다.[75] 만약 이렇게 추방된 사람이 귀국해서 다시
똑같은 일을 반복한다면 투표를 통해 다시 쫓겨날 수도 있
었다.

도편추방제에 사용됐던 도기
파편.

아테네가 실시했던 이 제도는 독재자의 등장 가능성을 조기
에 막는 기능을 했다. 아테네인들이 개개인의 평등과 권리
를 얼마나 소중히 여겼는지를 알 수 있는 사례다.


## 균형 의식과 지역 의식

누군가는 헬라스가 민족과 언어의 동질성에도 불구하고 통
일을 이루지 못한 것에 대해 의아하게 생각할 수도 있다. 그
이유를 지형적인 특성에서 찾기도 한다. 그러나 이러한 의
문은 고대 그리스인들의 세계관과 생활 방식을 이해하지 못
한 것에서 비롯된다.

오늘날 지구상에 230여 개가 넘는 독립 국가들이 있지만,
대다수가 하나의 통일 국가가 되기를 원치 않듯이, 고대 그
리스 지역도 그들에게는 하나의 세계였기 때문에 도시 국
가들마다 독립을 유지하려 했던 것이다. 그래서 얼추 2천여

년의 역사에서 대부분의 시기에 하나의 독립 국가를 유지했던 우리나라와는 비교하기 어렵다. 당연히 우리의 역사적 경험을 기준으로 유럽사를 봐서는 안 된다.

고대 그리스인들은 지역마다 도시 국가를 만들어 살다 보니 폴리스마다 독립적인 특징이 뚜렷했다. 폴리스들 간 세력 편차도 컸다. 이들은 서로 동맹을 맺어 평화를 이뤘다. 크고 작은 폴리스들이 서로 긴밀히 군사적 동맹을 맺어 거미줄처럼 얽히고설킨 동맹 체제가 이어졌다. 덕분에 근 천여 년을 큰 전쟁 없이 평화롭게 보낼 수 있었다. 이것이야말로 세력 균형에 의한 평화다. 현대의 다자간 동맹 체제도 폴리스들의 동맹 체제와 같은 방식이다.[76] 이런 방식으로 각각의 폴리스들은 독립적이고 배타적인 자신들만의 전통을 유지할 수 있었다. 민족보다 자신이 사는 지역을 우선시하는 의식은 오늘날 서양인들의 지역 중심적 사고 방식의 뿌리가 되었다.

## 고대 그리스의 붕괴

다자간 동맹 체제로 평화를 유지했던 고대의 폴리스 체제가 무너지기 시작한 계기는 페르시아 전쟁Greco-Persian Wars, 기원전 492~기원전 479이었다. 이 전쟁으로 말미암아 폴리스 체제에서 절대 강자가 등장했다. 강력한 페르시아Persian Empire와의 전쟁에 거의 모든 폴리스들은 아테네를 맹주로 삼는 델로스 동맹Delian League을 맺고 페르시아와 싸웠다. 그리고 이 전쟁에서 승리했다. 자연스럽게 아테네는 폴리스 체제에서 절대 강자로 군림하게 되었다. 그러나 절대 강자로 떠오른 아테네가 다른 폴리스들의 독립성을 침범하는 등 독재자의 모습으로 변질되자, 이번에는 스파르타를 중심으로 펠로 폰네소스 동맹Peloponnesian League이 결성되어 아테네를 패망시 켰다. 그러나 스파르타는 아테네와 같은 길을 걸었고, 또다 시 테베Thebes를 중심으로 동맹이 결성되어 스파르타를 멸망 시켰다. 얼마 지나지 않아 테베도 같은 모습을 보이며 패권 다툼은 끊이질 않았다. 이런 과정에서 폴리스 체제는 점차 붕괴되어 갔다.

고대 그리스인들은 개인이든 국가든 독재자의 출현을 거부 했다. 독재자는 개인과 국가의 권리를 침해하기 마련이다. 다자간 동맹으로 인해 유지되었던 세력 균형과 평화가 강 력한 폴리스의 출현으로 무너졌고, 고대 그리스인들은 그 독재 세력을 끌어내리고 다시 세력 균형을 맞추기 위한 전 쟁을 이어나갔다. 개개의 폴리스들은 그들이 지키고자 했 던 자유와 평등, 즉 독립성을 위해 싸우면서 고대 그리스의 세력 균형을 무너뜨렸다. 결국 같은 그리스 민족 계통이자 강력한 전제적 체제를 유지했던 마케도니아Kingdom of Macedonia 에 의해 정복되면서 폴리스 체제는 역사 속으로 사라지고 말았다.

# 2
# 통합으로 지킨 평화, 로마

#시민권  #피라미드식 통치 구조와 이중적 지배 구조  #로마법  #게르만족의 대이동
#Pax Romana와 서로마의 멸망  #기독교 출발

## 시민이 만든 제국

오늘날의 로마는 이탈리아 중부에 위치한 수많은 도시 중 하나다. 그러나 고대 유럽에서 로마는 작은 마을에서 출발해 서유럽 대부분과 지중해 전역을 차지한 거대한 제국이었다. 이탈리아나 소아시아Asia Minor, 터키 연안, 갈리아Gallia, 현재 프랑스, 브리타니아Britania, 현재 영국, 에스파냐스페인 등은 로마가 지배했던 지역들이었다.[77]

로마인은 라틴Latin 계통의 민족으로 오늘날의 이탈리아 서부 평야 지역에 정착한 사람들이었다. 이들은 주변에 살고 있던 에트루리아Etruria인들과 켈트Celts인[78]들을 몰아내고 이탈리아 반도를 통일했다. 이후 지중해와 서부 유럽으로 계속 진출하며 대제국을 건설했다. 로마의 역사는 크게 민주주의적인 공화정Roman Republic과 황제가 다스리는 황제정Principate, 이 두 시기로 나누어진다. 도시 국가로 출발했을 때는 왕이 다스리는 왕정 시기였으나, 그 기간이 아주 짧다. 공화정은 쉽게 말해 왕 없이 시민들의 의견에 따라 정치가 이루어지는 것을 뜻한다. 현재에도 공화국이라 하면 왕이 존재하지 않고 시민이 주인인 체제를 말한다.

로마는 기원전 509년에 공화국을 수립하여 기원전 27년까지 이를 유지했다. 기원전 287년부터는 귀족의 원로원Senatus과 평민의 민회가 동등한 권리를 차지하며 로마의 정치를 이끌어 갔다. 오늘날에도 유럽에서 로마의 유적지에 들르면 한결같이 SPQR이라는 표식을 찾아볼 수 있다. 이것은 Senatus Populusque Romanus의 약자로 '로마의 시민과 원

현재도 왕정이 완전히 폐지 된 국가들은 자유민주주의 체제나 공산주의 체제 할 것 없이 국호에 공화국이라 는 단어를 사용한다. 그러 나 왕이 존재하는 영국, 네 덜란드, 덴마크, 노르웨이, 벨기에, 네덜란드, 스웨덴, 스페인, 일본, 태국 등은 국 호에 공화국이라는 단어가 빠져있다. 또한 공식적으로 영국의 왕을 군주로 삼고 있는 캐나다, 호주, 인도 등 의 영연방국가들도 역시 공 화국이란 명칭을 사용하지 않는다.

미국의 정치 체제도 공화정 이지만, 과거 신성 로마 제 국처럼 독립적인 주(州)들 의 연맹으로 출발했기 때문 에, 국가 연합(United States)이 라는 국호를 사용한다. 또한 과거 공산주의 국가들은 국 호에 인민이라는 표현을 추 가하여 국호에 인민 공화국 (People's Republic)을 사용했다.

시민과 원로원이 주체가 된 공화국을 상징하는 SPQR.

로원'이라는 뜻이다. 이는 로마가 왕에 의한 독재가 아닌 민 주적인 정치 체제를 유지했음을 의미한다.[79] 그리고 로마 군 대가 진격할 때도 이 깃발을 들고 전장을 누볐다. SPQR은 로마의 국호를 대신했다.

하지만 기원전 27년에 옥타비아누스Gaius Octavius Thurinus, Octavianus Gaius Julius Caesar, B.C. 63~14가 실질적인 황제의 자리에 오 르면서,[80] 로마의 민주주의는 사실상 끝이 났고 황제가 절대 적인 권력을 갖는 독재 체제로 바뀌게 되었다. 그러나 황제 정 시기에도 원로원과 민회를 유지하며 형식적으로 민주주 의 체제를 지속했기에, SPQR이라는 상징은 무대에서 사라 지지 않았다. 그만큼 로마인들에게 SPQR은 민주주의에 대 한 정통성을 의미했고, 로마의 공화정민주정에 대한 자부심 그 자체였다.[81]

## 피라미드식 통치 구조와 이중적 지배 구조

로마는 어떻게 지중해에서 북유럽에 이르기까지 광대한 지 역을 통치할 수 있었을까. 로마의 통치 방식은 크게 두 가지 로 나뉜다. 첫 번째로 피라미드 구조를 들 수 있다. 점령한 각 지역이 독자적으로 운영되게 했고, 그 하부에 또다시 독 립적인 여러 지역을 두는 방식이었다. 아주 조그만 마을까 지 통치 단위를 촘촘히 만들었다. 그리고 각 단위마다 중앙 에 군사 지휘부를 두고 있었다.

이러한 통치 구조는 중앙에서 각 지역을 가장 효과적으로 관리할 수 있는 방식으로 로마 제국이 오랫동안 유지될 수 있는 기초가 되었다.

통치 방식의 두 번째 특징은 이중 통치 구조라고 볼 수 있다. 군사적인 지배와 행정적인 지배를 분리한 것이다. 다시 말해 점령 지역들을 군사적으로는 총독 등을 파견하여 직접 다스리고, 세금을 걷는 등의 제반 행정은 현지 세력이 수행한 것이다. 로마 사회는 시민권자와 시민이 아닌 사람, 그리고 노예로 구분되어 있었다. 그러나 로마인이 아닌 정복 지역의 이민족도 시민이 될 수 있기에, 점령 지역에서 로마에게 협조적인 이들도 많았다. 덕분에 로마의 현지 지배는 굳건할 수 있었다. 하지만 사법권만은 로마에서 파견된 총독만이 행사할 수 있었다.

누구나 익히 아는 역사적인 사례가 있다. 예수Jesus Christ BC 4~30가 십자가에 매달리는 고초를 받았을 때 형은 이스라엘 왕이 내렸지만, 실제 재판은 이스라엘의 로마 총독 빌라도Pontius Pilatus, 생몰년대 미상가 주관했다.

이러한 통치 구조는 로마가 점령지를 수월하게 지배할 수 있게 했다. 로마는 현지의 지배자를 통해서 세금 징수와 현지인 관리를 원활히 할 수 있었고, 피지배인들은 로마의 인문주의적 문화를 생활 속에 받아들여 점령 이전보다 민주적이고 수준 높은 삶을 누릴 수 있었다.

여기서 고대 그리스의 폴리스 체제와 극명히 대비되는 차이가 나타난다. 폴리스 체제의 배타적 독립성과는 달리, 로마는 모두를 품에 안았다. 로마는 점령 지역들의 종교나 문화

피라미드식 통치 구조.

현재 이러한 통치 방식을 가장 쉽게 이해할 수 있는 조직이 로마 가톨릭 교회다. 로마 가톨릭은 기원후 313년에 콘스탄티누스 황제로부터 국교로 인정 받으면서, 로마의 통치 구조와 유사한 수직적인 방식의 교회 관리 구조를 세웠고, 이런 피라미드식 교구 조직은 현재까지 이어지고 있다.

로마의 이중적 지배 구조.

등 전통과 정체성을 파괴하지 않고 인정해 주면서 대승적으로 통합하여 평화를 이어갔다.


## 로마법

로마는 찬란한 문화 유산을 남겼다. 오늘날 로마의 유적들은 전 유럽에 걸쳐 보존되고 있다. 로마가 수준 높은 문화를 꽃피우게 된 것은 바로 로마 사회가 인문주의의 토대 위에 뿌리내렸기 때문이다.

인문주의는 사람이 중심이 되는 사고를 말하며, 인간이 모든 것을 이룰 수 있다는 자신감에 뿌리를 두고 있다. 로마의 인문주의는 로마법Ius Romanum에 잘 나타나고 있다. 로마법은 로마인들이 후대에 넘겨 준 가장 의미 있는 문화 유산이다. 기원전 450년경 12표법으로 시작되었는데, 로마 제국이 뻗어 나가면서 보완을 거듭했다. 로마법에는 크게 세 가지 줄기가 있다. 로마 시민에게 해당되는 시민법Ius civile과 국적에 관계없이 모든 사람들을 대상으로 하는 만민법Ius gentium 그리고 이 두 가지 법의 근본적 배경이 되는 자연법Ius naturale이다.[82]

자연법은 인간의 이성을 통해 파악할 수 있는 진리를 말하는데, 모든 사람이 본질적으로 평등하며 국가가 침해할 수 없는 근본적인 권리를 소유한다는 것을 전제로 했다. 이 법은 국가보다 우선되며, 이를 무시하는 자는 독재자로 취급

받았다.[83] 비록 로마 사회엔 노예가 존재했지만, 시민들과 정복지 주민들에겐 인간으로서 평등한 권리가 보장되었다.


## 끝나버린 팍스 로마나

강대한 제국을 이루고 2백여 년 동안 큰 전쟁이 없었던 로마의 평화Pax Romanae도 한계를 드러냈다. 로마는 기원후 3세기부터 점차 힘을 잃고 모든 면에서 혼돈으로 치달았다. 로마의 붕괴에는 복합적인 여러 원인이 있었다. 우선, 부자와 가난한 사람들의 경제적인 격차가 커지면서 본격화되었다고 할 수 있다.[84] 또한, 로마의 평화 시대[85] 이후 영토 개척은 한계를 드러내거나 중단되기에 이르렀다. 인구가 증가하며, 토지에 기반했던 로마의 경제는 점차 휘청거리기 시작했다. 땅을 기반으로 한 자영농의 재산은 쪼그라들었고, 급격히 가난해져 심지어는 노예로 전락하는 경우도 발생했다. 소수의 부자를 제외하고는 가난한 계층이 인구 대부분을 차지했다. 납세 대상자가 점차 감소하니 제국의 재정은 심각한 위기로 치달았다. 이로 인해 로마 사회는 걷잡을 수 없는 혼돈으로 빠져들고 말았다.

로마의 군대는 자영농이 주축을 이루었지만, 3세기에 접어들며 자영농의 수가 점차 감소했다. 반면 늘어만 갔던 노예는 로마의 군인이 될 수 없었기에, 제국 말기에는 군대가 휘청거려 국가의 안전마저 위태로워졌다. 이런 상황에 콘스탄

로마 후기 경제 사회 계층의 변화.

티누스 황제Flavius Valerius Constantinus, Constantinus I, 272~337는 330년에 수도를 콘스탄티노플오늘날 터키의 이스탄불로 옮겼다. 그리고 395년에 로마 제국은 동서로 갈라진다. 동로마는 오늘날 그리스와 터키 등 지중해 동부 지역을 차지했고, 서로마는 오늘날 이탈리아와 서유럽 지역에 위치했다. 동로마는 한때 힘을 회복해 제법 강국의 모습을 이어갔지만, 서로마는 혼란이 심해져 나락으로 빠져들고 있었다. 게다가 훈족Hun, 흉노족으로 추정의 침입으로 야기된 도미노식 이동으로 동로마의 북동쪽 지역에 살던 게르만German족들이 기원후 375년부터 서로마 제국으로 밀려 들어왔다.[86] 제국의 국경은 쉽게 뚫렸고, 이를 막아낼 군대도 없었으니 476년에 이르러 서로마는 역사 속으로 사라졌다.

## 기독교 사회의 출발

아이러니하게 로마 경제의 위기와 사회의 혼란은 기독교에게는 결정적인 부흥의 기회가 된다. 로마는 원래 12신을 중심으로 수많은 신을 숭배하는 다신교 사회였다. 많은 신이 있었던 이유는 그리스의 영향을 받은 인문주의적 사고 때문이었다. 고대 유럽인들은 인간의 모습에 신의 모습을 대입했다.

포도주에는 포도주 신이 있고, 벽돌에는 벽돌 신이 존재한다고 믿었다. 인간이 하는 모든 일에 신의 손길이 담겨 있다

고 여겼다. 정복 지역의 이방인들이 믿는 신들까지 인정해
주었다. 오직 유대교기독교만 인정하지 않았다. 그 이유는 이
들이 하나님만 세상의 왕이라고 믿었기 때문이다.

그러나 제국 말기, 사회가 어지러워지자 콘스탄티누스 황제
는 313년에 예수를 믿는 기독교를 허용하였다. 세월이 흘러
서로마의 테오도시우스Flavius Theodosius Augustus, Theodosius I, 347~395
황제는 392년에 기독교를 국교로 정한다. 이는 성경의 로마
서 13장에 써 있는 '세상의 질서에 순응하라'는 내용이 제국
지배에 도움이 되었기 때문이었다. 사도 바울Paul이 쓴 로마
서 13장에는 세상에는 영적 질서와 현실적인 질서가 있고,
이 두 가지는 모두 하나님이 창조하신 것이므로 무조건 순
종해야 한다는 내용을 담고 있다.

테오도시우스 황제.

이는 황제에게 순종해야 하는 명분을 제공했다. 또한 당시
사회적 불만과 정치적 혼란을 잠재울 수 있는 최고의 정치
적 도구였다. 황제는 하나님만 인정하면 자신의 권위를 교
회로부터 인정받을 수 있다는 정치적 논리에 따라 기존의
모든 신을 폐기하고 기독교를 믿도록 강요했다. 로마 황제
의 보호 속에서 초기 기독교는 성장했다. 반면 고대 유럽의
인문주의적 전통은 신 중심의 기독교 논리에 의해 급격히
쇠퇴하게 되었다. 유럽의 기독교 사회가 오늘날까지 이어져
올 수 있었던 이유 역시 로마 황제의 기독교 국교화에서 그
뿌리를 찾을 수 있다.[87]

그레코-로망(Greco-Roman)
이라는 용어가 있다. 이것은
그리스와 로마의 방식이라
는 의미인데, 주로 미술이나
건축 등에서 사용된다. 이
용어를 흔히 접할 수 있는
또 다른 분야가 아마추어 레
슬링이다. 레슬링 종목에서
그레코-로망은 고대 사회에
서 했던 것처럼 상체만 가지
고 싸우는 방법인데, 지금도
올림픽 정식 종목에 채택되
어 있다.

# 오리엔탈리즘의 기원

오리엔탈리즘은 문학비평가 에드워드 사이드Edward W. Said, 1935~2003의 저서 『오리엔탈리즘Orientalism, 1978』으로 인해 유명해진 용어이다. 오리엔트Orient는 해가 뜨는 동방을 의미하고, 해가 지는 서방은 옥시덴트Occident라고 한다. 사이드는 오리엔트를 합리적이고 이성적인 서방의 상대적 개념으로 고정화했다. 사실 서양에서 오리엔트를 서구와 대비되는 비합리적이고 비이성적인 독재와 압제적 사회라는 부정적인 인식이 오랫동안 지속되어왔다. 그리고 그 기원은 바로 페르시아 전쟁이라고 할 수 있다. 페르시아에 대한 델로스 동맹의 승리는 고대 그리스의 폴리스 체제의 승리이자, 압제와 독재 사회에 대한 이성적이고 민주적인 사회의 승리로 포장되면서, 동방에 대한 서방의 우월 의식의 출발점이 되었다. 오리엔트라는 부정적인 인식은 처음에 페르시아로부터 출발했으나, 제국주의 시대에는 극동 지역까지 그 범위를 넓혀서 침략을 정당화했다.

# 로마의 시민권

로마가 정복지 주민에게도 시민권을 주었다는 사례는 성경
에서도 여러 차례 소개되고 있다. 그 대표적인 인물이 사도
바울이었다. 사도 바울은 유대인이었지만 교육을 많이 받은
인물로서 로마의 시민권자였으며 공직까지도 올랐다. 또한
영화 〈벤허Ben-Hur, 1959〉의 주인공인 벤허도 역시 유대인이면
서 시민권자였다. 영화 속에서는 죄를 짓고 노예로 끌려갔
었지만, 해상 전투 중에 사령관의 목숨을 구해 그의 양자가
되면서 다시 시민권을 회복했다. 이렇듯 정복지 주민들도
교양이나 지식을 갖췄거나 경제력을 바탕으로 로마에 협조
했다면 시민권을 얻을 수 있었다.

# 3
# 암흑의 시대, 중세

#봉건 제도 #자급자족 경제  #장원  #신성 로마 제국

# 봉건 제도

서기 476년, 서로마 제국이 멸망하면서 제국의 영역 곳곳에
는 게르만족의 나라가 들어섰다. 그중 가장 먼저 강력한 국
가를 세웠던 것이 프랑크Frank족으로, 이들이 세운 나라가 프
랑크 왕국Frankenreich이다. 그런데 프랑크 왕국이 모든 게르만
민족을 직접 지배한 것은 아니다. 각각의 나라들은 봉건 제
도의 틀 속에 독립적 국가를 형성하며 중세를 지나 근대까
지 이어졌다.

봉건 제도는 땅을 가진 영주가 자신보다 강한 영주에게 신
하로서 땅을 바치는 분봉 서약을 통해 동맹을 맺고 나름의
독립을 지키는 제도다. 즉 큰 나라가 작은 나라의 주인으로
서 땅을 하사하는 것이 아니라 서로의 이익과 안전을 위해
일종의 동맹 관계를 이루는 것이다. 어느 한쪽이 계약을 지
키지 않으면 누구든지 계약을 파기하고 다른 나라와 다시
계약을 맺을 수 있었다. 가령 A라는 큰 나라와 B라는 작은
나라가 계약을 맺었는데, B가 다른 나라의 침략을 받았다면
A는 반드시 B를 도와서 그 침략자를 몰아내야 한다. 만약
도와주지 않는다면, B는 A와의 계약을 파기하고 자신을 보
호해 줄 수 있는 다른 나라와 계약을 해도 되는 것이다. 마
찬가지로 A의 입장에서도 B가 신하의 의무를 저버리면 계
약을 파기할 수 있었다. 이렇듯 유럽의 중세에는 형식적으
로는 주인과 신하라는 주종 관계의 질서 속에 수많은 나라
들이 있었다. 실제로는 고대 폴리스 체제와 비슷한 독립 국
가의 연맹이었다고 볼 수 있다.

신성 로마 제국의 초대 황제인
오토 1세.

작센Sachsen의 왕이었던 오토 1세Otto der Große, Otto I, 912~973가 알
프스를 넘어 롬바르디아 남쪽까지 진출하며 이탈리아 반도
를 점령한 후 교황을 보호하고, 바티칸은 물론 주변의 영토
를 교황에게 바치며 기독교 세계의 수호자로 인정받게 된
다. 오토 1세는 독일 민족 국가들을 하나로 묶은 신성 로마
제국, 직역하자면 독일인의 신성 로마 제국을 탄생시키고,
962년엔 황제의 자리에 올랐다. 이렇게 탄생한 신성 로마
제국은 1806년 나폴레옹Napoléon Bonaparte, Napoléon I, 1769~1821에
의해 해체될 때까지 무려 844년 동안 이어졌다. 제국의 황
제는 그야말로 교황청이 인정하는 유럽의 최고 권위자이자,
현실 세계의 지배자였다.

신성 로마 제국의 초대 황제는 작센 왕국의 오토 1세였지
만, 이후엔 여러 가문이 번갈아가며 황제 자리를 차지했다.
신성 로마 제국이라는 연맹체 내에서 작센이 다른 나라를
압도하는 힘을 지니지 못했기 때문이었다. 따라서 황제의
가문이 약해지면, 제후들의 모임체인 제국 의회를 통해 새
로운 황제가 선출됐다. 이런 식으로 신성 로마 제국의 황제
가문은 끊임없이 바뀌었다. 이것이 가능했던 이유는 로마
가톨릭Roman Catholic 교회가 자신을 보호해줄 강력한 왕조를
원했고, 제후들의 입장에서도 교회로부터 지배자로 인정받
아야 했기 때문이다. 각 시대마다 가장 강력한 힘을 가진 나
라의 왕이 선출 형식으로 황제의 지위에 오를 수 있었다. 제
국의 마지막 황제 가문은 오스트리아의 합스부르크 왕조로,
1452년부터 1806년까지 무려 354년 동안 흔들림 없이 이
어졌다. 그리고 신성 로마 제국과 중세 유럽의 지도를 보면

각 시대별로 봉건 국가들의 쇠락으로 인해 국경이 끊임없이 변했다. 중세 초기에는 규모가 작은 왕국들이 많아 신성 로마 제국에만 100여 개의 왕국이 난립했었지만 근대에 접어들며 소제후국들은 점차 소멸되었다. 특히 절대주의 시대에 접어들면서 봉건 국가들은 큰 왕국들에 흡수되었고, 이로 인해 봉건 제후국들의 숫자가 급격히 감소하였다.

봉건 영주들은 유럽 도처에 널린 성들에서 군림했던 실질적 지배자들이었다. 백설공주 같은 동화에서처럼 이웃 나라 왕자가 말을 타고 지나다 공주와 마주칠 수 있을 정도로, 각 제후의 성이 곳곳에 존재했다. 이 성들이야말로 그 지역의 왕국이었다. 유럽의 봉건제는 계약에 의한 형식적인 주종 관계로, 보호와 봉사라는 개념이 밑바탕이 되었다. 자제 종친이나 공신들에게 실제 통치 지역을 하사했던 중국의 봉건제와는 완전히 다른 구조였다. 이들은 나라의 크기에 따라서 황제, 왕, 공작, 백작, 선제후, 남작, 영작, 제후 등으로 불렸다. 또한 황제로부터 임명되는 것이 아니

유럽 제후들의 서열과 명칭

| | 한국어 | 독일어 | | 한국어 | 독일어 |
|---|---|---|---|---|---|
| 1 | 황제 | Kaiser | 6 | 백작 | Graf |
| 2 | 왕 | König | 7 | 소백작 | Markgraf |
| 3 | 공 | Herzog | 8 | 후작 | Pfalzgraf |
| 4 | 대백작 | Landgraf | 9 | 남작 | Baron |
| 5 | 선제후 | Kurfürst | 10 | 소제후 | Fürst |

※ 주교령(교회 소유 지역) Erzbischoftum
※ 황제 영지(전국 각지) Pfalz

이 명칭을 독일어로 표기한 이유는 사용 빈도가 신성 로마 제국에서 가장 높았기 때문이다. 다른 유럽의 국가들은 신성 로마 제국처럼 세분화된 연맹체가 아니었다.

제후들은 국가의 규모에 따라 다른 호칭으로 불렸다. 그러나 황제(Kaiser)부터 소제후(Fürst)까지 이들의 자제들은 모두 왕자와 공주로 칭한다. 중세 시대에는 국력이 강해지거나 약해지면 호칭이 변하기도 했다. 한 예로, 1452년에 황제 칭호를 받은 오스트리아의 합스부르크 왕조도 알프스 지역의 소제후에서 출발했었다. 황제는 신성 로마 제국의 황제만이 사용하는 칭호이고 그 아래 왕들은 고만고만한 나라들의 우두머리에 지나지 않았다. 그리고 신성 로마 제국 밖의 프랑스나 영국 등에서도 최고 권력자는 왕이었다. 현재도 모나코, 리히텐슈타인 등의 국가수반을 한국에서는 통칭해서 왕이라고 부르는데, 이들의 실제 명칭은 독일어로 Fürst에 지나지 않는다. 그런데 공작부터 소제후까지의 명칭은 한국의 역사에서 없는 개념이기 때문에 정확하게 그 의미를 번역하기는 어렵다. 여기서 사용하는 명칭은 일본에서 번역된 것으로 우리나라에서 그대로 받아 사용하고 있다.

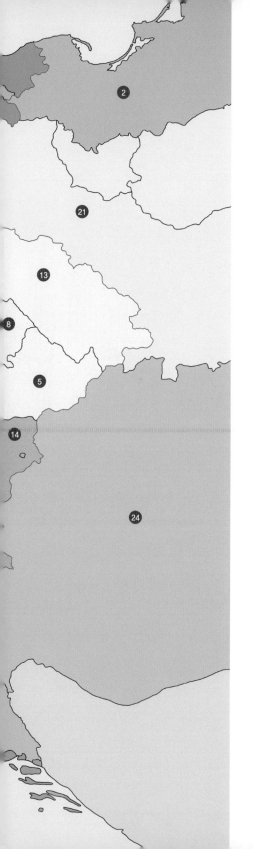

| | |
|---|---|
| **1** | 덴마크 왕국 |
| **2** | 독일 기사단 지역 |
| **3** | 룩셈부르크 공작국 |
| **4** | 마인츠 대주교령 |
| **5** | 모라비아 중백작국 |
| **6** | 메클렌부르크 백작국 |
| **7** | 뮌스터 대주교령 |
| **8** | 보헤미아 왕국 |
| **9** | 뷔르템베르크 백작국 |
| **10** | 브란덴부르크 선제후국 |
| **11** | 사보이 백작국 |
| **12** | 슈타이어마르크 공작국 |
| **13** | 슐레지아 공작국 |
| **14** | 오스트리아 공작국 |
| **15** | 잘츠부르크 대주교령 |
| **16** | 쾰른 대주교령 |
| **17** | 튀링겐 대백작국 |
| **18** | 트리어 대주교령 |
| **19** | 트리엔트 대주교령 |
| **20** | 티롤 백작국 |
| **21** | 폴란드 왕국 |
| **22** | 프로방스 백작국 |
| **23** | 플랑드르 백작국 |
| **24** | 헝가리 왕국 |
| **25** | 헤센 대백작국 |
| **26** | 홀란드 백작국 |
| **27** | 홀슈타인 백작국 |
| **28** | 바이에른 백작국 |
| **29** | 황제 영지 |

합스부르크 계
비텔스바흐(바이에른) 계
비텔스바흐(팔라틴) 계
그리핀 계
메클렌부르크 계
아스카니아 계
벨프 계
베틴 계
제국 자유 도시
교황령

**1348년 신성 로마 제국 지도.**

브란덴부르크 공작국

작센 공작국

바이에른
공작국

오스트리아 대공국

제국령
주교령
비텔스바흐(팔라틴) 계
비텔스바흐(바이에른) 계
호엔촐레른 브란덴부르크 계
호엔촐레른 프랑코니안 계
베틴 알베르틴 계
베틴 에르네스틴 계
올덴부르크 계
오스트리아 합스부르크 계
스페인 합스부르크 계
스웨덴 계
뷔르템베르크 계
헤센카셀 계

1648년 당시 신성 로마 제국.

라, 실제 지배권을 가진 군주들이었다.[88] 소영주는 주인이 되는 영주와의 계약 관계를 언제든지 끊을 수 있으며 세력을 키워 대영주의 자리까지 오를 수 있었다.

중세의 지도를 보면 단색이 아닌 여러 색의 모자이크 형태를 띤 것을 볼 수 있다. 고대 그리스의 폴리스처럼 중세 유럽에서도 세력 균형이 이어져 온 것이다.


## 자급자족 사회, 장원

봉건제의 질서는 '장원manor'이라고 하는 지역 단위로 지탱될 수 있었다. 장원이란 간단히 말해 어느 한 마을이자 지역 경제의 최소 단위이다. 교회와 장원청이라는 관청을 중심으로 그 주변부에 농토와 방목지로 둘러싸인 형태로 구성되었다. 장원에서는 경작지뿐 아니라 영주와 교회의 토지를 일구는 것도 모두 농민들의 몫이었다. 농민들은 과다한 세금과 부역 등에 시달려 대부분 영주에게 토지를 바치고 경작권만 지닌 채 농사를 지었다. 이를 반 농민, 반 노예라는 의미에서 '농노serf'라고 한다. 농노는 땅에 예속된 농민으로 하루 종일 일만 해야 하는 노예와 같은 존재였다.

또한 장원은 고립된 하나의 경제 단위로 모든 것을 자급자족해야 했다. 이웃 장원들과의 상거래가 점점 감소하면서 화폐 경제는 소멸되어 갔다. 자연스럽게 매매 행위는 주로 물물 교환으로 이뤄졌다.

장원에서 농노는 매일같이 혹사당했다.[89] 중세 농노의 삶은 비참하기 그지없었다. 토지에 얽매인 농노는 영주의 허락 없이는 소속 장원을 떠날 수 없었다. 경작권을 대가로 한 세금은 허리를 휘게 만들었고 영주와 교회의 토지에 대한 경작까지 대행해줬으며 심지어 온갖 잡일에도 동원되었다. 요즘의 주민세 같은 인두세도 내야 했고 집세, 가축세는 물론 방앗간이나 양조장 등 장원 내의 모든 시설에 대한 사용료도 내야 했다. 또한 교회에는 세금과 같이 십일조를 꼬박꼬박 내야 했다. 엽기적으로 영주가 초야권을 갖기도 했다. 초야권이란, 영주가 농노들의 결혼을 허가하면서 신부와 첫날밤을 보내는 것을 말한다.

중세의 장원의 예시.

이처럼 중세의 농노는 인간 이하의 대접을 받는 일개미나 다름없었다. 평생 땀에 절어 노동을 하면서도 가난과 허기에 찌든 채 살아가야 했다. 유럽의 중세는 평민들에겐 감옥이었다. 로마서 13장에 나타난 기독교 교리에 의해서 지배된 서양 중세는 철저한 신분 제도하에 신 중심의 사고가 만연했다. 세상에 대한 물음과 질문이 불경스럽게 여겨졌다. 이 시기는 인간의 창의성이란 것은 전혀 찾을 수 없었던 암흑의 시대였다.


## 중세의 민족 개념

유럽의 중세에는 봉건 영주가 다스리는 수백 개의 나라가 있었다. 그러나 이 나라들이 반드시 같은 민족끼리 모여 살았던 것은 아니다. 좁은 지역에 많은 민족이 살았기에 지역에 따라 여러 민족이 혼재되어 있었다. 그리고 신분제 사회에서 영주가 절대 권력을 가지고 있고, 평민에게는 어떤 권한도 없었기에 다른 민족 출신이더라도 평민들 사이에서는 차별이 거의 없었다. 왕의 입장에서도 백성들은 단지 세금을 내고 부역을 하는 재산에 불과했기에 민족에 상관없이 똑같이 취급했다. 따라서 일반 평민들에게도 왕이 자신과 같은 민족이든 다른 민족이든 상관이 없었다. 누가 왕이 되더라도 자신들의 처지에는 변화가 없었기 때문이다. 그러니 중세에는 민족 간의 감정이 없었다.

# 독일은 단일 민족 국가?

사실 독일은 단일 민족 국가라고 할 수 없다. 현재의 독일 국민은 게르만계 여러 민족으로 구성되어 있다. 이들은 흑해 연안 지역에서부터 동유럽 지역까지 걸쳐 거주했는데, 4세기 말 훈족이 침입하면서 연쇄적으로 하나둘 서로마 지역으로 집단 이주했다. 이것을 '게르만족의 대이동'이라 한다. 당시에 서유럽으로 이동했던 민족들로는 지금은 소멸된 동고트Ostgote, 서고트Westgote, 반달Wandale, 롬바르드Lombard가 있다. 현재도 지명에 그 흔적이 남아있다. 프랑크Frank, 부르군트Burgund, 작센Sachsen, 색슨, 앙엘른Angeln, 앵글로, 슈바벤Schwaben 등의 민족들이 오늘날 독일 국민을 이루고 있다. 각각 눌러 앉은 지역이 달라 훗날 중세의 제후국들이 되었고, 그때의 주민 구성은 현재까지 이어지고 있다. 그 때문에 독일인은 지역에 따라 생김새나 머리색, 그리고 언어가 확실하게 구분된다. 다른 지역 사람들이 만나 각자의 사투리로 대화를 하면 의사소통이 불가능한 경우가 많다. 따라서 독일은 단일 민족 국가라기보다는 게르만계 여러 민족들의 국민 국가라 해야 한다.

이것은 우리 역사에서 고구려를 떠올려 보면 이해하기 쉽다. 고구려는 여러 민족으로 구성되어 있었다. 여진, 말갈, 거란 등은 우리와 같은 우랄-알타이어계Ural-Altaic languages 민족으로서 고구려의 국민이었다. 만약 고구려가 현재까지 이어졌다면, 우리나라도 여러 민족이 한 표준어를 사용하는 국민 국가였을 것이다. 현재의 독일도 이러한 관점에서 이해해야 한다.

# 동네주의

### 레버쿠젠과 에스파뇰의 UEFA 결승전

현재 유럽의 지역주의는 우리나라의 지역주의와 완전히 다르다. 유럽은 중세부터 수많은 왕국으로 나뉘어 있었기에, 유럽인은 자신의 지역에 대한 독립성도 강하고 자부심 또한 유별나다. 한마디로 '동네주의'라고 할 수 있다. 작은 나라는 멀리 떨어진 큰 나라와 동맹 관계를 유지했기에, 소왕국일수록 바로 이웃과의 경쟁이 심할 수밖에 없었다. 이런 현상은 현재 유럽 축구에서 쉽게 찾아볼 수 있다. 인근 지역에 각각 연고를 둔 맨체스터 유나이티드Manchester United와 맨체스터 시티Manchester City의 경기는 사생결단을 낼듯 치열하다. 이들은 차라리 타지역 팀에게 진다면 그런대로 참지만, 서로와의 경기에서 지면 참을 수 없다는 듯한 태도를 보인다.

차범근이 뛰었던 1988년 UEFA 결승전당시에는 결승전도 홈엔드 어웨이로 2경기였다. 2차전에서 독일의 레버쿠젠Bayer 04 Leverkusen과 스페인의 에스파뇰RCD Espanyol이 맞붙었다. 레버쿠젠의 바로 이웃 도시인 쾰른의 축구팬들은 경기장에서 결승 상대인 에스파뇰을 열성적으로 응원했고, 그 모습이 텔레비전에 고스란히 비춰졌다. 우리 눈에는 도저히 이해할 수 없는 장면이었다. 이들은 당시 분데스리가Bundesliga 2위 팀이었던 FC 쾰른FC Köln이 아닌 이웃 도시 레버쿠젠이 결승에 진출한 것에 부아가 치밀어, 차라리 에스파뇰이 우승하길 바랐던 것이다.

이러한 유럽의 동네주의적 전통은 오늘날에도 이어진다. 덕분에 지방 자치가 자연스러운 전통으로 자리잡았다.

## 유럽의 지방 자치

지금도 유럽은 철저히 지역 중심적인 사회다. 유럽인들은 중앙 정부 구성보다 자신이 속한 주, 또는 자신이 거주하는 도시의 선거를 더 중요시한다. 유럽인들의 선거에 대한 관심은 '시장 〉 지사 〉 수상 또는 대통령' 순이다. 지방 자치제의 시작이 자신들의 국가를 운영하는 것이란 생각에서 비롯됐기 때문이다. 유럽의 지자체는 중앙의 간섭을 꺼리기 때문에, 재정적으로도 중앙 정부의 지원을 받지 않으려고 한다.

이를 지역 이기주의가 아니라 지역 간 선의의 경쟁으로 보면 이해하기 쉽다. 그래서 지역 간 빈부 격차를 유럽인들은 불편하게 생각하지 않고, 자신의 지역에 맞는 산업을 발전시키려고 노력한다. 유럽인들의 이러한 사고 방식은 2천여 년을 이어온 동네주의에 기인한다.

반면, 우리의 지방 자치는 동네주의가 결여된 상태에서 실행되고 있다. 우리나라는 2천 년 역사에서 삼국 시대와 남북국 시대통일 신라와 발해, 후삼국 대립기를 제외하곤 중앙집권적 왕조 국가가 중심이 되어 왔다. 그래서 우리에겐 중앙 정부왕조가 각 지역에 관리를 파견하는 통치 방식에 익숙하다.

이런 우리에게도 지방 자치제가 도입됐다. 이는 다른 의도가 아닌 지역 균형 발전을 위해서였다. 그러다보니 우리나라의 지자체는 예산부터 지역 사업의 대부분을 중앙 정부에 의존한다. 이것은 지방 자치의 본래 의도와 맞지 않는다. 우리의 지방 자치는 재정적인 독립을 위한 노력을 하지 않고, 지역 간의 선의의 경쟁이 아닌 무한 이기주의에 빠져서 중앙 정부의 예산을 낭비하는 일이 비일비재하다. 지방 자치제는 유럽인들에게 맞는 옷이다. 아무리 멋진 옷이라도 나에게 맞지 않으면 입어도 태가 나지 않는다. 우리에게 지방 자치는 맞지 않는 옷일 수도 있다. 따라서 외국의 시스템을 그대로 답습하지 말고 우리에게 맞춰 새롭게 재단해야 할 필요성이 있다.

## 체코와 슬로바키아

유럽의 동네주의를 알 수 있는 비교적 최근의 사례가 바로 1993년 1월에 발생했던 체코Czech Republic와 슬로바키아Slovak Republic의 분리 독립이다. 체코슬로바키아는 민족자결원칙에 입각해서 1918년 제 1차 세계대전 직후 오스트리아·헝가리 제국으로부터 슬라브계 민족인 체크인과 슬로바키아인의 연방 국가로서 독립됐었다.

중세 시대에 체크족과 슬로바키아족은 연합하여 833년에 모라비아라는 나라를 세웠는데, 906년에 슬로바키아는 헝가리의 지배하에 들어갔고 이후 천여 년 동안 그 역사가 이어졌다. 수도 프라하Prague를 중심으로 하는 체코는 중세 이후 보헤미아로 더 알려졌으며, 역사의 대부분이 오스트리아의 영향권에 놓였다. 이에 대한 한 가지 사례를 들면, 1348년에 개교한 프라하 대학Universita Karlova에서 제 2차 세계대전 종전까지 독일어로 수업을 진행했다는 사실이다. 그래서 체코인으로서 세계적인 문호가 되었던 프란츠 카프카 Franz Kafka, 1883~1924도 자신의 모국어가 아닌 독일어로 모든 작품을 썼다.

체코슬로바키아는 제 2차 세계대전의 종전으로 다시 독립하게 되었으나, 소련의 영향권에 놓이게 되면서 공산화됐다. 1990년에 소련이 붕괴되자 체코슬로바키아 의회는 같은 해 3월에 국명을 인민 공화국에서 연방 공화국으로 바꾸었고, 1992년에 국민 투표를 통해 1993년 1월에 체코와 슬로바키아로 분리됐다.

883년 이후 이 두 지역이 하나의 국가를 이루게 된 것은 천여 년이 지난 제 1차 세계대전 이후부터였다. 1918년 11월부터 1992년 12월까지 약 82년 간 하나의 나라로 유지되다가, 1993년에 평화적으로 다시 분리되었다. 이러한 사실은 체크와 슬로바키아 두 민족은 물론이거니와 이를 인정했던 유럽의 다른 국가들도 동네주의를 당연한 것으로 받아들이고 있다는 것을 말해준다. 또한 유고슬라비아 연방이 내전을 통해 해체된 사실과 비교해 볼 때, 동네주의로 분리된 좋은 사례로 볼 수 있다.

# 4
# 인문주의 사고가
# 싹트다,
# 르네상스

#다시 피는 인문주의 #신항로 개척 #상업혁명 #교회의 권위 추락

## 다시 피는 인문주의

르네상스는 프랑스어로 Renaissance라고 쓴다. re는 '다시, 거듭'이란 의미의 접두어고, naissance는 '탄생'이라는 뜻을 담고 있다. 한마디로 '재탄생'이라 할 수 있다. 역사적으로 르네상스는 15세기 중반부터 16세기에 이르는 유럽의 문예 부흥 운동을 말한다.

유럽의 중세는 로마 가톨릭이 사람의 생각이나 사회 질서를 지배하는 시대였다. 성경의 로마서 13장에 근거하여 상하 관계에 의한 질서가 강요되다 보니 신분 제도가 철저하게 유지되었고, 태어날 때부터 모든 것이 정해졌다.

이 시기의 관점에서 보면 모든 것은 하나님이 창조한 것이고, 사람은 어느 것도 스스로 할 수 없는 보잘것없는 존재에 불과했다. 인간의 창의력이나 사고력은 모두 무시당해 중세 유럽인들의 삶의 질은 밑바닥을 헤맬 뿐이었다. 또한 로마가 서로마와 동로마로 분리된 이후 서로마의 가톨릭 교회는 동로마 교회와 성상 숭배 문제 등으로 마찰을 빚었다. 결국 나중에 정교회Orthodox Church, 이후 그리스. 슬라브, 이디오피아 정교회로 나눠어진다가 되는 동로마 교회와 단절되었다. 인문주의적 전통을 지닌 동방과의 교류가 끊겼기에 유럽은 더욱 신 중심의 사회로 굳어졌다.

1453년 동방의 비잔틴 제국Byzantine Empire이 이슬람 세력에 의해 멸망하자, 비잔틴의 인문학자들이 서유럽으로 물밀듯 몰려들어 왔다. 이때 인본주의적이었던 그리스와 로마의 고문헌들도 본격적으로 유입되었다. 서로마가 멸망한 후 잊고 있었던 인간의 가치와 존엄성에 대한 사고가 꿈틀대기 시작한 것이다. 인간이 창의적 존재라는 것을 다시 깨닫는 것도 이때다. 인간이 결코 찬미의 대상이 될 수 없다는 생각에서 서서히 벗어나, 인간이 주인공이 되는 그림, 조각 등의 예술 작품들이 등장하기 시작했다.

그 대표적인 예가 바로 미켈란젤로Michelangelo di Lodovico Buonarroti Simoni, 1475~1564의 〈천지창조The Creation of Adam〉와 다빈치Leonardo da Vinci, 1452~1519의 〈모나리자Mona Lisa〉다. 이 두 작품은 신이 아닌 인간의 아름다움을 묘사했다. 특히 모나리자는 여성을 주인공으로 삼았다는 사실만으로도 혁명적인 작품이었다. 중세의 사회 질서에서 여자는 절대로 예술로 미화될 수 없었다. 왕이나 귀족도 묘사될 수 없었던 기독교적 가치관 속에서 평범한 여인을 찬미의 대상으로 표현했다는 것은 교회적 가치관에 대한 도전으로 르네상스 시기에도 충격적인 사건이었다. 그야말로 르네상스는 인간 본래의 능력을 신뢰하

레오나르도 다빈치의 〈모나리자〉와 미켈란젤로의 〈천지창조〉.

고, 창의력으로 무엇이든 할 수 있다는 자신감의 회복기였
다. 또한 르네상스는 교회가 가르쳐 온 신 중심의 사회에 대
한 반발이었다. 교회에 의해 지배되었던 가치관에서 벗어나
근대 사회로의 출발을 알린 새 시대의 조류였다.


## 신항로 개척

십자군 전쟁 후 물꼬가 트인 동방과의 무역을 이탈리아 상
인들이 독점하다시피 하자, 스페인과 포르투갈의 상인들은
동방으로 갈 수 있는 새로운 항로를 찾으려 했다. 이들은 기
존과 반대로 서쪽으로 눈을 돌렸다. 당시로선 획기적인 사
고였다. 이것은 이미 동방으로부터 유입된 과학적 지식을
통해 고대 그리스와 로마인처럼 지구가 둥글다는 사실을 믿
었기 때문에 가능한 일이었다.

몇 차례의 탐험이 이어졌다. 1492년, 콜럼버스Christopher
Columbus, 1451~1506가 아메리카 대륙에 발을 디딘 이후, 유럽 상
인들의 신대륙 진출이 본격화되었다. 그리고 신대륙으로부
터 은이나 감자, 담배, 코코아, 초콜릿 등 값비싼 물품들이
유럽으로 마구 쏟아져 들어왔다. 일명 '상업혁명'이 일어났
다. 중세에 거의 소멸되었던 화폐 경제가 부활하고, 대금업
도 번창했다. 곧, 부를 쌓은 상인들이 늘어나며 물건을 미리
돈을 주고 주문해 매입가를 낮추고 비싸게 파는 선대제先貸制,
Putting-out System 방식이 출현하기에 이른다.[90] 대상인이나 귀족

크리스토퍼 콜럼버스.

들은 임금을 낮추고 시장을 확대해, 높은 가격으로 팔면서 엄청난 차익을 남기게 되었는데 이를 '가격혁명Price Revolution'이라 한다.[91] 더 나아가 상업혁명은 주식회사의 획기적 증대까지 이뤄냈다. 공동으로 자본을 투자해 함께 배당을 받는 주식회사가 등장한 것이다.[92] 상업혁명을 통해 시장은 소규모 거래 위주에서 대규모 거래 위주로 변화했다. 또한, 이로 인해 등장한 부르주아들은 훗날 자유주의 혁명의 주도 세력으로 유럽의 신분제 사회를 무너뜨리는 데 결정적 역할을 담당한다.[93]

신대륙 진출은 교회의 가르침, 즉 우주의 중심이 지구이고 지구는 평평하며, 태양과 달 그리고 별들이 지구를 중심으로 돌고 있다는 주장이 거짓이라는 것을 증명했다. 결국 신대륙 진출과 르네상스의 공통점은 중세 가톨릭 교회의 신 중심적이고 비이성적인 지배에 반기를 든 점이라 볼 수 있다. 교회의 권위와 신 중심의 가치관은 급속하게 무너지고, 과학적 사고가 지배하는 새로운 세상으로의 변화가 시작되었다.

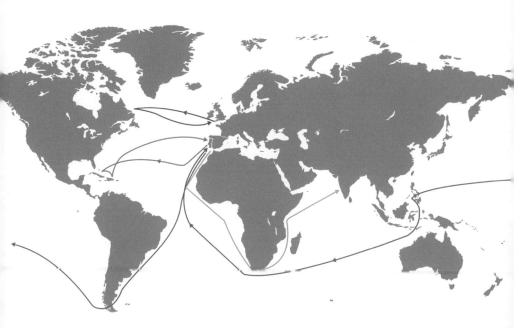

15세기 지리상의 발견과 탐험가들의 경로.

⟹ 바스코 다 가마
1497~1498

➡ 마젤란
1519~1522

➡ 크리스토퍼 콜럼버스
1492~1493

➡ 카보트
1497~1498

# 5
# 하나의 깃발 아래로,
# 유럽 연합

#경제 공동체  #상존하는 갈등  #유럽의 공존과 공생  #현재 진행형

# 제 2차 세계대전 이후의 유럽

제 2차 세계대전은 유럽을 포함한 서양 사회의 구체제를 완전히 변화시키는 계기가 되었다. 제 1차 세계대전 이후에는 승자 독식 원리에 따라 승전국을 중심으로 블록 경제Bloc economy의 성격을 띤, 착취와 이익 창출을 요지로 하는 제국주의 시스템이 이어졌다. 그러나 제 2차 세계대전 이후, 패전국들은 물론 승전국들까지 미국의 의지에 따라 식민지를 포기해야 했다. 미국이 주도하는 식민지 독립이라는 명분만으로 영국, 프랑스 등이 식민지를 포기한 것은 결코 아니었다. 승전국의 한 축이었던 소련의 공산주의 팽창 정책이 중요한 변수가 됐다. 이로 인해 증폭된 이념적 분할은 서유럽 국가들에게는 큰 부담이 되었다. 공산주의에 맞서는 군비 경쟁에서 힘이 부치는 서유럽은 안보 분야에서 미국에게 의지하는 상황이었으니 미국의 의도대로 움직일 수밖에 없었다.[94] 따라서 유럽에서 이념 지도가 윤곽을 드러내는 1955년의 제네바 회담Geneva Summit, 1955. 07.을 기점으로 영국과 프랑스 등은 해외 식민지를 거의 상실하게 됐다. 초강대국에 의한 양강 구도가 시작된 것이다. 결론적으로 16세기 이후 해외로 뻗어나가 400여 년 이상 전 세계를 호령했던 유럽의 시대는 제 2차 세계대전을 끝으로 실질적인 막을 내렸다.

# 유럽의 정치 체제

현재 유럽은 49개국으로 이루어져 있다. 이들 국가의 정치 체제는 각각 역사 발전 과정과 사회문화적 전통에 따라 크게 입헌군주제Constitutional monarchy, 내각제Parliamentary cabinet system, 이원집정부제Semi-presidential system, 그리고 대통령제Presidential system, 이 네 가지로 나뉘어진다.

입헌군주제는 실제 모든 정치 행위가 내각제로 이루어지지만 형식적으로는 왕이 국가수반의 역할을 하는 나라다. 따라서 내각이 교체되더라도 왕이 존재하기 때문에 재선거를 하는 와중에도 명분상으로는 권력의 공백이 발생하지 않는다. 입헌군주제 국가들은 영국, 덴마크, 노르웨이, 스웨덴, 스페인, 그리스, 벨기에, 네덜란드 등이 있고, 이 나라들은 국호에 공화국이라는 명칭을 사용하지 않는다.

내각제는 내각이 수상을 중심으로 국정을 운영하는 방식인데, 총선을 통해 선출된 내각이지만, 마찬가지로 경우에 따라 임기를 못 채우고 해산될 수 있기 때문에 의회에 의해 선출되고 임기가 보장된 대통령이 형식적인 국가수반이 된다. 이러한 국가들은 독일, 오스트리아, 스위스 연방 그리고 이탈리아 등이다. 이 나라들은 국호에 공화국이라는 명칭을 쓴다.

이원집정부제는 프랑스 특유의 정치 체제로 내각과 대통령 모두 국민 투표로 선출하기 때문에 수상과 대통령의 공동 정권이라고 할 수 있다. 이러한 정치 제도는 1958년 10월 15일에 출범했던 제5공화국 헌법에 따른 것이다. 이원집

정부제가 탄생한 배경에는 의원내각제를 선택했던 제 4공화국 시절1946~1958 군소 정당의 난립과 식민지들베트남, 모로코, 알제리 등의 독립 운동으로 인한 혼란이 있었다. 의회의 분포도가 워낙 다양해 프랑스의 내각만으로는 사태를 수습하기 버거웠기에, 우선 대외적으로 중심을 잡고 국내 정치의 가닥을 잡아 나갈 대통령이 필요했다. 대통령 역시 국민이 직접 뽑아 내각과 균형을 맞출 수 있었다. 초대 대통령으로 드골Charles André Marie Joseph De Gaulle, 1890~1970을 선출함으로써 1958년에 출범한 프랑스의 제 5공화국은 현재까지 이어지고 있다.[95] 이 헌법에서 내각은 임기 중에 교체될 수 있지만, 대통령만은 임기가 보장된다. 대통령은 외교와 국방을 맡고, 수상은 재정을 포함한 모든 내정을 담당한다. 수상과 대통령이 같은 당이거나 진영이라면 별 문제 없이 대통령이 국가를 대표한다. 그러나 서로 다른 진영이라면 얘기는 달라진다. 그땐 외교나 안보 분야의 의사 결정을 대통령과 수상이 합의해야만 한다. 수상이 재정을 포함한 모든 부처를 관장했기에 타협은 불가피하다.

대통령제는 주로 과거 공산주의 체제였다가 자유민주주의 국가로 변화하고 있는 동유럽의 국가들에서 채택되고 있다. 이 지역은 과거 자유주의 혁명의 영향을 상대적으로 적게 받았거나, 아예 자유주의 체제에서 벗어나 있었기에 내각제보다는 일사불란하게 강력한 권력을 행사할 수 있는 대통령제를 선호했다.

대통령제를 선택한 국가들을 제외하고, 여타의 나라들은 대부분 다당제를 통해 내각을 구성하고 있다. 유럽의 다당제는 대체로 어느 한 당이 과반 의석을 확보하지 못하니, 내각을 구성하려면 정당들 간의 협업이 필요한 구조다. 연립정권, 이른바 연정이라고 불리는 이 구조는 어느 한 당의 독재를 견제하는 역할을 하기 때문에 소수 의견이 무시되지 않는다는 장점도 있다.

유럽의 민주주의는 역사적인 경험의 소산이라 할 수 있다. 지역마다 차이는 있지만, 서유럽의 대학교 의회를 보면 내각제를 대하는 이들의 태도를 엿볼 수 있다. 서유럽의 대학교에는 학생들의 투표로 선출된 학생 의회가 있다. 사실 기성 정치에서는 5%를 득표하지 못하면 의회 진출이 무산된다. 그러나 학생 의회는 그런 기준이 없어 아주 사소한 정당들까지 의회에 진출하기 때문에, 학생회는 여러 당의 연립으로 구성된다. 이를테면 우파와 좌파 진영의 정당들 외에도 외국인당, 호모당, 레즈비언당까지도 존재하는데, 이들이 연정에 참여한다면 당연히 이들의 요구도 수용해야 한다. 이는 어떤 진영이 과반에 못 미쳐도 1위를 하면 학생회의 전권을 가져가는 우리나라의 학생회와는 매우 다르다. 이러한 차이는 서유럽인과 한국인의 민주주의에 대한 경험에서 비롯됐다고 할 수 있다. 따라서 대학교 학생회에서 이러한 절차를 경험한 사람과 그렇지 못한 사람은 실제 정치에 진출해서도 민주주의에 대한 의식이 확연히 다를 수밖에 없다. 서유럽의 정치 제도를 제대로 따라할 수 없는 이유가 여기에 있다.

# 유럽 연합

제 2차 세계대전 후 서유럽 국가들은 미국과 소련의 틈바구니에서 새로운 생존의 길을 모색해야만 했다. 해외의 원료 공급처와 시장을 상실한 서유럽 국가들은 우선 새로운 시장을 만들어야만 했다. 관세를 없애는 등 실질적인 공동 시장을 추구하려는 일련의 노력들이 시작되었다. 이는 19세기 독일의 자유주의 세력이 구상한 중부 유럽 구상Mitteleuropa-Konzeption과 비슷한 형태를 띠었다. 그러던 차에 1946년 9월 19일, 영국의 처칠Winston Leonard Spencer Churchill, 1874~1965이 처음으로 유럽 국가 연합의 필요성을 제안하면서 구체적으로 유럽 통합에 대한 논의가 무르익었다.[96]

1951년 4월 18일, 프랑스, 서독, 벨기에, 네덜란드, 룩셈부르크, 이탈리아의 주도하에 유럽 석탄 철강 공동체European Coal and Steel Community, ECSC, 1951. 07.가 결성되었다. 이것이 모태가 되어 1957년에는 로마 조약을 통해 유럽 경제 공동체European Economic Community, EEC, 1957. 03.와 유럽 원자력 공동체European Atomic Energy Community, EURATOM, 1957. 03.가 결성되기에 이른다. 바야흐로 유럽 통합이 본격 궤도에 진입한 것이다. 유럽 경제 공동체는 조금 지나 서유럽 대부분의 국가로 확대 개편되었고, 드디어 1992년 2월 7일, 네덜란드의 마스트리히트에서 유럽 공동체European Community, EC, 1992. 07.로 발전되었다.

유럽 공동체는 크게 세 가지 줄기로 구성된다. 첫째는 경제 및 화폐, 다음으로 외교 및 안보, 마지막으로 경찰과 사법 분야에서의 연합이다. 한마디로 마스트리히트 조약Maastricht

유럽 연합 로고(위쪽)와 유로화.

Treaty, 1992. 02.은 유럽 통합의 마그나카르타Magna Carta라고 할 수 있다. 이후 마스트리히트 조약의 후속 조치로 회원국 간의 통화 조정1999, 유럽 인권 선언 공표2000, 유로화 통용2002등이 이뤄졌다. 2002년 1월부터는 유럽 공동체의 명칭도 유럽 연합European Union, EU으로 변경되면서 현재에 이르고 있다.

유럽 국가들이 해외 식민지들을 잃지 않았다면 유럽 연합은 태어나지도 않았겠거니와 존속할 수도 없었을 것이다. 이는 경제적으로 큰 가치가 있는 식민지를 갖지 못했던 독일이 19세기에 시도했던 관세 동맹이나 단일 화폐 통용을 중심으로 한 중부 유럽 구상이 제 2차 세계대전 이후 서유럽으로 확대된 결과물이라고 볼 수 있다. 한마디로 중부 유럽 구상과 EU의 공통점은 부르주아 자본가들의 이익을 극대화하기 위한 수단이었다는 것이다. 다시 말해 둘 다 시장의 확대를 원하는 거대 자본 그룹의 생존 전략이었다고 할 수 있다.[97]

근대의 절대주의 시대부터 현대에 이르기까지 흔히 소규모의 왕국들은 덩치 큰 왕국을 중심으로 통합되었다. 그러니 한 나라 안에서도 민족 분규는 끊이질 않았고 나아가 같은 민족 간에도 언어나 종교 등 문화의 차이로 인한 갈등은 계속 존재해 왔다.

이런 현상을 극명히 보여주는 예가 있다. 1970년 월드컵에서 서독이 우승하면서 국영방송 ZDF의 〈Sportstudio〉라는 프로그램에 월드스타 프란츠 베켄바워Franz Anton Beckenbauer, 1945~가 출연했다. 사회자가 서독의 축구 영웅이라고 소개하자, 베켄바워는 "나는 서독의 축구 영웅이 아니라 바이에른

Bayern의 축구 영웅입니다"라고 말했다.

이런 예는 또 있다. 역시 ZDF에서 방영했던 〈함부르크에 사는 두 명의 뮌헨 사람들Zwei Münchner in Hamburg〉이라는 드라마가 있었다. 억양이나 사투리가 사뭇 달라 소통이 매끄럽지 못했던 두 청년을 다룬 이야기다. 한 쪽은 루터교를 믿고 다른 쪽은 로마 가톨릭을 신봉하는, 종교가 다른 두 사람이 함부르크에서 부대끼며 사는 내용의 코믹 드라마였다. 두 사례는 독일 내에서도 지역, 종교, 언어 등에 따라 이질감이 꽤나 있다는 것을 말해준다. 독일뿐만이 아니다. 스페인의 카탈루냐 지방이나, 이탈리아의 남부 티롤과 밀라노 중심의 북부 지역, 영국의 북아일랜드, 폴란드의 슐레지아Silesia, 덴마크의 북부 슐레스비히, 프랑스의 알자스-로렌 등 많은 지역이 갈등의 소지를 항상 안고 산다. 본래 독립적인 왕국으로 수백 년을 이어왔기 때문이다. 동유럽 공산주의가 붕괴된 후 구 유고 연방이 내전을 거치면서 세르비아, 크로아티아, 슬로베니아, 보스니아-헤르체고비나, 코소보, 몬테네그로, 마케도니아 등으로 쪼개져 독립한 사실도 이런 맥락에서 이해할 수 있다.

유럽 연합은 각기 회원국들이 독립성은 물론 정체성도 유지한 채 온전한 경제 공동체를 지향하는 방향으로 가고 있다. 유럽이라는 한정된 지역에서 수많은 민족과 언어 그리고 종교·문화의 차이에도 불구하고 비교적 성공할 수 있었던 것은 유럽인의 '따로 또 같이'라는 정치, 문화적 전통 때문일 것이다. 고대 그리스의 폴리스 체제처럼 각기 독립성을 유지하면서도 공동의 이익을 도모했다. 로마 제국이나 신성

새로운 밀레니엄인 2000년, 독일의 전 수상 헬무트 슈미트(Helmut Schmidt, 1918~2015)가 독일 국영방송 ZDF의 한 프로그램에 출연했다. "유럽 연합을 어느 선까지 확정할 수 있을까?"라는 질문에 "러시아와 터키를 제외하고는 어떤 확장이든 가능하다"라고 답했다. 슈미트는 러시아와 터키는 서유럽이 경험한 계몽주의와 자유주의 시민 혁명이 없었기에 시민 의식에서 차이를 보이기 때문이라고 했다.

EU와 러시아·터키는 이질적인 시민 의식으로 한 울타리에 공존할 수 없다는 논리였다. 그의 주장은 매우 의미심장하다. 한 공동체를 이루려면 민주주의에 대한 의식이 비슷해야 한다는 것을 의미한다. 슈미트의 말은 그 정도에서 멈췄지만 유럽 국가들은 러시아와는 많은 점에서 달랐다. 종교적으로는 기독교와 정교회로 달랐고, 정치·군사상에도 추구하는 노선이 판이해 결코 우호적일 수 없었다. 또한 터키는 친서방 국가로 나토 회원국이지만, 이슬람이기에 EU와는 상당한 거리감이 있었다. 아마도 종교를 건드리는 것은 상당한 리스크를 갖기에 슈미트는 애써 이 언급을 피했던 것 같다.

로마 제국처럼 독립성을 지닌 왕국들이 존재하면서도 큰 틀에서 견제와 균형으로 평화와 안정을 누렸던 경험들이 유럽인들의 DNA에 내재된 것이다.

유럽 연합이 마찰 없이 미래로 뻗어 나갈 수 있는지를 결정하는 것은 안정과 평화를 얼마나 지속시킬 수 있느냐다. 결국 모든 갈등과 분쟁의 요인들을 선제적으로 제거해 나가야 한다.[98] 유럽 통합은 어느 민족이고, 어떤 지역 출신이고, 종교는 무엇인지 등을 초월한 유럽인이라는 동질 의식이 있어야 가능한 것이다. 아일랜드는 영국령 북아일랜드와 함께 유럽 연합에 가입했다. 이후 두 나라의 국경은 항시 열려 있기에, 현재까지도 갈등이 봉합된 채 그런대로 평화가 유지되고 있다. 동지중해의 섬나라 키프로스는 터키인과 그리스인들로 구성되어 있는데 갈등이 극심해 경계선에 철조망을 촘촘히 친 채 살아왔다. 십여 년 전 키프로스가 드디어 유럽 연합에 가입하면서 갈등은 일단 봉합된 채 수면 아래로 가라앉았다. 이것이야말로 모두가 유럽인이라는 의식 덕분에 가능했던 것이다.

유럽 연합은 로마 제국이나 신성 로마 제국처럼 하나의 울타리 안에서 각국이 독립성을 갖고 있다. 모두가 유럽인이라는 생각이 깊이 뿌리를 내린다면, 관습적이고 오랜 전통에서 비롯된 지역 단위의 독

유럽 연합(EU)의 확장

| 연도 | 가입국 | 명칭 | 전체 가입국 수 |
|---|---|---|---|
| 1957년 | 프랑스, 서독, 이탈리아, 벨기에, 네덜란드, 룩셈부르크 | EEC | 6개국 |
| 1973년 | 영국, 아일랜드, 덴마크 | EEC | 9개국 |
| 1981년 | 그리스 | EEC | 10개국 |
| 1986년 | 포르투갈, 스페인 | EEC | 12개국 |
| 1995년 | 오스트리아, 핀란드, 스웨덴 | EC | 15개국 |
| 2004년 | 폴란드, 헝가리, 체코, 슬로바키아, 슬로베니아, 리투아니아, 라트비아, 에스토니아, 키프로스, 몰타 | EU | 25개국 |
| 2007년 | 불가리아, 루마니아 | EU | 27개국 |
| 2013년 | 크로아티아 | EU | 28개국 |
| 2020년 | 영국 탈퇴(Brexit) | EU | 27개국 |

립은 유럽 연합의 미래에 별 의미가 없다. 그런 대전제를 받아들인다면 북부 이탈리아나 스페인의 카탈루냐, 스코틀랜드 등 독립 의지가 용솟음치는 지역들도 이내 봉합될 수밖에 없다. 그러나 유럽 연합이 경제적으로 모든 국가나 지역에 이익을 가져다 주지 못하거나 종교·문화적으로 지나친 이질감을 느끼게 할 경우, 갈등은 언제든 다시 폭발할 수 있다. 현재의 유럽 연합은 아직도 진행형으로 결코 완성된 것이라 할 수 없다.

| 유럽 통합의 전제 조건 | |
| --- | --- |
| 나는 어느 민족(국민)이다 | × |
| 나는 유럽인이다 | ○ |

# 같은 나라 다른 민족

오늘날 이탈리아 북쪽에 위치한 알프스의 남부 티롤 지역
에 가면 이정표나 간판들이 독일어로 표기된 것을 볼 수 있
다. 이 지역은 제 2차 세계대전 후 이탈리아 영토가 된 곳으
로, 동계 올림픽에 출전하는 이탈리아 선수들은 거의 이 지
역 출신이다. 저자가 독일에서 공부할 때 남부 티롤 도시인
브루넥Bruneck에서 온 친구로부터 들은 이야기다. 남부 티롤
에도 '외국인'이 많다고 했다. "그런 산골에도 외국인이 찾
아 오냐"라고 반문했더니, 그 친구가 하는 말이 흥미로웠다.
그가 말한 외국인은 다름 아닌 바로 이탈리아인이었다. 이
곳에는 독일어를 쓰는 오스트리아계 원주민이 대다수이기
에 나온 말이다.

또한 오늘날 체코에 귀속된 주데텐Sudeten 지역도 과거에는
인구의 80% 이상이 독일인이었던 곳으로 독일계 민족 국가
인 뵈멘보헤미아 공작국의 일부였다.

이 지역 서남쪽에 필젠Pilsen이란 지방이 있는데, 예전부터 맥
주로 유명했다. 지금도 독일인들은 체코 맥주를 최고로 여
기는데, 바로 필젠 맥주 때문이다. 맥주에서 흔히 필스pils라

는 제조 방식이 있는데 이 지역 방식으로 만드는 것이다. 그런데 이 지역이 제 2차 세계대전 후 체코로 넘어갔다. 특히 이 지역의 부드바이스Budweis라는 도시는 맥주로 명성이 자자했다. 이 맛을 그리워했던 사람들이 미국에서 맥주 회사를 만들었는데, 그 상표가 다름 아닌 버드와이저Bedweiser이다. 1990년 동유럽 공산주의가 몰락하면서 자본주의화되자 미국의 버드와이저가 얼마 지나지 않아 체코의 부드바이스에 공장을 세웠다. 현재 유럽에서 판매되는 버드와이저 맥주는 모두 여기서 생산되고 있다.

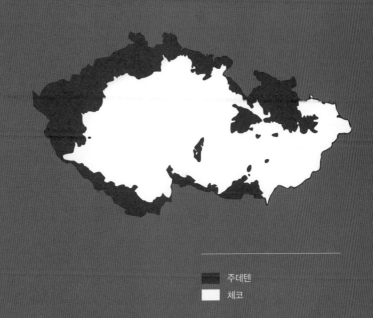

■ 주데텐
□ 체코

# 4장. 종교

## 종교는 민족보다 위에 있었다

# 1
# 가톨릭의 절정,
# 십자군 원정

#로마서 13장  #카노사의 굴욕  #허울뿐인 명분

# 게르만족과 교회

유럽의 중세는 철저한 신분제 속에 인간 개개인의 가치와 창의력이 무시되었던 암흑기였다. 중세가 이렇게 된 것에는 로마 가톨릭이 결정적 배경이 되었다. 본디 가톨릭은 로마 시대 말기에 국교가 된 후 로마, 콘스탄티노플, 안티오크, 예루살렘, 알렉산드리아의 거점 교회를 중심으로 세력이 나뉘어 있었다. 서기 395년에 동서가 갈라선 이후, 로마 교회만이 서로마 지역에 속하게 되었다. 이후 성상 숭배 문제 등의 교리 차이로 동로마 교회들과 다른 길을 가게 됐다. 로마 교회를 제외하곤 모두 정교회가 된 것이다. 이후 로마 교회는 로마 가톨릭으로 서유럽 교회의 뿌리가 되었다.[99]

서로마 제국이 476년에 게르만족에 의해 멸망하면서, 서유럽은 온통 혼란의 도가니에 빠져든다. 로마 교회가 위기를 맞게 되는 것은 자명한 일이었다. 그러나 로마 교회는 게르만족을 통일한 프랑크 왕국을 내세워 가톨릭을 다시 부흥시키려 했다. 이들이 내세우는 논리가 있었다. 바로 현실 세계의 질서에 순응하라는 로마서 13장 1, 2절이었다. 이 구절에서는 현실 세계의 지배자를 하나님이 보낸 사람이라고 보았다. 지배자들은 교회로부터 정통성을 인정받아야 했기에, 교회를 적극 보호하는 등의 모습을 보였다. 게르만족을 잠재웠던 프랑크 왕국 역시 왕조의 정당성을 인정받기 위해 교회를 비호했으며, 로마 교회 주변 지역을 '교황령'으로 칭하며 교회에 상납까지 했다. 교회 역시 세속의 크고 작은 왕국들에게 정통성을 인정해 주면서 위기에서 벗어날 수 있었

카노사의 굴욕.

이 사건 이후로 봉건 영주들은 교황의 권위에 완전히 굴복하게 된다.

다. 이렇듯 본래 게르만족 국가의 왕들이 정치적인 이해관계에 따라 교회에 먼저 손을 내밀었고, 교회도 이를 활용하여 세력을 넓힐 수 있었다.

1075년, 교황 그레고리우스 7세Ildebrando di Soana, Gregorius VII, 1020~1085는 봉건 영주들이 갖고 있던 성직 임명권을 빼앗아 교황만이 성직자를 임명할 수 있다고 선포한다. 이에 신성 로마 제국[100]의 황제였던 하인리히 4세Heinrich IV, 1050~1106는 즉각 반기를 들었다. 봉건 영주들의 입장에서 성직 임명권을 빼앗기는 것은 왕국의 지배권이 현저히 약화되는 것을 의미했다. 이쯤 되자 하인리히 4세는 독일의 보름스에서 제국 의회를 소집하며 교황을 축출하자는 의결을 주도한다. 교황은 이에 격분하여 되레 하인리히 4세를 교회에서 파문한다. 신 중심의 중세에서 파문은 하나님으로부터 버려진 자식이 되는 걸 의미했다. 상황은 급반전되었다. 막다른 골목으로 치닫던 국면은 황제 하인리히 4세가 교황 앞에 무릎을 꿇고 사과하며 용서 받는 것으로 마무리되었다.

이 사건을 '카노사의 굴욕Humiliation at Canossa'이라고 한다. 중세 사회에서 교회와 교황의 권위가 얼마나 막강했는지를 보여주는 단적인 예다. 이후 현실 세계의 지배자들, 즉 봉건 영주들은 교회와 교황의 권위에 완전히 굴복하게 된다. 가톨릭 교회는 중세의 질서 속에서 거역할 수 없는 권능을 지닌 존재로 자리잡는다.

# 십자군 원정의 이면

십자군 원정the Crusades은 성지 예루살렘 회복을 위해 중세 유럽의 국가들이 연합하여 이슬람 지역을 공격했던 전쟁을 말한다. 1096년부터 1270년까지 무려 274년 간 일곱 차례에 걸쳐 진행되었다.

1071년, 예루살렘 지역을 정복한 이슬람 세력 셀주크 튀르크Seljuk Türk가 기독교인들의 예루살렘 성지 순례를 막았다. 이슬람 세력은 비잔틴 제국까지 넘실대며 영토마저 빼앗기에 이른다. 이에 비잔틴 제국의 황제 알렉시우스 1세Alexius I, 1056~1118는 로마의 교황 우르반 2세Urbanus II, 1035~1099에게 도움을 청했다.[101] 이것이 십자군 전쟁의 일차적인 도화선이되었다. 교황은 모든 서유럽의 기독교인들에게 성지 회복이라는 명분을 부추기며 이슬람과의 전쟁을 적극적으로 종용했다.

십자군 원정은 겉으로는 성지 회복을 내세웠지만, 실제로는 동방으로 영역을 확장하고, 높은 수준의 문화를 약탈하고자하는 의도가 반영된 침략이었다. 정교회에 대해 교리상 열등감을 갖고 있던 로마 교회는 이 기회에 우위를 선점하며 동방의 교회를 영향력하에 두고 싶었다.

아울러 봉건적 질서가 고착화된 11세기 무렵, 봉건 영주들은 새로운 봉토의 개척이 필요했다. 어느 정도 안정기에 접어든 중세 질서가 굳어지며 싸움도 잦아들자 빈둥거리는 기사들이 넘쳐났다. 이 현상은 사회적 골칫거리가 되었다. 이기사들을 전쟁터로 보낸다면 영주들은 봉토도 얻고, 유휴

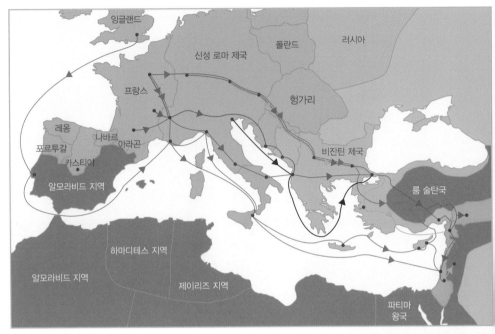

제 1차 십자군 원정 당시 지도.

| | |
|---|---|
| ▨ 로마 가톨릭 지역 | ── 제 1차 십자군 원정. 1096~1099 |
| ▨ 정교회 지역 | ── 제 2차 십자군 원정. 1147~1149 |
| ▨ 이슬람 지역 | ── 제 3차 십자군 원정. 1189~1191 |
| | ── 제 4차 십자군 원정. 1202~1204 |
| | 제 5차 십자군 원정. 1228~1229 |
| | 제 6차 십자군 원정. 1248~1254 |
| | 제 7차 십자군 원정. 1270 |
| | *제 5~6차 십자군 원정도는 생략 |

십자군 원정 지역들(1차 원정 이후).

기사들도 정리할 수 있으니 일석이조가 되는 것이었다. 동
상이몽의 교황과 봉건 영주들에게 사실 성전 회복은 허울
좋은 명분에 불과했다.

제 1차 원정1096~1099에서 십자군은 예루살렘을 함락했고, 팔
레스타인에 예루살렘 왕국Kingdom of Jerusalem과 안티오크 공국
Principality of Antioch을 세웠다. 또한 에데사 백작령County of Edessa,
트리폴리 백작령County of Tripoli 등의 기독교 봉건 국가들을 건
설하기도 한다.

동시에 십자군은 예루살렘이 아닌 엉뚱한 곳을 침략하여 온
갖 약탈과 만행을 저지르기도 했다. 또한 이슬람 지역뿐 아
니라 기독교 세력의 영역인 비잔틴 제국 영역까지 침략했
다. 이 틈에 상인들은 소년들을 꾀어 소년 십자군을 조직하
기도 했고 이들을 이슬람 상인들에게 노예로 넘기기도 했
다. 십자군 원정은 서방 기독교 세력이 저지른 일방적인 침
략과 약탈 행위에 지나지 않았다.

예루살렘을 다시 이슬람에 빼앗기자 시작된 제 3차1187~1192
십자군 원정은 중세 사상 최대 규모의 진군이었다. 쿠르드
Kurd 민족 출신인 살라딘Saladin, 1137~1193과 '사자왕' 리처드 1
세Richard I, 1157~1199라는, 이슬람과 유럽의 두 영웅이 격돌했
다는 점에서 현재까지도 회자되는 대회전이었다. 무자비하
게 살육을 일삼았던 십자군과는 달리 살라딘은 십자군 포
로들을 보살펴 돌려보내는 등의 아량과 관대함을 보여주었
다. 그래서인지 살라딘은 지금도 유럽에서 존경의 대상이
되곤 한다.

십자군 원정이 유럽에서조차 제대로 평가받지 못하고 실패

살라딘.

이집트와 시리아에서 아이
유브(Ayyub) 왕조를 개막한
살라딘. 그는 유럽인의 손에
서 예루살렘을 탈환한 이슬
람의 영웅으로 불린다.

한 전쟁으로 여겨지는 이유는 우선 그들의 조직과 지휘 체계에서 찾을 수 있다. 십자군 조직은 중세 봉건 제도와 비슷했다. 일곱 차례의 원정 동안 총사령관은 여러 왕가가 돌아가며 맡았고, 휘하 영주들로 구성된 일선 지휘관도 총사령관의 명령 따위에 아랑곳하지 않고 개별적으로 약탈을 자행하는 등 목전의 이익 챙기기에만 혈안이 돼 있었다. 복장도 제멋대로였다. 십자가 휘장을 두른 것 말고는 저마다 다른 군장을 걸쳐 통일성도 떨어지고 오합지졸 같았다. 게다가 무기와 온갖 군수품도 영주들이 제각각 챙겨야 했기에, 군기도 사기도 형편없고 통일성도 없는 조직이었다.

유럽인들에게 십자군 전쟁은 감추고 싶고 기억하고 싶지 않은 부끄러운 역사라 할 수 있다. 그러나 21세기에 들어서 참회의 전기를 맞는다. 교황 요한 바오로 2세Pope John Paul II, 1920~2005는 2000년 3월 12일에 십자군 전쟁의 과오를 인정하고 정교회 측과 이슬람 세계에 정식으로 사과하기에 이른다. 동서 교회가 분리된 이후 처음으로 공동 예배를 집전하기도 했다. 이것은 분명 기독교 사회가 고수해 온 선악의 전통적인 개념을 깬 사건이다. 이는 1700여 년 가톨릭 역사에서 초유의 일로, 서구 기독교 문명사에 새로운 개념을 제시했다.

십자군 전쟁은 이후 유럽 사회를 변화시키는 출발점이 되었다. 우선 원정의 실패는 교회와 교황의 권위를 한없이 추락시켰다. 한편으론 수백 년 간 완전히 끊겼던 동방과의 교류가 서서히 물꼬를 트며 동방의 인문주의적 전통들이 유럽에 스며들기 시작한다. 또한 십자군 원정에 동원돼 힘이 소진

된 봉건 영주들은 경제적으로도 피폐해져 자연스럽게 교회와 황제에게 반감을 갖기 시작했다. 이런 결과들 덕분에 15세기에 이르러 르네상스와 종교 개혁, 그리고 신대륙 발견이 이어지게 된다. 십자군 원정은 가톨릭 교회 중심의 중세가 무너지고 근대가 시작되는 출발점이 되었다.

# 2
# 종교 개혁가,
# 마르틴 루터

#가톨릭의 타락  #면죄부  #농민 전쟁

## 가톨릭의 타락

로마 교회의 권위를 무너뜨린 결정적 사건은 종교 개혁 Reformation이었다.[102] 1517년, 마르틴 루터Martin Luther, 1483~1546에 의해 종교 개혁이 시작되었다. 1517년은 중세가 막바지에 이르던 해였다. 왕들은 교황이 인정을 해야만 정통성을 가졌기에 교황에 대한 절대 복종은 불변의 관행이었다. 그러므로 로마 가톨릭이 막대한 재산을 축적하고 온갖 악행을 저질러도 누구 하나 잘못을 지적하지 못했다. 심지어 천국에 가기 위해 죄를 면하게 하는 증명서인 면죄부Indulgence를 멋대로 만들어 팔기도 했다. 그러니 불평 불만을 갖는 성직자들이 늘어나는 것은 자명한 일이었다. 십자군 전쟁 이후 재정적으로 몰락했던 중소 제후들의 불만도 또한 종교 개혁의 배경이 됐다. 전쟁으로 인해 피폐해진 이들은 교회에 헌납했던 토지를 되찾고 싶었지만 감히 그 권위에 대들 수가 없었다. 점점 반교황파 세력이 늘어만 갔다. 이때 루터로 인해 반교황파 제후들의 결집이 급물살을 탔다. 이들은 교황파 제후들과의 전쟁도 불사하며 루터의 개혁안에 찬동했다.


## 마르틴 루터의 등장

루터는 1483년에 독일 튀링엔Türingen 지역의 아이스레벤 Eisleben에서 태어났다. 평민 출신 부르주아였던 루터는 대학

마르틴 루터.

루터가 독일어로 번역하여
1534년 출판된 성경.

에 들어가 처음에는 법학을 공부했으나 이후 신학으로 전공을 바꿔 가톨릭 사제의 서품을 받았다. 그는 가톨릭 교회가 저질렀던 많은 잘못들을 고치자는 '95개조 반박문95 Thesen'을 만들었는데, 뜻밖에 큰 반향을 일으켰다. 이것이 종교 개혁의 물꼬를 텄다. 즉각 교황 레오 10세Giovanni di Lorenzo de´ Medici, Leo X, 1475~1521는 반박문을 철회하라고 명령했으나, 루터는 이를 단호히 거부했다. 가톨릭 교회는 더 이상 밀려선 안 된다는 판단하에 루터를 파문시킨다.

루터는 로마 가톨릭으로부터 벗어나 독립된 새로운 교회를 만들기로 하고, 교리를 고쳐 나갔다. 우선 루터 교회Lutheran Church는 형식적인 것들부터 손댔다. 이를테면 성상 숭배나 면죄부 판매 같은 것들을 인정하지 않았다. 오직 믿음으로만 구원을 받는다며 허례적인 것을 부정했다. 헌금 등 형식에 치우친 관행을 배격했다.

또한 루터는 라틴어로만 쓰여 있던 성경을 독일어로 번역했다. 라틴어를 배운 평민은 거의 없었고, 봉건 제후조차 문맹인 경우가 허다했다. 라틴어를 제대로 해석할 수 있는 사람들은 오직 로마 가톨릭 교회의 성직자들이었다. 이는 혁신이었다. 성경을 성직자의 전유물이 아니게 만든 것이다. 성경의 내용을 정확히 모르는 평민은 성직자가 해석하는 내용만 접했기에, 그들이 성경을 뒤틀고 오독해도 알 길이 없었다. 교회가 멋대로 헌금을 유도하여 재산까지 빼앗을 수 있었다. 이는 루터가 성경을 번역한 가장 큰 이유가 된다. 그는 성직자들이 거짓 설교를 못 하게 했고, 이것은 로마 가톨릭이 전횡으로 휘둘렀던 모든 기득권을 박탈한 혁명적인 사

| 로마 가톨릭 교회의 핵심 교리[103] | 루터교의 핵심 교리[103] |
|---|---|
| 1. 인간은 믿음과 은혜를 얻는 방법(성사·선행·회개 등)을 통해 신의 은혜를 받는다.<br>2. 교황과 성직자들은 은혜를 얻는 방법을 관리하고 이에 대한 전권을 신으로부터 부여 받았다.<br>3. 역대 교황들과 공의회는 이것을 강조해왔다. 따라서 신앙의 근원은 성서와 교회 전통이다. | 1. 인간은 오직 믿음을 통해서만 신의 은혜를 얻는다. 믿음을 넘어서 은혜를 얻는 방법은 없다. (sola fide, 오직 믿음)<br>2. 은혜를 얻는 방법을 관리하는 성직자들과 교황도 존재치 않는다. 신으로부터 전권을 부여받은 사제가 따로 있는 것이 아니다. 모든 성도가 다 제사장이며 성직자이다. 모든 성도는 신으로부터 성직의 임무를 부여 받았다. (만인제사장주의)<br>3. 역대 교황들이나 공의회도 오류를 범할 수 있다. 유일한 신앙의 근원은 성서뿐이다. (sola scriptura, 오직 성서) |

건이었다.

루터의 획기적인 도전에 평소 로마 가톨릭에 불만이 쌓여왔던 봉건 제후들까지 합세했다. 종교 개혁은 가톨릭 교회파와 루터파 간에 종교적으로뿐만 아니라 정치적으로도 확대되어 엄청난 갈등을 야기했다. 어쨌든 로마 가톨릭의 세력은 약화되고, 루터파는 종교적 자유를 인정받기 시작했다. 루터파를 종교적으로 인정해 주는 상황이 되자, 로마 가톨릭은 하나님을 대리하는 유일한 교회라는 권위에서 추락하게 되었다. 이후 루터는 자신을 밀어줬던 반교황파 봉건 제후들이 원하는 대로 교회 재산을 국가에 귀속시켰다. 또한 봉건 제후들이 스스로 교회를 관리하도록 교회 조직도 바꾸어 나갔다.

루터파가 로마 가톨릭에서 떨어져 나갔음에도 루터파 제후들이 신성 로마 제국에서 벗어나지 않은 이유는 신성 로마 제국이 로마 교회가 인정하는 유일하고 합법적인 지배자 연합이었기 때문이다. 하나님이 하나이듯 세상을 지배하는 하나님의 대리자도 하나일 수밖에 없기에, 종교적으로 분리가 되었어도 루터파 제후들은 신성 로마 제국을 벗어날 수 없었다. 신성 로마 제국에서의 이탈은 곧 하나님으로부터의 이탈을 의미했고, 이는 이교도가 되는 것으로 해석됐기 때문이다.

# 뮌처와 농민 전쟁

토마스 뮌처.

토마스 뮌처는 루터가 개
혁을 이끌자 앞장서서 도
왔지만, 루터가 봉건 제후
들의 입장에서 개혁을 밀
고 나가자 다른 길을 걷기
시작했다.

농민 전쟁은 종교 개혁이 한창 진행되던 1524년에 벌어졌
다. 사실 가톨릭 교회와 루터 교회 모두 봉건 제후들의 입장
만을 대변했을 뿐, 농민농노들의 의사는 무시했다. 자연스레
농민들의 분노가 폭발했다. 당시 유럽은 중세 사회였고, 수
많은 봉건 국가가 존재했다. 수백 년 간 왕과 귀족들은 관
행처럼 평민과 농민들을 착취하며 살고 있었다. 평민과 농
민들은 자유는커녕 기본적인 권리조차 갖지 못했다. 이러
한 사회 체제는 태어날 때부터 모든 것이 정해져 있다는 가
톨릭 교회의 교리에 따라 당연한 것으로 여겨지며 정당화되
었다. 루터조차 가톨릭 교회에 대항해 교회 개혁을 시도하
면서도 역시 반교황파 왕이나 귀족들의 입장만을 반영했다.
농민들은 더 이상 참을 수 없었다.

농민 전쟁의 선봉에 섰던 인물들 중 가장 주도적인 사람이
바로 토마스 뮌처Thomas Müntzer, 1489~1525다. 뮌처는 루터의 추
천에 의해 사제 서품을 받은 사람으로, 루터가 개혁을 이끌
자 앞장서서 도왔던 인물이다. 하지만 루터가 봉건 제후들
의 입장에서 개혁을 밀고 나가는 것에 실망감을 감추지 못
했다. 그는 이후 평민들을 위한 개혁 운동에 앞장섰다.

'신은 인간을 평등하게 창조했다'는 것이 뮌처의 일관된 생
각이었다. 왕이든 농민이든 신 앞에서는 모두 평등하다는
의미였다. 뮌처의 주장은 농민이나 상공업에 종사했던 도시
부르주아들에게 큰 호응을 얻으며 빠르게 확산되어 갔다.
뮌처를 추종하는 사람들이 늘어나자, 가톨릭 교회와 루터파

들은 어쩔 수 없이 싸움을 멈췄다. 기존 두 파의 신분 질서에 도전하는 공동의 적이 나타났으니 우선 뮌처를 따르는 농민들을 소탕해야만 했다. 이 전쟁이 바로 농민 전쟁이다. 전쟁에 앞다퉈 나섰던 사람들은 전통적 교리에 반기를 든 재세례파Anabaptist의 농민들이었다. 이들은 부의 공유를 추구한 원시 기독교 사회를 이상향으로 꿈꿨다. 신 앞에서는 모두가 평등하므로 신분의 구별을 인정하지 않으면서 군사 의무와 납세까지 거부했다. 나아가 교회와 국가의 완전한 분리를 요구했다.[104]

농민들의 봉기가 과격해지며 되레 종교 개혁을 뒷걸음질 치게 하는 심대한 위협을 주자, 루터는 결국 반대 입장을 드러냈다. 루터는 합법적인 권위를 저버린 무력 사용은 질서를 파괴하는 행위라고 규정했다. 처음에는 농민들의 요구 중 상당 부분을 인정했으나 폭력 사용은 단연코 반대하며 무력은 정의와는 거리가 멀며, 무정부 상태를 야기한다고 주장했다.

그는 영주의 수탈 행위를 줄곧 비판했으나 농민에게도 끊임없이 인내를 강조했다. 현세는 죄악에 물든 인간의 본질에 의해 혼돈을 낳았으니 이러한 악을 얼마간 통제하기 위해선 세속 권력이 필요하다는 것이 루터의 주장이었다.[105]

루터가 농민 전쟁에 동조하지 않은 것에 대해 비판하는 시각들도 물론 존재한다. 그러나 만약 뮌처와 같은 급진 세력에 루터가 동조했다면, 그를 지지했던 제후들마저 등을 돌려 종교 개혁은 성공하지 못했을 것이다.

루터는 농민 전쟁을 진압하는 자신의 행동을 역시 로마서

13장 1절을 통해 정당화했다. 결국 현실 세계 질서에서 왕에게 대항하는 농민들은 곧 하나님에게 대항하는 반기독교적 무리이기에 반드시 통제해야 한다는 것이다. 농민 반란군에 대한 처형 방법들까지 구체적으로 지시하였다.

농민 전쟁은 가톨릭파와 루터파의 협력으로 처참히 분쇄되었다. 뮌처 역시 잡혀서 능지처참 당하고 말았다. 농민 전쟁은 서양 중세 말기에 기존의 로마 가톨릭, 더 나아가 종교 개혁의 와중에 정치 사회적으로 기득권에 저항했던 최초의 민중 봉기였지만 결국은 종교적인 논리와 이해 관계에 따라 실패하며 유럽 역사에서 가장 비극적인 사건으로 기억되고 있다.

# 루터의 두 얼굴

농민 전쟁은 오늘날 독일의 남서부 바덴뷔르템베르크Baden-
Württemberg, 바이에른 지역에서 발생했다. 특히 항쟁의 중심
지역은 슈투트가르트 이남에서 서남부 바이에른 주 지역으
로 남쪽으로는 백조의 성으로 유명한 퓌센Füssen 지역까지를
포함했다.

루터가 지시했던 농민군 학살 방법은 차마 입에 담기조차
어려울 정도로 잔인했다. 예를 들면 사람의 손발에 각각 줄
을 묶고 말로 하여금 사지를 끌게 해 죽이는 방법, 기름이
끓는 솥에 튀겨 죽이는 방법, 한 가족을 하나의 창에 꼬치처
럼 꿰어 죽이는 방법, 남자의 고환을 까서 죽이는 방법 등,
이는 당시 농민들에게 공포감을 주기에 충분했다.

# 3
# 자유교단을
# 이끌다,
# 장 칼뱅

#예정설 #프로테스탄티즘 #종교의 자유 #독립교회

종교 개혁의 와중에 루터와는 전혀 다른 교리와 조직을 갖춘 교회들이 나타나기 시작했다. 자유교단Freie Gemeinde이라 불리는 교파다. 이 개혁을 처음부터 이끌었던 사람이 칼뱅Jean Calvin, 1509~1564이었다. 로마 교회에 반기를 든 세력은 대표적으로 루터교Lutherische Kirche를 포함해 자유교단, 그리고 영국 교회가 있다. 이들은 '저항하다'라는 뜻의 라틴어 Protestatio에서 이름을 따와 프로테스탄트Protestant라고 불렸다.

## 칼뱅의 개혁 배경

루터의 종교 개혁이 점차 세력을 넓혀가자 교황은 마지못해 루터 교회를 합법적인 교회로 승인하기에 이른다. 이에 영향을 받은 프랑스에서도 지역에 따라 다양한 개혁 운동이 일어난다. 1509년에 파리의 북서부 소도시 노용Noyon에서 태어난 칼뱅은 루터와 마찬가지로 평민 출신 부르주아였다. 루터의 개혁에 심취한 칼뱅의 행동 하나하나는 정통 가톨릭 국가였던 프랑스에서는 여간 불순한 게 아니었다. 결국 이교도로 의심받기에 이르렀다. 그래서 그는 프랑스를 떠나 스위스 국경을 넘어갔다. 이후 제네바를 중심으로 자신만의 종교 개혁을 마음껏 펼쳐 나갔다. 당시 스위스의 제네바를 비롯한 여러 도시들에는 동방에서 들여온 물건들을 북유럽 국가들에 파는 중개 무역을 통해 부를 쌓은 시민들이 많았다. 게다가 이 도시들은 봉건 영주들에게 돈을 주고 도시 자치권을 행사했기에, 시민들은 그럭저럭 반 독립적으로 살아가고 있었다. 이들은 교회에 바쳐지는 막대한 헌금이 자신들의 도시에 쓰이지 않고, 로마 교황청으로만 흘러가는 것에 강한 불만을 가지고 있었다. 칼뱅의 개혁은 이 지점에서 출발한다. 그는 시민들의 터질 듯한 불만도 어루만지고 로마 가톨릭에 대한 구체적 비판도 내세우며, 루터와는 전혀 다른 방향으로 개혁을 밀고 나간다.

장 칼뱅.

칼뱅은 우선 시민들의 교회를 로마 가톨릭 교회와 분리시키는데 주력했다. 헌금조차도 독자적으로 집행했다. 그래서 서양에서는 칼뱅의 교회를 자유교단이라고 부른다.[106] 자유교단은 힘있는 중심 교회 없이, 제각각 독자적으로 활동하는 교회를 말한다. 칼뱅은 중앙 교단을 없애고 그 교단이 작은 교회들을 지배하지 못하게 하면서 한편으론 정부의 통제에서도 벗어난 독립적인 교회 조직을 만들었다.[107] 그러나 교회가 어떠한 통제도 받지 않고 지나치게 배타적으로 운영될 경우, 헌금 액수에 따라 교회 내 세력이 분열되는 폐단이 생길 수 있었다. 즉, 돈이 많은 사람들이 교회를 좌지우지하는 부작용이 나타날 수 있다. 칼뱅은 이런 부작용을 없애기 위해 독특한 교리를 만들었다. 바로 '예정설Predestination'이다. 예정설이란 사람이 태어나기 전부터 각각의 일생이 하나님으로부터 예정되어 있다는 것이다. 그리고 하나님의 자녀로서 구원이 예정된 사람은 행동을 함부로 하지 않으며, 본인이 헌금을 많이 한다고 다른 교인을 깔보고 안하무인으로 행동하는 사람은 구원을 못 받는다는 것이 칼뱅의 논리다. 하나님을 믿는 사람은 항상 겸손하고 경건해야 하며, 살아

있는 동안 줄곧 도덕적인 모습을 보여야 구원을 받을 수 있다는 것이다. 칼뱅 교회는 교인들의 삶을 통제하며 적극적으로 관리하려 했다. 금주령을 내린 것은 물론 가무도 억제했다. 또한 집도 검소하게 지을 것을 강조했다. 자유교단의 국가인 네덜란드의 집들을 보면 알 수 있다. 길거리에 나설 땐 웃어서도 안 된다고 했으니 마치 구약시대의 율법주의자 같았다.

또한 그는 그리스도의 은혜로 구제받은 성도들은 '자기 확신'에 찬 직업 노동에 몰입해야 한다고 주장했다. 자기 확신은 스스로 계획적인 의지를 갖고 합리적인 생활을 하는 것을 의미했고, 여기에서 합리적인 생활이란 비합리적인 충동 억제로 다름 아닌 금욕을 뜻했다.[108] 근면, 검소, 절제가 합리적 생활로 이어지니 금욕적 프로테스탄티즘asketischen Protestantismus; ascertic protestantism 개념이 자연스럽게 뒤따랐다.[109] 이러한 프로테스탄티즘은 부의 축적으로 이어졌다. 칼뱅은 직업에 대한 거룩한 소명인 절제와 근면을 유독 강조했다. 그는 직업에 충실하게 사는 것이야말로 어느 가치보다 중요하다고 판단했다. 그는 현세에서 성공하고 부를 축적했다면 그야말로 소명 의식을 가지고 열심히 일한 증거이며, 이는 분명 선택받은 자라는 하나의 증명이라고 강조했다. 부르주아들은 이런 칼뱅의 직업 윤리관에 환호를 보냈고 그의 종교 개혁 사상에 열광적으로 호응했다. 막스 베버Max Weber, 1864~1920가 지적한 대로 프로테스탄티즘이 추구하는 근면, 검소 그리고 이윤 창출은 근대 자본주의의 성장에 크게 기여했다.[110]

제2차 세계대전 직후 독일의 쾰른 성당의 모습.

이와 똑같은 사례로 6·25 전쟁의 3대 대첩 중 하나로 알려진 영천대첩 당시의 자천교회를 들 수 있다. 당시 미군은 경북 영천 일대 전선에 엄청난 폭격을 가했는데, 1903년에 세워진 자천교회를 피해서 포탄을 퍼부었다.

칼뱅은 루터와 마찬가지로 로마 가톨릭에 대항했던 프로테스탄트[111]였다. 하지만 이 둘은 그 외에는 같은 점이 하나도 없었다. 국가가 관할하는 중앙 교회가 있고, 가톨릭처럼 교구가 있는 루터 교회와 달리 칼뱅 교회는 모든 것을 독자적으로 운영했다. 같은 동네에 여러 칼뱅 교회가 있었고, 서로 끊임없이 경쟁을 하니 교회마다 세력의 기복이 심했다. 그래서 칼뱅 교회는 가톨릭 교회나 루터 교회로부터 인정받지 못했다. 유럽인들에게 교회란 성령이 계신 곳이기에, 교회가 없어지거나 이전을 한다는 것은 생각조차 할 수 없는 일이었다. 제2차 세계대전 당시에도 어떻게든 교회를 피해 폭격을 가했고, 설령 오폭으로 파괴했더라도 폐허 위에 다시 십자가를 세울 정도였다.

칼뱅 교회의 독특한 점은 이뿐만이 아니다. 칼뱅은 상인들을 염두에 두고 개혁을 했기에 노동의 가치를 중시하는 성경에서는 금한 대금업불로소득까지 허용했다. 이런 연유로 칼뱅 교회는 유럽에서 설 자리를 잃을 만큼 배척을 받았고, 이는 후에 아메리카 대륙으로 집단 이주하는 계기가 된다. 현재도 유럽의 칼뱅파Calvinism 자유교단 교회는 네덜란드와 스코틀랜드 그리고 스위스 등의 일부 지역을 제외하면 거의 찾아보기 어렵다.

반면에 미국은 자유교단청교도, Puritan이 주류를 이루고 있다. 그리고 우리나라도 미국의 영향을 받았기에, 자유교단이 대다수를 차지하고 있다. 현재 우리나라의 장로교, 침례교, 감리교 등 대부분의 교회는 칼뱅 교회에 그 뿌리를 두고 있다.

## 종교 개혁이 남긴 것들

종교 개혁의 결과로 가톨릭 중심의 독단적인 지배 체제가 무너지며 종교의 자유가 싹트기 시작했다. 그러나 개개인에게 선택권이 주어진 것이 아니었다. 각 봉건 영주들이 선택하는 대로 따라야 했다. '통치자가 있는 곳의 종교는 하나다'라는 뜻의 'ubi unus dominus, ibi una sit religio.' '통치자의 종교가 그 지역의 종교다'라는 의미의 'cuius regio, eius religio.'[112] 이 두 문장이 당시의 분위기를 그대로 보여준다. 이는 어제까지 가톨릭교인이었어도, 나라의 종교가 루터 교회로 바뀌었다면 오늘부터는 루터교인이 된다는 것을 의미했다. 당시의 영향으로 현재까지도 가톨릭과 루터교를 믿는 지역이 구분되고 있다.[113]

여기서 주목할 만한 일이 벌어진다. 각종 학교들이 대거 생겨난 것이다. 종교적 분파 이후 가톨릭 교회와 루터 교회, 그리고 칼뱅 교회는 각각 자신들의 정당성을 선전하기 위해 앞다투어 학교들을 만들었다.

그 학교들은 대부분 도시에 만들어졌다. 이렇게 생긴 학교들에서 교육의 혜택을 받는 사람 대다수가 도시 시민부르주아들이었기 때문이다. 도시민들에게 교육의 기회가 늘어나면서, 유럽 사람들은 무지했던 중세인에서 지식을 갖춘 근대인으로 탈바꿈하기 시작했다. 결국 사회 발전의 관점에서 보면 종교 개혁의 가장 큰 파급 효과는 시민 교육이 뿌리를 내리는 계기가 됐다는 것이다.[114] 그리고 이는 이후 전개될 계몽 운동의 커다란 밑거름이 됐다.

우리나라에서는 자유교단을 기독교라 하며 가톨릭과 차별화하고 있다. 하지만 서양에서 기독교는 정교회부터 로마 가톨릭, 그리고 자유교단까지 모든 교회를 지칭한다. 기독교는 예수를 하나님의 아들로 인정하고 믿는 모든 교회를 의미하기 때문이다.

# 영국 교회

유럽에서는 루터와 칼뱅의 개혁 외에 또 다른 종교 개혁이
있었다. 우리가 흔히 '성공회Church of England'라고 부르는 영국
교회이다. 영국 교회는 루터나 칼뱅처럼 가톨릭 교회의 부
정을 비판하거나 평민 부르주아들의 입장에서 저항했던 것
이 아니라 튜더 왕조Tudor Dynasty 헨리 8세Henry VIII, 1491~1547의
이혼 문제에서 비롯되었다. 헨리 8세는 요절한 형 헨리 7세
Henry VII, 1457~1509의 부인이자, 스페인의 공동 통치자인 아라
곤 왕국Kingdom of Aragon 페르난도 2세Fernando II, 1452~1516의 딸이
었던 카타리나Catherine of Aragon, 1485~1536와 결혼하여 6명의 자식
을 두었으나, 모두 잃고 오직 딸 메리Mary I, 1516~1558만이 남아
있었다. 헨리 8세는 카타리나가 아들을 낳지 못한다는 이유
로 1527년 로마 교황 클레멘스 7세Clemens VII, 1478~1534에게 이
혼을 승낙해 달라 간청했다.

당시 스페인은 신대륙 개척 이후 유럽에서 가장 강력하고
부유한 정통 가톨릭 국가였다. 또한 카타리나의 조카가 당
시 기독교 세계의 수호자였던 신성 로마 제국의 황제 카
를 5세Karl V, 1500~1558의 왕비였다. 그러니 로마 교황 입장에
서 이는 가당치도 않은 사안이었다. 그러자 헨리 8세는 로
마 교회와의 결별도 개의치 않고, 1534년, 교회의 수장은 국
왕이라는 '수장령Acts of Supremacy'을 발표하며 카타리나와의 이
혼을 강행하였다. 그리고 주저 없이 '천일의 앤'으로 알려진
궁녀 출신 앤 볼레인Anne Boleyn, 1501~1536과 재혼하였다. 하지만
헨리 8세와 앤 볼레인의 결혼 생활도 순탄치 못했다. 결국

그녀는 딸 엘리자베스<sub>훗날 엘리자베스 1세, Elizabeth I, 1533~1603</sub>만을 남긴 채 참수당하고 말았다. 이후에도 헨리 8세는 무려 4번이나 더 결혼했는데, 그때마다 왕비들은 왕자를 낳지 못했다는 이유로 쫓겨나기 일쑤였고 앤처럼 참수를 당했다. 헨리 8세의 사망 이후 왕위는 카타리나의 딸 메리 1세<sub>Bloody Mary</sub>와 앤 볼레인의 딸 엘리자베스 1세<sub>1558~1603</sub>가 차례로 계승하게 되었고, 그 이후 튜더 왕조는 명맥이 끊어졌다.

헨리 8세는 영국 교회를 가톨릭에서 독립시키며 교황의 권위를 완전히 지워버렸고, 재산까지 몽땅 몰수했다. 하지만 그의 개혁이 전적으로 이혼 문제에서 비롯되었기에, 영국 교회의 교리는 사제도 결혼할 수 있고 이혼도 허용된다는 것 정도만 바꾸고 이외 대부분의 가톨릭 교리를 그대로 유지했다. 영국 교회도 가톨릭 교회에 저항하며 분리되었다는 측면에서 루터교나 자유교단과 같이 프로테스탄트로 인정된다. 이후 제국주의 시대에 영국의 팽창에 따라 전 세계로 퍼져 나가게 되었고, 현재 영연방국가<sub>Commonwealth of Nations</sub>에서 교회의 주류를 이루고 있다.

왼쪽부터 헨리 8세, 카타리나, 앤 볼레인.

# 폴란드 수난 시대의 시작

종교 개혁의 여파로 역사상 가장 슬픈 운명을 맞이했던 국가는 단연 폴란드였다. 종교 전쟁 이후 로마 가톨릭은 스스로를 돌아보며 정화 운동을 벌여 나간다. 동시에 선교 활동도 적극적으로 이루어져, 폴란드에 가톨릭이 급속히 전파되었다. 폴란드는 슬라브계 국가였는데 다른 슬라브 민족들은 정교회를 믿고 있었다. 가톨릭을 받아들이며 폴란드는 슬라브계 민족들에겐 이단 취급을 받았고, 동시에 게르만계나 라틴계로부터는 슬라브계라고 배척당했다. 실제로 독일의 농담들을 모아놓은 책에 이런 내용이 있다.

"폴란드 사람이었던 요한 바오로 2세가 어떻게 교황이 될 수 있었을까? 그 답이 희화적이고 서글프다. 거짓말을 안 하는 유일한 폴란드인이었기 때문이다."

쓴웃음을 짓게 하는 대목이다. 그만큼 폴란드인에 대한 독일인의 인식이 굉장히 부정적이고 냉소적이다.
폴란드는 한때 러시아, 오스트리아, 프로이센에 의해 3국

분할로 찢어질 만큼 주변으로부터 시달림을 받았다. 1990년에 동유럽이 붕괴되며 소련의 영향권에서 벗어나게 되자 폴란드는 우선적으로 북대서양 조약 기구North Atlantic Treaty Organization, NATO, 1949. 04.에 가입했다. 또한 걸프전Gulf War 당시에도 유럽에서 가장 먼저 유엔 평화 유지군을 파견했다. 폴란드의 선택은 미국과의 동맹을 통해 독일이나 러시아의 틈바구니에서 생존하기 위한 최선의 방법이었던 것이다.

# 북아일랜드와 스코틀랜드

영국 교회성공회가 로마 가톨릭에서 분리되며 발생한 종교 갈등의 잔재가 현재까지 이어지는 지역이 북아일랜드이다. 북아일랜드는 아일랜드의 북동부 지역으로 주민의 대다수가 아일랜드인이다. 이들의 조상은 알프스 지역에 살며 유럽 최초의 청동기 문화를 일궜던 켈트족이었는데, 이들 중 일부가 로마 제국에 쫓겨 바다 건너 영국으로 넘어왔다. 결국 로마가 영국까지 점령하자 이들은 로마의 문화와 종교를 받아들이면서 로마 가톨릭을 믿게 되었다.

그런데 게르만족의 대이동 시기 유럽 대륙에서 게르만계 민족인 앵글로Angle족과 색슨Saxon족이 밀려 들어오자 일부는 웨일즈와 스코틀랜드 산악 지역으로 숨어들었고 다른 일부는 또 다시 바다를 건너 아일랜드로 피신했다.

12세기 이후, 영국이 북아일랜드 지역을 점령했다. 16세기까지 영국 교회가 북아일랜드에 전파되었고, 1801년에는 아예 영국에 합병되었다. 영국 교회의 등장과 더불어 신교도의 유입은 심각한 종교 갈등으로 이어졌다. 1998년 4월 10일, 영국과 아일랜드 사이에 체결된 '성 금요일 협정벨파스트 협정Belfast Agreement'으로 평화가 이루어지기 전까지 북아일랜드의 독립 단체 격인 IRA아일랜드 공화국군, Irish Republican Army의 테러는 영국에겐 심각한 문제였다. 영국과 북아일랜드가 아일랜드와 동시에 유럽 연합에 가입하는 것을 전제로 벨파스트 협정이 이뤄졌는데, 이것이 유럽 연합 내 평화와 안정의 마지막 퍼즐이었다. 유럽 연합 내에서는 아일랜드와 북아일랜드의 국경이 개방open border되기 때문에 굳이 북아일랜드가 독립할 명분도 없었고 아일랜드와의 통일도 절박하지 않았다. 그러나 소위 '브렉시트Brexit'로 인해 다시 첨예하게 대립하고 있다. 만약 북아일랜드도 영국과 함께 유럽 연합을 탈퇴하며 아일랜드와의 국경이 다시 막힌다면hard border 북아일랜드 문제는 유럽의 평화와 안정에 심각한 위험을 초래할 수 있다.

참고로 아일랜드 민족과 같은 켈트계 민족인 스코틀랜드인들 역시 영국과의 갈등이 만만치 않다. 영화 〈브레이브하트Braveheart, 1995〉가 대표적인 예다. 영화는 13세기 영국에 저항하는 스코틀랜드인의 항쟁을 묘사하고 있다. 또한 스코틀랜드인들은 칼뱅의 자유교단을 받아들였기에 종교적으로도 영국과의 앙금은 쭉 이어져왔다. 실화를 소재로 한 영화 〈불의 전차Chariots of Fire, 1981〉가 아주 상징적 예가 된다. 주인공 에릭 리델Eric Henry Liddell, 1902~1945이 스코틀랜드 출신 장로교 선교사였던 것도 스코틀랜드와 영국이 쉽게 종교적으로 하나의 국가가 될 수 없다는 내용을 함축하고 있다. 또한 켈트계 이름인 맥도널드MacDonald, 맥그리거McGregor, 맥아더MacArthur, 케네디Kennedy, 코너리Connery 등과 같은 이름을 가진 사람들은 대부분 스코틀랜드나 아일랜드 출신이다. 이들에게 "당신은 영국인이지?"라고 무심코 물으면 못마땅한 표정을 지을 것이다. 그래서 영국과 스코틀랜드, 웨일즈는 프로 축구 리그조차도 제각각 운영하고, 유로컵Eurocup은 물론 월드컵에도 따로 출전한다. 현재도 분리 독립 움직임이 활발한 스코틀랜드 문제는 북아일랜드와 마찬가지로 민족과 종교가 얽히면서 언제든 폭발할 수 있다.

1603년, 제임스 1세James I, 1566~1625 즉위 이후부터 스코틀랜드는 영국의 지배를 받고 있지만, 두 지역간 갈등은 부글거리는 마그마처럼 언제 분출할지 모르는 상황이다. 스코틀랜드인들의 분리 독립 열망은 영원히 사그라들지 않을 것이다.

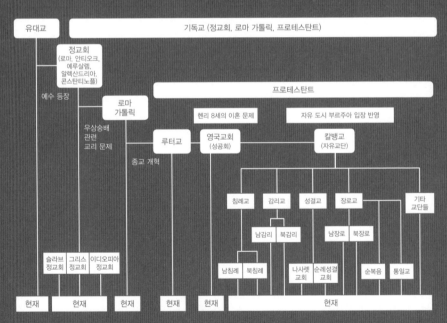

유대교와 기독교의 분파.

# 중세 대학교의 조건

세계 최초의 대학교는 이탈리아의 볼로냐 대학Alma Mater Studiorum Università di Bologna으로, 1088년에 설립되었다. 그러나 대학교가 본격적으로 세워지기 시작한 것은 종교 개혁 이후였다. 로마 가톨릭이 지배했던 시기까지는 모두 가톨릭 신학을 바탕으로 대학교가 세워졌다. 종교 개혁 이후에는 가톨릭 신학 외에 루터교 교리에 바탕을 둔 프로테스탄트 대학교들이 등장하기 시작했다. 최초의 루터교 중심 대학교는 1526년에 신성 로마 제국 내 슐레지아 지역현재 폴란드에 속함에 있는 리에그니츠Liegnitz에 세워졌지만, 종교적인 이탈로 인하여 1530년에 폐교되었다. 현재 남아있는 가장 오래된 루터교 대학교는 1527년에 세워진, 독일의 헤센 주에 있는 마부르크 대학교다.

유럽의 대학은 애초 신학부가 중심이었으며, 대학교라는 명칭을 가지려면 신학부 외에도 철학부, 법학부, 의학부를 모두 갖춰야 했다. 이는 현재도 마찬가지로 네 가지 학부 중 어느 하나라도 빠지면 대학교라는 명칭을 사용할 수 없다. 공대, 음대, 미대 등은 대학교에 소속되어 있지 않고, 별도의 대학으로 운영됐다. 과정은 대학 교육이지만 대학교 대신 '전문학교'라는 명칭을 사용한다.

# 5장. 패러다임의 변화

인류의 패러다임을 바꾼 양대 사건은
프랑스 혁명과 산업혁명이다

# 1
# 최초의
# 시민 혁명,
# 미국 독립

#최초로 성공한 평민들의 반란  #부르주아 중심의 공화국

## 식민지에서 출발한 미국

미국은 지금은 50개 주와 워싱턴 D.C.로 이루어져 있지만, 독립 전에는 동부 지역의 13개 주[115]로만 구성된 영국의 식민지였다. 사실 미국의 동부 지역에 최초로 식민지를 개척했던 나라는 네덜란드였다. 뉴욕이라는 도시도 원래 이름은 뉴암스테르담이었다. 17세기에 영국이 세 번에 걸쳐 네덜란드와의 전쟁에서 승리하며 영토를 거의 모두 빼앗을 때 영국의 식민지가 되었던 것이다.[116] 또한 미시시피 강 유역을 중심으로 중부 지역은 프랑스의 식민지였고, 로스엔젤레스가 위치한 서부 지역과 플로리다는 스페인의 차지였다. 지금도 이들 지역의 도시명에 그 흔적이 짙게 남아 있다. 동부는 영어, 중부는 프랑스어, 서부와 플로리다에는 스페인어로 작명된 도시 이름이 눈에 띈다.[117]

## 영국 지배하의 아메리카 식민지

미국의 원주민들은 아메리카 인디언들이었다. 1492년 콜럼버스가 아메리카 대륙을 발견한 후 유럽인들은 점차 북아메리카 대륙으로 이주하기 시작했다. 그러니 식민지 시대 동부 13개 주의 주민들은 유럽인들로 채워져 갔다. 비록 영국의 식민지였지만 영국 출신뿐만 아니라 독일, 프랑스, 폴란드, 체코, 헝가리, 이탈리아, 러시아 등 전 유럽에서 몰려온

독립 전 미국 지도.

| | 영국 13개 식민지 | | 프랑스 식민지 |
| | 1783년 미국 독립 후 영국으로부터 할양 받은 지역 | | 스페인 식민지 |

것이다. 아시아나 아프리카에서는 유럽 강대국들이 현지인들을 다스리는 구조였다면, 북아메리카에서는 유럽인이 유럽인을 다스리는 구조였기에 기존 식민지들과는 사뭇 다른 특징을 보였다. 북아메리카 땅을 밟은 유럽인들은 영국에 세금을 내면서 나름대로 식민지에서 삶을 일궈 나갈 수 있었다. 따라서 기존의 유럽과는 다른, 신분적으로 평등한 사회가 시작되고 있었다.

영국 식민지로 건너온 유럽인들의 대부분은 유럽에선 평민이었고, 토지 등 어떤 재산도 없었던 무산계층이었다. 그러나 이들은 스스로 일군 토지를 갖게 되었고, 신분의 굴레에서 벗어나서 재산을 모아 결국엔 유산계층으로 자리잡았다. 이주민들 중 상당수가 노동자에서 자본가로 처지가 바뀌었다. 이곳에서는 사회적 평가 기준이 혈통이 아닌 재산이었다. 또한, 사회 계층 구조가 엄격하지 않고 느슨해, 재산의 축적을 통한 지위 상승이 얼마든지 가능했다.

종교 개혁 이후, 유럽에 종교의 자유가 정착된 것처럼 보이지만 사실 형식에 그쳤을 뿐이다. 실제로는 차별을 받았던 자유교단, 흔히 청교도라고 불리는 사람들이 영국 식민지로 대거 건너왔다. 이들은 대부분 유럽에서 상업과 수공업에 종사했던 부르주아들이었다. 영국 식민지에서 종교의 자유를 보장받은 청교도들은 무엇보다 성서를 이해하려는 교육열이 높았다. 1647년, 청교도 총회는 100가구가 넘는 큰 마을에 문법학교를 세우는 것을 의무화했다. 매사추세츠 주의 하버드 대학Harvard University, 1636과 코네티컷 주의 예일 대학 Yale University, 1701 등도 목사와 교사를 양성할 목적으로 세워졌다.[118] 그러니 청교도 자본가<sup>자영농</sup>들에 의해 개척된 영국 식민지에서도 자연스레 보수적인 사회 분위기가 자리잡아 갔다.

## 최초로 성공한 평민들의 반란

북아메리카 영국령으로 건너왔던 초기 이민자들은 착실히 세금을 내며 그런대로 자유롭고 여유롭게 살았다. 영국은 7년 전쟁 와중에도 해외 영토를 차근차근 넓혀 갔지만, 전쟁 비용 1억 3천만 파운드가 큰 짐이 됐다. 그 결과, 식민지에서 세금을 더 걷는 등 무리수를 두었다. 자연히 식민지인들로부터 거센 저항이 시작됐다. 영국을 상대로 독립 요구가 빗발쳤다.

1776년에 시작된 미국 독립 전쟁은 영국과 식민지 간 평화 조약Treaty of Paris, 파리 조약, 1783. 09.을 맺으며 끝이 났다. 명실공히 미국의 독립이 완성된 것이다. 식민지인들의 저항은 독립 이상의 깊은 의미가 있다. 이전까지 평민은 왕이나 귀족에게 무조건 복종하는 것을 당연하게 여겼다. 미국의 독립 전쟁이야말로 인류 역사상 최초로 성공한 평민의 반란이었다.[119] 식민지의 독립, 즉 미국의 독립은 유럽의 평민들에게도 왕에 대항해 신분에서 해방될 수 있다는 희망과 용기를 주었으며, 이는 훗날 프랑스 혁명의 도화선 역할을 하게 되었다.[120]

토머스 제퍼슨Thomas Jefferson, 1743~1826이 초안을 작성한 독립

1776년 7월 4일
필라델피아에서 작성된 미국
독립 선언서[121]

선언서에는 1688년 명예혁명 때 로크가 쓴 「정부론」에 명시된 사회계약론과 자연권이 적용됐다.[122] 모든 사람은 평등하게 창조되었고 양도할 수 없는 천부의 권리, 즉 생명, 자유, 그리고 행복을 추구할 권리를 부여받았다고 적시했다. 이는 자연권이자 천부인권이었다. 이런 자연권을 지키기 위해 정부가 존재하는 것이며 정부가 이를 못 할 경우 인민은 그러한 정부를 폐지하고 새로운 정부를 세울 수 있다는 것이다.[123] 상대적으로 자유로운 사고를 지닌 식민지인들은 유럽의 계몽 사상에 기초하여 처음부터 왕권을 배제하고 시민 중심의 공화국을 건설하기 시작했다. 유럽에서 시작된 계몽 사상은 유럽이 아닌 북아메리카 땅에서 먼저 실현되고 있었다.

한편 미국의 독립 전쟁에서 유럽의 절대 왕조들은 정치적 관점에서 스스로를 옭아매는 결정적인 실수를 하게 된다. 프랑스, 스페인, 프로이센 등은 식민지인들이 영국에 맞서 독립 전쟁을 할 때 오히려 식민지인들에게 적지 않은 도움을 주었고 어떤 면에선 중립적인 입장도 취했다. 영국과 첨예하게 대립했던 이 국가들은 영국이 약화되는 현상을 내심 즐겼던 것이다. 하지만 왕조 체제였던 입장에서는 당연히 영국을 도왔어야만 했다. 이들은 결국은 소탐대실한 꼴이 되었다. 미국 독립의 결과는 단순히 영국이 약화되는 것에서 그치지 않았고, 그 영향을 받은 다른 나라 평민들에게 기존 질서를 타파할 수 있다는 용기를 주었다. 유럽의 왕조들은 이러한 나비효과를 간과했다. 미국 독립 전쟁은 역사상 처음으로 민주 공화국을 수립하고 불평등한 사회를 개혁

했다는 점에서 큰 의의가 있다.[124] 그러나 미국 역시 부르주아들이 정치를 독점했기에, 사회 분위기 자체는 자본가 중심의 보수적인 성향을 띠기 시작했고, 그런 흐름은 지금까지도 이어지고 있다.

# 미국의 정당

현재 미국의 정치는 공화당Republican Party과 민주당Democratic Party,
양당 중심 체제로 돌아간다. 우리는 흔히 공화당은 보수, 민
주당은 진보좌파라고 생각한다. 미국에는 처음부터 좌파 정당
이 존재하지 않았다. 공화당과 민주당 모두 부르주아가 만든
자유주의 보수 정당으로, 실제로는 자본가의 이익을 대변한
다는 공통점이 있다. 또한 두 당 모두 미국의 국익을 최우선
으로 하기에 외교, 안보 분야에서도 차이점이 별로 없다.

2019년 문희상1945~ 국회의장과 여야 원내대표들이 미국의
하원 의장인 낸시 펠로시Nancy Pelosi, 1940~ 민주당를 예방한 바 있
다. 그 자리에서 우리 대표단이 트럼프Donald Trump, 1946~ 행정
부의 대북 제재를 비판했었는데, 펠로시는 오히려 지금의
제재가 너무 약해 더 강력한 정책을 펴야 한다고 한술 더 떴
다. 국회 대표단이 어리둥절해 했던 것도 미국 정당의 성격
을 제대로 이해하지 못했기 때문이다.

물론 두 당의 차이점 역시 존재한다. 청교도 사회인 미국에
서는 종교적으로 보수적인 집단이 공화당이고, 개방적인 집
단이 민주당이라고 할 수 있다. 그래서 공화당과 민주당은
유럽의 좌파 우파 정당과 비교될 수 없다. 이념적으로 사회
주의가 정착되지 못하여 좌파 세력이 없는 미국에서는 사회
보장 제도가 제대로 구현될 수 없었다. 대신 부자가 기부를
통해 분배를 하는 문화가 활성화되어 있다. 하지만 제도적
인 장치 없이 기부만으로 사회 복지를 실현할 수 없기에 미
국의 의료나 복지 분야는 후진성을 벗어나지 못하고 있다.

# 2

# 공화주의자,
# 로베스피에르

#프랑스 혁명  #인간과 시민에 대한 권리 선언  #혁명의 정의  #혁명 세력의 수구화

## 자유롭고 평등한 사회로

프랑스 혁명French Revolution은 산업혁명과 더불어 인류 역사에서 양대 혁명으로 꼽히며 매우 중요한 의미를 갖는다. 산업혁명이 전통적인 농경 사회에서 벗어나 기술적인 진보를 통해 생활 자체를 풍요롭게 하는 계기가 되었다면, 프랑스 혁명은 인간이 자유롭고 평등한 사회로 나아가는 첫 출발점이 되었다.

인류사에서 가장 오래된 제도를 꼽는다면 신분제라고 할 수 있다. 신분이란 태어나면서 결정되는 것이기에 자신의 노력으로는 바꿀 수 없는 것이었다. 신분제는 동서양을 막론하고 심지어는 아프리카 오지에서도 존재해 온 아주 보편타당한 제도였다. 우리나라 역시 불과 백여 년 전만 해도 임금과 양반이 존재했고 그 밑으로 중인과 상민으로 나누어지며 인간이 인간을 지배하는 불평등한 신분제 사회였다. 위아래의 계층이 당연한 것이라는 고정관념이 오랫동안 이어져, 인간은 누구나 평등하고 자유롭다는 생각은 꿈조차 꾸지 못하고 살아왔다. 이런 보편적 질서와 관행은 17세기에 들어서야 깨지기 시작했다. 계몽주의 사상 덕분이었다.[125] 이후 시민혁명이 계기가 되어 신분제에 서서히 금이 가기 시작했다. 프랑스 혁명은 비단 프랑스인들뿐만 아니라 모든 인류에게 자유와 평등을 가져다 준 최초의 시민 혁명으로 기존의 패러다임을 바꾼 의미 있는 사건이었다. 그래서 인류의 역사를 프랑스 혁명 전후로 나누어 이해할 수도 있다.

혁명의 도화선이 된 것은 프랑스의 재정 위기였다. 왕실이

혁명과 쿠데타의 차이

| 혁명 |
| --- |
| 전체의지에 부합.<br>사회 전체의 선과 이익에 부합. |

| 쿠데타 |
| --- |
| 소수의지에 부합.<br>소수 집단의 의지와 이익에 부합. |

혁명의 도화선이 된 바스티유 감옥 습격.

미국 독립 혁명을 과도하게 지원해 곳간에 구멍이 생긴 것이다. 그 위기를 세금으로 메우려 했는데 그 몫은 온전히 평민 부르주아들에게 안겨졌다. 당시만 해도 귀족과 왕족, 교회의 납세 의무를 법제화하는 것은 불가능했다. 면세 혜택을 누리는 이들만이 국책에 참여할 수 있다는 관행이 있었기 때문이다. 그러니 부르주아들의 정치 참여 욕구는 나날이 늘어만 갔다. 이를 위해서는 불평등의 상징인 신분제를 없애는 것밖에 방법이 없었다. 불평등에서 평등으로 옮겨가기 위해서는 당대의 보편적 사고에서 빠져나와야만 했다. 비이성적이고 비합리적인 혁명 이전의 체제를 가리켜 '구체제Ancien Regime'라고 한다.[126] 그리고 구체제를 평등한 사회로 바꾸려 했던 당시 부르주아들을 인류 역사상 가장 과격했던 개혁 세력이라 할 수 있다.

프랑스 국기는 청색, 백색, 적색의 삼색기(Le Drapeau Tricolore)이다. 청색은 자유, 백색은 평등, 적색은 박애를 상징한다. 혁명 당시 파리 시의 상징색인 청색과 적색에 왕실의 상징색인 백색을 더해서 만든 국민병 (Garde Nationale)의 모자 휘장 (Cocarde)에서 유래되었다.

1789년 5월 5일 삼부회États Généraux[127] 사건 이후 1789년 7월 14일, 국민의회Assemblée Nationale를 지지하는 급진적인 파리 시민들이 절대주의의 상징인 바스티유 감옥을 습격했다. 이 기습으로 혁명의 불꽃이 본격적으로 타오르기 시작했다. 파리에 이어 주요 거점 도시들에서도 자치체가 결성되어 시정의 모든 권한을 부르주아가 장악하기에 이른다. 사태가 이쯤 되자 베르사유로 거처를 옮겼던 루이 16세Louis XVI. 1754~1793는 파리로 복귀하고, 새로 결성된 코뮌Commune과 국민의회를 인정했다.

국민의회는 1789년 8월 4일에 봉건적 특권의 폐기를 선언했다.[128] 농노들이 지대 납부를 거부하자, 결국 봉건 체제였던 장원제는 종식되었다. 국민의회는 시민의 권리 선언을 채택했으며 자유롭고 천부적인 권리를 가지고 있다는 자연권 사상에 입각하여 구체제를 끝내려 했다. 또한 인권 선언을 통해 모든 인간은 평등하며 정부가 개인의 자연권을 보호하기 위해 존재한다는 원칙을 천명했다. 그리고 언론, 출판, 신앙의 자유와 법에 근거한 과세의 평등을 보장했다. 국가가 왜 존재해야 하는지 당위성도 선언했다. 주권재민主權在民의 원칙과 재산권을 거듭 강조하며, 국가 성립의 목적이 자연권의 보존에 있기에 압제에 대한 저항도 자연권에 속한다고 명확히 선언했다.

'인간과 시민에 관한 권리 선언Déclaration des droits de l'Homme et du citoyen'은 구체제를 전면 부정해, 구체제의 사망 증명서였다고 볼 수 있다. 프랑스의 계몽 사상은 미국의 독립 선언과 더불어 신분제 사회를 자유주의 시민 사회로 전환시킨 결정적 사건이었다.

1789년 8월 26일에 발표된 인간과 시민에 관한 권리 선언.[129]

## 로베스피에르가 바라던 세상

'프랑스 혁명' 하면 떠오르는 상징적인 인물 두 명이 있다. 막시밀리앙 로베스피에르Maximilien Robespierre, 1758~1794와 보나파르트 나폴레옹이 바로 그들이다. 로베스피에르가 구시대적인 유산들을 뿌리 뽑았다고 한다면, 나폴레옹은 프랑스 혁명의 결과를 전 유럽으로 전파시킨 인물이다.

로베스피에르.

"관습이 지배하는
독재 정권 대신
이성이 지배하는
제국을 희망한다."

로베스피에르는 파리의 평민 부르주아 출신으로, 대학에서 법학을 공부했으며 한때 법률가로 활동했다. 그는 혁명이 발발하자 즉각 시민 세력에 합류할 만큼 적극적이었다. 그는 급진적인 자코뱅파Jacobins를 이끌었다.[130] 혁명 초기에 시민군은 루이 16세의 왕권을 빼앗고 정치에도 적극 관여하는 등 기세를 올렸다. 그러나 페이양파Feuillants를 중심으로 한 우파는 더 이상 혁명이 확산되는 걸 원치 않았다. 소수의 부유층 시민들인 우파들은 세금을 많이 내는 본인들만이 정치 행위에 참여하기를 원했기 때문이다. 급진적인 자코뱅파는 이런 우파들의 의도에 동의할 수 없었다. 자코뱅파는 쿠데타로 정권을 휘어잡고, 더욱 강력한 혁명 과업을 전개해 나갔다. 그 중심에 로베스피에르가 있었다. 로베스피에르는 구시대를 청산하기 위해 매우 급진적인 개혁을 추진했다. 자코뱅파는 루이 16세를 비롯한 왕족과 수많은 귀족 등 반혁명 세력들을 단두대에서 처형하기에 이른다. 혁명의 불꽃이 번질까 전전긍긍했던 주변 국가들은 사사건건 시민 세력의 행보에 제동을 걸었다. 결국 로베스피에르는 주변 왕조 국가들과의 전쟁을 시작했다.

처음에 로베스피에르는 아군과 적군을 구분하지 않고 정의로운 관점에서 개혁을 추진했다. 이런 공정한 태도로 초기에는 탄탄한 혁명 가도를 이끌었다. 그는 도덕적 원칙에 충실하면서 가능한 한 사적 이기심을 배제하고, 사익과 공익을 동일하게 생각하는 것을 덕으로 여겼다.[131] 그는 지롱드파Girondins를 축출하며 본격적인 주도 세력이 되자, 이른바 상식이 통하는 '도덕 공화국'을 세우고자 했다. 로베스피에르는 왕정으로 복귀하려는 왕당파들과 자신들의 사적 이익에만 혈안이 되어 있었던 우파 시민 세력들을 단호히 심판했다. 심지어 자코뱅파 인물들도 혁명에 방해가 된다면 가차 없이 제거했다. 권력을 남용해 매관매직을 하는 등 혁명 정신에 역행하는 행동을 일삼는 자코뱅파 동지들도 심판대에 세웠다.

로베스피에르의 개혁 방향에 논란의 여지가 있는 건 사실이다. 그러나 그는 올바른 개혁이란 상대편은 물론 내 편까지도 편견 없이 심판하는 것이라는 교훈을 주었다. 상대방에 대한 비판은 잘 해도 자기 편에게는 관대한 것이 인간의 속성이다. 내 편이라는 이유로 맹목적으로 옹호하다 보면 사실과 진리로부터 멀어질 수밖에 없다. 그것은 처음의 서늘한 의지와는 다르게 이미 수구화되었다는 증거이다.

로베스피에르는 새롭게 수구화된 세력들에게 눈엣가시로 보일 수밖에 없었다. 그의 강력한 개혁은 모든 혁명 세력에게 두려움을 심어 주었다. 결국 로베스피에르는 동지들에게 체포되어 심판대에 오르게 되었다. 언젠가 로베스피에르에게 처형당할 것을 두려워하던 그의 동지들은 '공포 정치La Terreur'도 독재이고 청산의 대상이라고 끊임없이 몰고 갔다. 로베스피에르는 자신에 대한 비판을 묵묵히 받아들이며 단두대의 이슬로 사라졌다. 결국 로베스피에르가 제거된 것은 자코뱅파 역시 권력을 잡은 채 현실에 안주하며 수구적인 행동을 했다는 것을 증명하는 것이다.

로베스피에르는 왕정의 잔재를 제거하고 기꺼이 자신도 심판의 대상이 된, 언행이 일치했던 진정한 혁명가로 평가받고 있다. 그가 공포 정치를 한 1792년 8월부터 1794년 7월까지는 불과 2년여에 불과했지만 프랑스 혁명의 성공에 초석을 다졌다. 로베스피에르의 개혁은 흔히 공포 정치라고 불리지만, 이는 그의 개혁 방향에 저항했던 세력들의 관점에서 본 표현이라고 할 수 있다. 하지만 그의 공포 정치로 인해 혁명은 성공의 궤도에 오를 수 있었다.

로베스피에르가 사라진 이후, 혁명을 통해 이득을 본 부르주아들이 개혁은 뒷전으로 미루고 현실에 안주하여 곧바로 혁명의 수구화가 나타났다.[132] 한 가지 사례를 들어보자. 모든 프랑스 성인 남자에게 제한 없는 투표권을 보장했던 1793년 헌법이 폐기되었다. 이를 대체한 1795년 헌법에서는 세금을 납부하는 '능동시민'에게만 선거권을 부여한다. 혁명을 통해 이익을 본 집단들이 더 이상의 개혁이나 참정권의 확대를 바라지 않고 자신들이 주도하는 체제로 되돌리려 했다는 점을 보여준다. 혁명의 혜택과는 무관한 일반 시민들은 더 강력한 개혁을 요구하며 연일 목소리를 높인다. 그러자 프랑스 사회는 이전보다 더 심한 혼란으로 빠져들었다.

# 좌파The Left와 우파The right라는
# 용어의 기원과 의미의 변천

흔히 좌파는 급진적, 우파는 점진적인 입장을 표방한다. 이는 프랑스 혁명 당시의 의회에서 비롯됐다. 혁명 이후 구성된 입법 의회 당시 의장석을 기준으로 군주제를 폐지하자는 자코뱅파들이 왼편에 앉고 입헌군주제를 주장하는 페이양파가 오른편에 앉은 것에서 유래했다. 본래 좌파와 우파는 시대에 따라 변할 수 있는 상대적 개념이다. 18세기에는 혁명 세력이었던 부르주아 및 자코뱅 공화파들이 좌파였다. 하지만 이들도 혁명의 1차적 수혜자였고, 19세기에 이르러 형성된 자유주의 사회의 발전을 이끌었다. 그런데 19세기에 산업화로 인해 여러 문제들이 발생하자 사회주의자들이 등장했다. 이들이 새로운 급진 세력으로 등장하면서 기존의 부르주아 혁명 세력들은 우파로 입장이 바뀌었다. 그 반대 세력인 사회주의자들이 일반적으로 좌파로 불리고 있다. 이러한 개념이 오늘날까지 정형화되어 일반적으로 사회주의자들은 좌파, 자유주의들과 보수 세력은 우파로 인식되고 있다.

## 혁명 세력의 수구화

혁명은 흐르는 물과 같다. 옹달샘을 가두어 놓고 마시는 집단과 흘러내리는 물을 마시고자 하는 집단이 있다고 가정하자. 그 사이의 둑이 무너지면 물은 흘러내리고 물을 마실 수 있는 사람은 늘어난다. 그러나 그 둑을 무너뜨린 이들은 자신들만 마시고자 다시 둑을 쌓는다. 둑을 무너뜨렸지만 개혁 세력이 기득권을 지키기 위해 수구 세력으로 돌변하는 것이다. 이후 또 다른 집단이 나타나 그 둑을 무너뜨리지만 그들도 바로 수구화되고 만다. 이런 현상이 반복되며 혁명의 수혜 범위가 넓혀지는 것이다. 여기서 짚고 넘어가야 할 것이 있다. 개혁 세력은 영원하지 않다는 것이다. 자기 반성으로 자신도 심판대에 오를 수 있는 집단만이 진정한 개혁 세력이라 할 수 있다.

부르주아 중심의 자유주의 세력은 신분 질서라는 가장 오래된 관습을 무너뜨렸던 인류 역사상 가장 급진적인 세력이었다. 하지만 자유주의 혁명이 성공하고 신분 질서가 무너지자, 이들은 모든 분야를 장악하며 새로운 기득권 세력이 되었다. 흔히 자유주의 계열이라면 개방적인 집단이라고 오해할 수 있다. 하지만 현대 사회에서는 자본가의 이익만을 추구한다고 볼 수 있다. 이후 노동자 중심이 된 사회주의 세력이 등장하자, 이들은 기득권을 지키기 위해 사회주의의 요구를 거부하는 수구 집단으로 바뀌었다. 20세기에 접어들며 부르주아를 대변하는 일련의 자유주의 정당들은 세력이 점차 위축되었다. 이들은 현재 유럽에서는 정치 세력으로 남아있지만, 부자들만을 위한다는 이미지에서 벗어나지 못하고 있다.

인류 최초로 프롤레타리아 혁명에 성공했던 소련의 공산당은 자본가들이 주도하는 질서에 대항했던 급진 세력이었다. 하지만 이들도 소수가 기득권을 독점하고 이후 어떠한 변화도 수용하지 않았던 최악의 수구 집단이 되었고, 결국 그 수구성으로 인해 체제가 붕괴되었다.

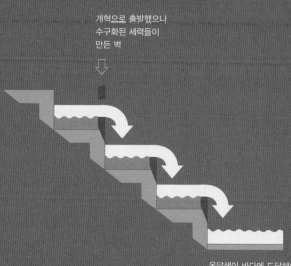

개혁으로 출발했으나
수구화된 세력들이
만든 벽

옹달샘이 바다에 도달해야
비로소 모두가
혁명의 수혜자가 된다.

# 3
# 혁명의 전파자,
# 나폴레옹

#나폴레옹 법전 #유럽의 새로운 질서 #민족주의

## 다시 세워진 깃발

유럽은 물론 전 세계로 프랑스 혁명을 전파시키며 영향을 미친 인물은 단연 나폴레옹이었다.[133] 나폴레옹은 이탈리아 반도에 가까운 지중해의 섬 코르시카 출신의 장교였다. 당시 프랑스는 로베스피에르가 제거된 이후 혁명 세력이 구심점을 잃고 급격히 혼란에 빠져 있던 상황이었다. 1799년 11월 9일에 나폴레옹은 쿠데타로 정권을 장악한 뒤 스스로 제1통령에 올랐다.

보나파르트 나폴레옹.

혁명 세력은 자신들이 잡은 주도권을 바탕으로 모든 권력을 누리고 재산을 쉽게 축적하는 등 갖은 부정부패를 일삼아 왔다. 로베스피에르도 제거했으니 이들 앞에는 거칠 게 없었다. 하지만 나폴레옹은 로베스피에르의 엄혹한 정책과는 다르게 타성화된 혁명 수구 세력들까지 감싸 안았다. 그는 왕정으로 되돌리고 싶은 왕당파와 극단적인 공화주의파를 제외하곤 모든 혁명 세력을 포용하여 손을 잡았다.[134] 왕당파와 반공화파의 반격에 전전긍긍하며 미래를 불안해하던 시민 혁명 세력은 나폴레옹에 열광하며 적극 지지하고 나섰다.[135] 이렇게 나폴레옹은 로베스피에르가 처형된 이후 수년 간의 혼란을 빠르게 수습했다. 이를 바탕으로 급속히 시민 세력의 힘을 결집시켜 나갔고, 전 유럽을 상대로 한 혁명 전쟁은 거침없이 뻗어 나갔다.

## 프랑스 혁명의 계승자

비록 민주적인 방법이 아닌 쿠데타로 정권을 잡았지만 나폴레옹은 처음부터 프랑스 혁명을 인정했고 혁명이 가져온 모든 결과들까지 더욱 계승하고 발전시켜 나갔다. 그 대표적인 것으로 『나폴레옹 법전Code Napoléon, 1807』을 들 수 있다. 혁명을 통해 나타난 자유주의적 질서를 성문화한 것이다.[136] 평등은 물론, 종교의 자유와 개인 차원의 재산 보호까지 현대 시민 사회의 밑거름인 기본적 권리가 모두 이 법전에서 출발했다. 나아가 나폴레옹은 자유주의를 옹호하고 자유주의적 자본주의를 법적 테두리에서 출발시켰다.[137]

『나폴레옹 법전』은 민법, 민사소송법, 형법, 형사소송법, 상법을 망라한 5대 법전으로 구성되었다. 특히 민법은 사유재산권, 계약의 자유, 그에 따른 개인의 책임과 신앙, 그리고 노동의 자유와 만인의 법에 대한 평등을 명시하고 있다. 그의 자유주의적 법전 편찬은 주변국들에게 충격적인 사건이었다. 평등한 시민 사회의 원리를 표방했던 자유주의적 헌법이 주변국의 왕조와 귀족들에게는 사회 질서를 근본적으로 뒤흔드는 것으로 보였기 때문이었다. 나폴레옹 법전을 받아들인다는 것은 그들에겐 다름 아닌 사회적 기득권 상실을 의미했다.[138]

## 혁명을 세계로 전파하다

쿠데타로 정권을 장악한 나폴레옹은 전 유럽의 왕조 국가들을 상대로 혁명 전쟁을 더 강력하게 이어갔다. 왕조 국가들은 혁명의 영향으로 결국엔 자신들도 왕좌에서 쫓겨나 루이 16세 꼴이 되지 않을까 두려워했다. 이들은 온갖 수단을 동원해서라도 프랑스 혁명 세력을 무너뜨리려 했다.[139] 동맹을 맺어 혁명을 차단하고, 프랑스를 다시 왕조 국가로 복귀시키려 했다.[140] 혁명 전쟁은 프랑스와 전 유럽이 맞붙는 싸움으로 치달았다. 전쟁에서 패한다면 인류 역사상 처음 찾아온 자유와 평등이 물거품이 될 것이기에 프랑스 혁명군은 목숨을 걸고 싸울 수밖에 없었다.

동양에서는 강력한 왕조에 의한 천하통일로 안정과 평화가 유지되는 것을 선호하지만 유럽인들은 생각이 다르다. 강대한 국가가 나타나 빚어지는 독재 체제와 그에 따라 개인의 자유가 침해되는 것을 두려워했다. 유럽은 적절한 세력 균형으로 각국의 독립성이 유지되는 것을 원한다.

이들에 대항해 혁명 이전의 상태로 되돌리려 결성했던 동맹을 '대프랑스 동맹Coalitions against France'이라 칭한다. 대프랑스 동맹은 원래 자코뱅파의 일파였던 지롱드파가 집권했던 시기인 1792년 4월에 처음 결성되었다. 이에 혁명 세력은 시민들에게 전쟁의 의지를 고취시키며 혁명이 유럽으로 뻗어나가지 못하면 결국은 프랑스에서도 혁명이 실패한다고 선언했다.[141] 그러자 혁명 의지가 불타올라 전국적으로 의용군들이

### 대프랑스 동맹과 그에 따른 조약들

|  | 시기 | 조약 명칭 |
|---|---|---|
| 제1차 | 1792.04.20 ~1797.10.18 | 캄포포르미오(Treaty of Campo Formio, 1797. 10.) |
| 제2차 | 1799.12.24 ~1801.02.09 | 뤼네빌(Peace of Lunéville, 오스트리아, 1801.02), 아미앵(Treaty of Amiens, 영국, 1802. 03.) |
| 제3차 | 1805.04.11 ~1805.12.25 | 프레스부르크(Treaty of Pressbourg, 1805. 12.) |
| 제4차 | 1806.10.06 ~1807.07.07 | 틸지트(Treaties of Tilsit, 프로이센, 1807. 07.) |
| 제5차 | 1809.04.09 ~1809.10.14 | 쇤브룬(Treaty of Schönbrunn, 1809. 10.) |
| 제6차 | 1812.12.30~ 1814.04.16 | 퐁텐블로(Treaty of Fontainebleau, 1814.04) |
| 제7차 100일 천하 (Les Cent Jours) | 1815.03.13 ~1815.07.08 | 파리(Treaty of Paris, 1815. 11.) |

속속 모여들었다.[142] 본격적인 싸움은 1798년 12월의 제 2차 대프랑스 동맹과 이듬해 나폴레옹의 등장 이후다. 대프랑스 동맹은 일곱 차례나 이루어졌고 그때마다 나폴레옹은 대프랑스 동맹에 맞서 승리를 이어갔다.

프랑스와 유럽 전체의 전쟁은 말 그대로 일당백의 싸움이었다. 프랑스 혁명군은 파죽지세로 전 유럽을 석권해 나갔다. 국가 간의 싸움이 아닌 평민과 귀족 간의 신분 전쟁 성격을 띠었으니 연전연승은 당연했다.[143] 유럽의 평민들은 나폴레옹의 프랑스 혁명군을 침략자가 아닌 자신들의 자유와 권리를 찾아주러 오는 해방군으로 여기며 환영했다. 나폴레옹은 가는 곳마다 계몽주의를 거듭 언급하며 봉건주의와 무지로부터 깨쳐 나올 것을 호소했다.[144] 독일 철학자 헤겔Georg Wilhelm Friedrich Hegel, 1770~1831[145]은 나폴레옹을 '말을 탄 세계 정신Weltgeist zu Pferde'으로 칭송하며 '자유를 향한 시대정신'이라고까지 묘사했다.[146] 당대의 작곡가 베토벤Ludwig van Beethoven, 1770~1827은 나폴레옹에게 〈영웅 교향곡Symphony No.3 Eroica〉을 헌정했다.[147] 독일의 문호 괴테Johan Wolfgang Goethe, 1749~1832의 찬사는 더 극적이다. 나폴레옹 면전에서 무릎을 꿇고 그의 손등에 키스까지 했다. "이 시대 최고의 영웅을 직접 만나는 영광"이라며 눈물을 흘렸다는 후문도 전해진다.

이렇듯 나폴레옹은 가는 곳마다 열렬한 지지를 받아 전 유럽을 평정했고 정복한 지역마다 자유주의 헌법을 굳건히 실행해 나갔다.[148]

나폴레옹은 1801년에 대프랑스 동맹의 중심 국가인 오스트리아를 정복하고 아미앵 조약을 통해 제 2차 대프랑스 동맹을 해체시켰다. 1802년 8월에 이르러서 종신 통령으로 추대되기에 이른다. 나폴레옹은 이때 프랑스 은행을 설립하면서 경제 안정도 꾀하는 등 중앙 집권을 강화해 나간다. 처음에는 신분 질서를 옹호했던 가톨릭을 억압하기도 했으나 곧 교황과도 화약을 맺으며 유화책을 쓰기도 했다.[149]

나폴레옹은 1804년 5월에 국민 투표로 황제의 자리에 올랐고, 프랑스 제1제정이 시작되었다. 이때도 역시 제 3차 대프랑스 동맹이 결성되기에 이르렀다. 1805년, 나폴레옹은 영국의 넬슨Horatio Nelson, 1758~1805에게 트라팔가르 해전Battle of Trafalgar, 1805. 10.에서 패했지만, 대륙의 아우스터리츠 전투Battle of Austerlitz, 1805. 12.에서 오스트리아를 격파했고 제 3차 대프랑스 동맹은 다시 해체되었다. 또한 그는 독일 지역의 여러 제후국을 통폐합하는 등, 라인강 유역 제후국들을 신성 로마 제국에서 떼어냈다. 이들 국가들을 프랑스에 우호적인 라인 동맹으로 만들며 오스트리아와 프로이센을 염두에 둔 완충지대를 만들었다. 결국 서기 962년부터 무려 844년 간 이어져 온 독일 민족 국가들의 연맹인 신성 로마 제국은 1806년 8월에 나폴레옹에 의해 해체되었다.

신성 로마 제국이 해체된 직후 1806년 9월, 프로이센은 프랑스에 선전포고를 한다. 나폴레옹군은 예나Jena와 아우어슈테트Auerstädt에서 연이어 승리하며 내친김에 프로이센 깊숙이 진격해 1806년 10월 27일엔 프로이센의 수도 베를린까지 점령했다. 거기서 베를린 칙령을 선포하며 영국에 대한 경제 봉쇄, '대륙봉쇄령Continental System'을 내린다. 러시아 역시 폴란드에서 프로이센을 지원하다 처참하게 짓밟혔다. 뒤

오스트리아-헝가리 제국은 황제국과 왕국의 관계로 두 나라가 서로 자치를 하지만 외교권은 오스트리아가 행사하는 더블(이중) 왕조였다. 또한 오스트리아는 자국의 지배하에 있는 발칸 반도 내 민족들을 헝가리에게 관리하도록 했다. 그런데 헝가리의 통치가 억압적이어서, 피지배 민족들의 반헝가리 정서가 매우 깊었다.

이은 틸지트 조약에 따라 제 4차 대프랑스 동맹도 와해되었다. 이 조약으로 프로이센에게 막대한 배상금이 떠안겨졌고 군비 제한 조치도 이어졌다. 심지어 기존 프로이센 동맹 세력의 영토 중에서 절반 이상을 잃게 되는 최악의 상황에 이르렀다.[150]

이처럼 나폴레옹은 발칸 반도와 러시아를 제외한 모든 유럽 땅을 정복하거나 그의 영향 아래에 두었다. 최소한 1811년까지 일곱 왕국과 서른 개가 넘는 공국을 거느렸으니 가히 유럽의 맹주였다고 할 수 있다. 이처럼 나폴레옹은 유럽의 왕조적 질서를 근본적으로 흔들고 나폴레옹 법전까지 전파시켜 명실공히 봉건적 의무에서 해방시킨 인물이었다.[151]

그러나 나폴레옹 천하에도 끝이 있었다. 나폴레옹 세력은 러시아 정복에 실패하며 급격히 약화되었다. 결국 호시탐탐 나폴레옹의 몰락을 노렸던 절대주의 왕조들의 반격에 의해 그는 권좌에서 쫓겨나고 말았다. 반나폴레옹 세력들의 지상 목표는 그들의 특권을 되찾을 수 있는 프랑스 혁명 이전의 질서로 돌아가는 것이었다. 즉, 나폴레옹은 황제로 등극하며 독재를 했기 때문에 몰락한 것이 아니라, 수구 세력의 반격에 의해 무너진 것이었다. 그의 몰락 이후 유럽에 퍼진 자유주의를 억압하고 구질서를 회복하려는 시도가 이어졌다. 이것이 바로 자유주의의 확산에 제동을 걸었던 '빈 체제The Viennese System'였다. 프랑스 혁명 이전의 왕조 시대로 시계 바늘을 돌리려 한 시도였다.[152]

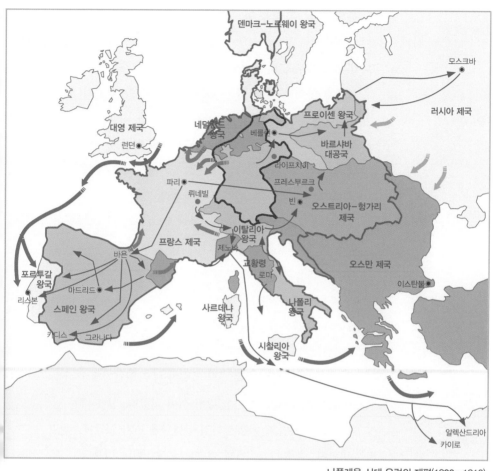

덴마크-노르웨이 왕국

모스크바

러시아 제국

대영 제국

프로이센 왕국

네덜란드 왕국

베를린

바르샤바 대공국

런던

라이프치히

파리

프레스부르크

뤼네빌

빈

오스트리아-헝가리 제국

프랑스 제국

이탈리아 왕국

제노바

오스만 제국

바욘

교황령

로마

이스탄불

포르투갈 왕국

마드리드

리스본

스페인 왕국

사르데냐 왕국

나폴리 왕국

카디스

그라나다

시칠리아 왕국

알렉산드리아

카이로

**나폴레옹 시대 유럽의 재편(1800~1812).**
7개의 왕국과 30개의 공국을 포함해 200여 개 군주국을 실질적으로 지배했다.

| | | |
|---|---|---|
| 프랑스 제국 및 점령지 | → | 나폴레옹의 진로 |
| 프랑스 제국의 종속 지역 | ⇒ | 영국군의 원정로 |
| 라인 동맹 경계 | ⇒ | 러시아군의 진로 |
| 프랑스 동맹국(1812년까지) | ⇒ | 연합군의 프랑스 침입로 |
| | ● | 주요 조약 체결지 |

## 꿈틀대는 민족주의

16세기 이후 근대 유럽에서 가장 강력한 국가는 신성 로마 제국의 마지막 황제 가문이었던 합스부르크 왕조의 오스트리아였다. 오스트리아는 독일 민족뿐만 아니라 동유럽의 여러 민족까지 지배했다. 나폴레옹은 혁명 세력에게 항상 장애가 되는 위협적인 오스트리아를 억눌러야만 진정한 패권을 차지할 수 있다고 생각했다. 그는 오스트리아의 지배하에 있던 비독일계 민족들에게 자유와 평등을 강조한 민족적 독립을 선동하였다. 원래 자유주의가 지향하던 개인의 자유와 평등이 국제정치적 이해 관계에 따라 민족의 자유와 평등으로 확대된 것이다. 다시 말해 민족주의개념이 나폴레옹의 외교 전략 과정에서 인위적으로 촉발된 것이었다.

신분제 사회에서는 민족 간의 차별이 별로 없었기에 사람들은 누가 지배하든 큰 갈등 없이 섞여 살았다. 설령 다른 민족이 왕이 되어도 상황은 이전과 별다를 바가 없었다. 국민은 단지 왕이나 귀족에게 예속되어 세금이나 납부하는 존재였다. 그러나 자유주의가 확산되니 민족들 간의 불평등은 확연히 드러날 수밖에 없었다. 지배자가 어떤 민족 출신이냐에 따라 정치적 권리 지형도는 바뀌기 마련이다. 이러한 민족 간의 불평등이 심화되며 자연스럽게 자기 민족의 이익과 권리를 더 챙기려는 움직임이 발생한다. 이른바 민족적 자유주의, '민족주의'가 나타난 것이다.[153] 원칙적으로 민족 간에 완전한 법적 평등이 이루어진다면, 민족주의는 일어나지 않았을 것이다.[154] 하지만 당시에는 피지배민족에 대한 차별이 심했기에, 나폴레옹은 민족이란 개념이 생소했던 유럽인들에게 민족 감정을 본격적으로 불어넣어 주는 전략을 폈다. 오스트리아의 영향력은 점점 약화될 수밖에 없었다. 그리고 민족주의[155]는 제 2차 세계대전이 끝날 때까지 유럽과 세계의 평화를 위협하는 가장 큰 갈등 요인이 되었다. 그러나 민족주의를 점화시킨 나폴레옹 세력의 도전은 끊임없이 자유주의를 잠재우려던 수구 세력에 의해 좌절되고 말았다.

# 4
# 빈 체제의 억압,
# 폭발하는
# 자유주의

## 억눌린 혁명의 목소리

프랑스 혁명은 인간이 평등한 사회로 진입하는 신호탄이었다. 나폴레옹이 몰락하자 유럽의 왕조들은 프랑스 혁명이 가져왔던 유럽 사회의 변화를 원점으로 되돌리려 했다.[156] 이것을 논의한 것이 바로 빈 회담이다. 빈 회담은 프랑스 혁명으로 태동한 일련의 자유주의와 민족주의를 지우고 구시대적 질서를 회복시키려 했다.

이런 반동을 통해 나타난 수구적인 유럽의 질서를 흔히 '빈체제1814~1848'라 부른다. 1814년 나폴레옹을 몰락시킨 200여 개에 달하는 크고 작은 왕조들은 오스트리아의 수도 빈에 모여 두 가지 기본 원칙에 합의하였다.[157] 바로 '복고주의Misoneism'와 '정통주의Orthodoxy'였다. 복고주의는 오스트리아 재상 메테르니히Fürst von Metternich, 1773~1859가 제창한 것으로, 프랑스 혁명 이전의 상태로 질서를 회복하자는 섯이었다. 그리고 정통주의는 프랑스 외무장관 탈레랑Charles-Maurice de Talleyrand, 1754~1838이 제안했던 것으로 프랑스 혁명 이전으로 유럽의 모든 왕조들을 복위시켜야 한다는 것이었다.[158]

빈 회의의 거창한 대의명분은 '자유보다는 평화' 그리고 '혁신보다는 질서'였다. 평화와 질서는 언뜻 보면 안정된 개념인 것은 분명하나, 실은 과거의 절대주의 기득권에 향수를 지닌 왕조들의 이익만을 반영한 상대적 개념에 불과했다. 자유를 위한 행동이 폭력과 전쟁을 수반해 평화를 깼으니, 자유에 연연하지 말고 안정을 추구하자는 게 첫 번째 의미였다. 그리고 혁신을 추구하는 과정에서 가치관의 혼란이

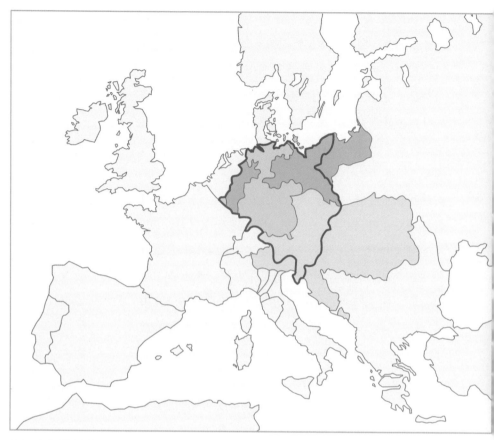

오스트리아는 헝가리와 더블 왕국을 구성했지만 독일 연방의 일원이었다. 그러나 이민족 지역은 연방에 속하지 않았다.

프로이센

오스트리아-헝가리 제국

독일 민족 국가들

독일 연방 경계

만연했으니, 우선 질서를 지켜 안정된 사회로 가려는 게 두 번째 의미였다.

불만을 갖지 않고 현실에 순응하는 '구시대적인 체제'가 이상적이라는 논리였다. 빈 회의는 자유주의가 추구했던 자유와 혁신을 평화와 질서의 대척점에 서는 부정적 개념으로 정의했다.

일상 생활에서 질서는 반드시 필요한 개념이다. 가령 지하철역 통로에서 우측 통행이라는 질서가 유지되면 흐름이 원활해지니 모두가 편해지고 이익이 된다. 하지만 사회 구조 속에서 질서는 사람 간에 위아래가 있는 신분제를 의미하기에 소수 기득권 세력에게만 이익이 돌아가는 불합리한 개념이다.

## 빈 체제

1815년 6월 8일, 빈 의정서가 발효됐다. 복고주의와 정통주의에 입각해 유럽의 왕조들은 모두 예전 모습으로 돌아갔고 국경들도 속속 혁명 이전으로 복원되었다. 프랑스와 스페인에서 구왕조들이 어김없이 복위되었다. 오스트리아는 롬바르디아에서 베네치아에 이르는 등 이탈리아 북부 전체를 차지했다. 독일 연방Deutscher Bund이 다시 결성되어 35개국과 4개의 자유시로 이루어진 39개국 연맹체가 탄생했다. 그러나 신성 로마 제국의 재건만은 허용되지 않았다. 러시아는 나폴레옹에게 빼앗겼던 폴란드를 회복했으며 네덜란드는 독립 전쟁 당시 스페인에게 넘겨줬던 벨기에를 다시 병합했다.[159]

1815년에 발효된 빈 의정서. 변경된 왕위와 국경을 혁명 전의 상태로 되돌린다고 명시돼 있다.

오스트리아의 합스부르크 왕조는 16세기 이후 항상 팽팽한 긴장으로 맞섰던 프랑스의 부르봉 왕조를 복원시키는 데 앞장섰다. 합스부르크 왕조는 부르봉 왕조가 존재해야만 자신들도 건재할 수 있다는 사실을 새삼 깨달았기 때문이었다. 나폴레옹 혁명은 역설적으로 유럽의 왕조들에게 동지 의식을 가져다 주었다. 자유주의적 시민 혁명이 있기 전까지는 서로를 타도해야 할 원수처럼 여겼으나 평민들의 도전 앞에서는 같은 배를 탄 동업자 신세였다.

## 부활한 자유주의

빈 체제는 1820년대에 이르러 서서히 흔들리기 시작했다. 가장 대표적인 사건은 1821년에 발생한 그리스의 독립 전쟁이었다. 영국, 프랑스, 러시아는 발칸 반도와 동지중해 지역에서 영향력을 확대하기 위해 그리스 독립 세력을 지원한 반면, 프로이센과 오스트리아는 현상 유지를 위해 오스만 제국을 도왔다. 빈 체제는 구질서를 추구하며, 현상 변경을 용납하지 않는다는 원칙이 확고했다. 그러나 러시아, 영국, 프랑스는 이를 거부하고 각국의 이익을 돕는다는 명분을 내세워 그리스의 독립을 지원했다. 결국 그리스는 1829년 자치권을 찾은 데 이어, 1832년에는 독립까지 쟁취했다. 이것은 빈 체제 원칙에 어긋난 '현상의 변경', 즉 국제 질서의 변화를 의미했다. 빈 체제의 권위는 심각한 상처를 입었다. 또한 1820년대에 들어서는 남아메리카에서

들라크루아(Eugène Delacroix, 1798~1863)의 〈민중을 이끄는 자유의 여신(Liberty Leading the People)〉.

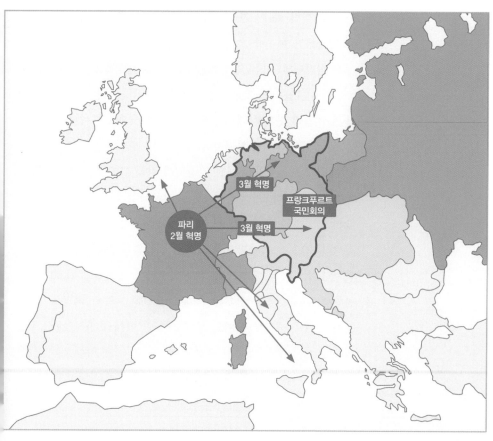

3월 혁명

프랑크푸르트
국민회의

파리
2월 혁명

3월 혁명

유럽 대륙 곳곳으로 번져나간 프랑스 2월 혁명.

| | | |
|---|---|---|
| ■ 프로이센 | ■ 러시아 | |
| □ 오스트리아–헝가리 제국 | □ 독일 국가들 | |
| ■ 프랑스 | — 독일 연방 경계 | |
| ■ 사르데냐 | | |

도 일부 식민지들이 연이어 독립했다. 이 역시 현상의 변경을 의미했기 때문에 복고주의의 제안자였던 메테르니히는 즉각 반발했다. 이런 와중에 미국의 먼로 대통령James Monroe, 1758~1831이 1823년 12월 '먼로 독트린Monroe Doctrine'을 선언한다. 아메리카 문제에 대한 유럽의 간섭을 배제했던 이 선언은 빈 체제를 급속히 와해시켜 나갔다. 빈 체제의 균열은 시민 세력에 의해서가 아니라 열강들의 이해 관계에 의해 더욱 가속화되었다.

많은 식민지가 독립하자 빈 체제는 근본부터 흔들리기 시작했다. 자유가 박탈되고 억압으로 신음하던 유럽 시민들의 자유주의에 대한 열망이 다시 타오르기 시작했다. 1830년 7월, 프랑스에서 선거권 확대를 요구하는 '7월 혁명July Revolution'이 발생했으나 미완 상태로 수면 아래로 가라앉았다. 그러나 1848년의 '2월 혁명French Revolution of 1848'은 부르봉 왕조를 몰아낼 만큼 큰 성공을 거둔다. 결국 다시 시민이 개혁의 중심에 서는 공화정이 부활했다.[160]

2월 혁명을 통해 유럽 전역에 자유주의의 흐름이 요원의 불길처럼 번진다. 1848년 한 해 동안 영국과 러시아를 제외한 유럽 여러 나라들에서 시민 혁명이 폭발한다. 계몽사상에서 싹트고, 프랑스 혁명을 거쳐 분출했던 자유주의가 33년 간의 침묵을 깨고 다시 불이 붙은 것이다. 나폴레옹이 뿌려놓은 자유주의의 씨앗이 다시 싹을 틔운 것이다. 1848년을 기점으로 유럽 사회는 다시는 과거로 회귀할 수 없는, 시민 중심의 사회로 발전해 갔다. 이는 유럽사뿐만 아니라 세계사적으로도 분수령이 되었다.

# 독일과 오스트리아

독일 지역 민족 국가들의 사람들은 프랑스에서 2월 혁명이 일어나자, 바로 뒤이어 독자적인 자유주의 혁명인 '3월 혁명March Revolution'을 일으켰다. 자유 도시 프랑크푸르트와 오스트리아의 빈, 그리고 프로이센의 베를린 등 곳곳에서 혁명의 불길이 타오르자 빈 체제를 지탱했던 메테르니히가 영국으로 망명하는 사태까지 발생했다. 1848년 5월 18일에는 전 민족 국가들의 자유주의 대표자들이 프랑크푸르트에 모여 프랑크푸르트 의회Frankfurt Parliament를 개최했다.[161] 그러나 각 민족 국가들 585명의 대표가 참가한 프랑크푸르트 의회는 지식인 부르주아들의 모임이었기에 군대를 비롯한 물리적인 힘이 없었다. 대표들은 통일 독일에 오스트리아를 포함할 것인지 말 것인지에 대해 이견이 분분했다. 오스트리아를 포함하는 대독일주의Großdeutschland와 배제하는 소독일주의Kleindeutsch로 의견이 팽팽했다.[162] 이들은 1848년 12월 27일, 자유주의적인 독일 제국 헌법을 만들어 공포하기에 이른다. 독일 제국 헌법은 주권에 관한 정신을 바탕으로 제정되었다. 근대적 자연법 이론과 계몽주의에 근거한 천부인권설, 어떤 국가 권력도 침해할 수 없는 기본권 및 자유 등이 명문화되었다.[163] 제국 헌법은 귀족의 폐지는 물론 시민의 권리에 따른 법 앞의 평등선거를 명시했다. 사형제도 폐지, 주거 침입 금지, 우편의 비밀 보장, 언론, 신앙, 양심과 학문의 자유 등을 규정했다. 이로 인해 헌법을 실현하려는 자유주의 세력과 프로이센을 중심으로 한 헌법 반대 세력들의 유럽을 여행하다 보면 영국을 제외하고 대륙 어느 나라에서도 황제나 왕 또는 유명했던 장군들의 동상을 찾아보기 어렵다. 신분제 사회였던 중세나 근대의 황제와 왕은 국가의 주인으로, 신분 질서의 정점에서 평민들로부터 세금 등을 일방적으로 착취하고 이들을 사적인 이익을 위한 도구로 써온 것이 사실이다. 그래서 귀족들(황제나 왕들)은 자유주의 혁명이 낳은 평등한 시민 사회에서는 타도의 대상이었다. 유명한 장군들 역시 왕을 위한 전쟁을 했을 뿐, 시민을 위해 전쟁을 수행한 것이 아니었기에 결코 추앙과 존경의 대상이 아니었다. 역사 교과서에서도 역사적 사실들만 객관적으로 소개할 뿐, 업적을 칭송하며 국가적이나 민족적 자부심을 애써 내세우지 않는다.

유럽 사회의 이러한 인식은 왕들이나 유명한 장군들의 동상을 기념하며 추앙하는 동양의 시민 의식과 큰 차이가 있다. 민족주의는 원래 자유주의에서 출발했는데, 한국을 비롯한 동양에서는 자유주의와 자유주의 혁명을 경험하지 못했기에 민족주의를 국수주의와 혼동하는 일이 벌어지고 있다.

대립이 격렬해졌다.[164] 프로이센, 오스트리아, 바이에른, 하노버Hanover 왕조들은 이 헌법을 거부했고,[165] 제국 헌법의 수용을 둘러싼 논쟁은 독일 민족 국가들 사이에서 격화되었다. 그럼에도 1849년 3월, 프랑크푸르트 의회는 제국 헌법을 인준했다. 하지만 당시의 강자 프로이센은 이를 최종적으로 거부했고 독일 민족 역사상 최초의 국민 의회는 왕조들에 의해 강제로 진압되었다. 의회는 프로이센 군에 의해 폐쇄되었고, 곧이어 마지막 거점인 라슈타트가 함락되면서 독일의 3월 혁명은 좌절되었다.[166] 이로 인해 독일 내에서 자유주의의 확산은 일단 주춤하게 되었다. 하지만 프랑크푸르트 의회는 '3월 혁명'과 더불어 독일의 시민 사회 역사에서 가장 중요한 사건이었다.[167]

독일의 자유주의자들이 독일 민족 국가들의 통일을 원했던 이유는 새롭게 등장한 민족주의적 차원에서 설명할 수도 있다. 하지만 보다 근본적인 이유는 경제 논리였다. 당시 독일은 왕조 국가들과 자유 도시들로 구성되어 있었고 사용하는 화폐와 도량형, 우편제도 등이 표준화되지 않은 상태였다. 이런 상황은 19세기에 이르러 급성장하는 부르주아들에게는 큰 장애였다. 이들은 민족 국가들을 한데 묶어 하나의 공동 시장을 형성하고, 상거래에서 관세와 환전 등의 불이익을 극복하려 하였다. 당시 영국, 프랑스의 열강들은 해외 식민지로 거대 단일 시장을 확보하고 있었지만, 국력이 상대적으로 열세였던 독일 지역의 민족 국가들은 개별적으로 식민지 개척을 할 수 없었다. 독일 민족 국가들 간에 근근이 세력 균형을 유지하는 정도였다. 부르주아들은 더 많은 이익을 위해 강력한 통일 국가를 간절히 바랐다. 그러나 이들이 원했던 통일 독일은 아이러니하게도 자유주의 세력을 탄압했던 프로이센의 비스마르크에 의해 이뤄졌다. 23년이 지난 1871년의 일이었다.

한편 1848년에 동유럽의 상당 부분을 지배하고 있었던 오스트리아에서도 자유주의자들의 요구가 표출되었다. 1848년 3월 프레스부르크현재 슬로바키아의 수도 브라티슬라바의 독일식 지명에서 개최되었던 헝가리 의회에서 코수트Lajos Kossuth, 1802~1894는 합스부르크를 비판하며 자유와 헌법 보장, 그리고 헝가리 내각의 새로운 구성 등을 요구했다. 같은 날 오스트리아의 빈에서는 북부 오스트리아 출신 자유주의자들 33명이 범국가적인 의회 소집을 요구하는 청원서를 제출했다. 더 나아가 수천여 명의 대학생들이 언론과 표현의 자유, 교육과 종교의 자유, 민중의 무장, 독일 연방의 개혁 및 민중 의회 구성 등을 요구하기에 이르렀다. 그러나 오스트리아 정부는 어떠한 요구도 수용하지 않았다. 그 이후 노동자와 학생들을 중심으로 대규모 시위가 벌어지며 위기 국면으로 치닫는다. 사태는 더 악화되어 혁명군은 메테르니히의 파면과 철군을 요구한다. 심각성을 알아차린 합스부르크 왕가는 메테르니히를 해임했고, 그는 영국으로 망명했다. 그러나 상황은 또 반전된다. 1848년 10월 31일 황제의 군대가 혁명군을 완전히 진압한 것이다. 결국 오스트리아의 자유주의 혁명은 실패로 끝났다.

# 영국

영국의 자유주의는 대륙의 자유주의와 발전 과정에서 차이가 있다. 영국의 자유주의는 전적으로 의회의 주도로 전개되었다. 그러나 산업혁명으로 인해 산업 자본가와 노동자들이 급격히 늘어나자, 이들의 다양한 정치적 요구를 묵살하기 어려운 상황이 되었다. 특히 1820년대에 이르러선 참정권 확대에 대한 요구가 증폭되었다. 선거법 개정은 기득권을 쥐고 있었던 수구 세력 등의 반대로 의회를 통과하지 못했지만, 1830년 프랑스에서 7월 혁명이 발생한 이후 영국 의회는 시민들의 혁명 의지를 잠재우기 위해 참정권을 확대시키는 등 선거법 개정을 전개했다.

이후 영국 의회는 시민들의 저항에 직면한 적이 없었다. 의회가 시민들의 자유주의적 욕구와 불만이 폭발하기 전에 선제적으로 대응해 나갔기 때문이다. 자유주의의 발전은 참정권의 확대 과정과 정비례한다. 그러나 참정권의 확대는 프랑스를 비롯한 대륙 국가들에서는 시민 혁명을 통해서 이뤄졌고, 영국에서는 의회가 주도해서 이루어졌다. 그래서 영국의 자유주의적 시민 의식은 능동적이 아닌 수동적이라고 할 수 있고, 대륙 국가들의 시민 의식과는 큰 차이가 있다.

영국 참정권의 확대 및 선거 제도의 변화

|  | 연도 | 허용 대상 |
|---|---|---|
| 1차 선거법 개정 | 1832년 | 신흥 상공계층(여성 제외) |
| 2차 선거법 개정 | 1867년 | 공장 노동자 (여성 제외) |
| 3차 선거법 개정 | 1884년 | 농업 및 광산 노동자(여성 제외) |
| 4차 선거법 개정 | 1918년 | 21세 이상의 남성, 30세 이상의 여성 |
| 5차 선거법 개정 | 1928년 | 21세 이상의 남녀 |

# 이탈리아

이탈리아는 로마 제국의 멸망 이후 단 한 번도 독립된 적이 없이 신성 로마 제국과 프랑스의 간접 지배를 받고 있었다. 그러나 프랑스의 2월 혁명이 성공하자, 이탈리아의 자유주의 운동은 오스트리아와 프랑스의 지배에서 벗어나 독립 국가가 되는 것을 목표로 탄력을 받았다. 이탈리아의 자유주의 운동은 통일된 민족 국가의 건설을 꾀했다는 점에서 독일의 자유주의 운동과 유사했다. 그러나 독일에서는 부르주아들의 경제적 이해 관계가 배경이 됐다면, 이탈리아에서는 민족주의적 독립 운동의 성격이 컸다. 이탈리아의 독립 운동은 크게 두 세력에 의해 진행되었다. 하나는 비토리오 에마누엘레|Vittorio Emanuele II, 1820~1878 왕을 중심으로 입헌군주제를 목표로 했던 북부 세력이었고 또 하나는 가리발디|Giuseppe Garibaldi, 1807~1882 장군을 중심으로 공화주의를 목표로 했던 남부 세력이었다. 북부는 오스트리아, 남부는 프랑스에 맞서 싸웠다. 십여 년에 걸친 노력의 결과로, 1860년에 공화주의자 가리발디가 통일 민족 국가 건설이라는 대의에 따라 입헌군주 국가의 틀을 마련했다. 이탈리아는 오스트리아와 프랑스 군대를 끝내 몰아낸 1870년이 되어서야 서로마 제국의 멸망476년이후 처음으로 통일 국가를 건설하게 되었다.

# 미국

1783년 9월 파리 조약을 통해 국제적으로 인정받으며 독립한 미국은 1830년대에 이르러 참정권이 급속히 확대되었다. 이 시기를 '평민Common Man의 시대'라고 한다.[168] 1830년대 유럽에서는 빈 체제로 자유주의가 억압되고 있었기에 미국의 자유주의 확대는 유럽보다 앞섰다고 할 수 있다. 그러나 미국은 당시에 전 세계에서 유일하게 노예 제도를 유지하고 있었기에 자유와 평등은 유럽에서 넘어온 이민자인 백인들에게만 해당되었다. 이러한 이중적인 사회는 진정한 의미의 시민 사회라고 할 수 없었다.

미국에서 자유주의 세력이 결정적으로 주도권을 잡게 된 계기는 남북 전쟁이었다. 남북 전쟁Civil War, 1861~1865[169]은 미국에서 흑인 노예들을 해방시킨 전쟁으로 흔히 알려져 있지만, 그 이면에는 남부의 대토지 소유자들과 북부의 상공업자자유주의자들 사이의 갈등이 있었다. 남부 지역은 비옥한 토지와 천혜의 기후 조건에 노동력노예까지 더해져 거대한 부를 쌓으면서 더욱 귀족화되어 가고 있었다. 이에 비해 북부 지역은 산업혁명이 성공하기 이전이라서 경제적 여건도 열악하고 남부에 비해 열등한 상황이었다. 북부는 노예가 필요치 않아 일찌감치 1804년에 노예법을 폐지하였다. 그런 북부의 일련의 조치들에 남부는 위기감을 느꼈다. 독립 국가에 가까웠던 당시 미국의 주들은 연방의 힘도 결속력도 미약했다. 남부는 연방에서 탈퇴하는 것이 오히려 그들에게 유리하다 판단하고 있었다. 한편 가난한 북부는 잘사는 남부를

미국은 유럽의 이민자들이 세운 사회다. 그중에서도 주류는 영국과 독일 등 게르만 족 계열의 자유교단들이었다. 이탈리아나 아일랜드 등에서 이주한 주민들은 처음부터 비주류에 속해 있었고, 하층 직업에 종사하고 있었다. 레오나르도 디카프리오 주연의 영화 〈갱스 오브 뉴욕(Gangs of New York, 2003)〉을 보면 아일랜드계 이주민들의 어려운 삶이 묘사된다. 게다가 아일랜드 이주민들은 가톨릭이었기 때문에 미국 사회에서 주류에 편입되기 어려웠다. 그래서 아일랜드계 가톨릭이었던 존 F. 케네디(John F. Kennedy, 1917~1963)가 미국의 대통령이 되었던 것은 흑인인 오바마(Barack Obama, 1961~)가 대통령이 된 것만큼이나 아주 이례적인 일이었다.

약화시키기 위해 남부가 부를 축적할 수 있는 손쉬운 수단
인 노예를 해방시키려 했다. 이것을 공약으로 내세운 링컨
Abraham Lincoln, 1809~1865이 연방 대통령에 당선되고 노예 해방을
선언하기에 이른다. 이에 반발한 남부는 연방에서 탈퇴하여
분리 독립하려 했고, 이를 막으려는 북부와 전쟁이 시작되
었다. 링컨의 고도의 정치적 전략으로 시작되었던 남북 전
쟁에서 북부가 승리했고 마침내 흑인 노예들이 해방되었다.
미국 연방의 주도권이 급속히 북부로 넘어가며 자유주의는
더욱 확산되었다.

# 알자스-로렌

자유주의 혁명을 겪다 보면 국가나 지역들의 시민 의식에 다소 차이가 생긴다. 오늘날도 독일과 프랑스의 국경이 맞닿아 있는 알자스-로렌독일어로 엘자스 로트링겐 지역이 대표적 사례다. 이 지역은 원래 신성 로마 제국 당시 각각 공작국 정도의 규모였다. 이 지역은 1648년 베스트팔렌Westfalen 조약을 통해 최초로 프랑스에 병합된 이후 223년 간 프랑스에 지배당해, 프랑스화 작업이 진행되었다. 학교에서도 강제적으로 프랑스어가 사용될 정도였다. 이러한 언어 강요 및 문화 탄압은 민족이 섞여 사는 유럽에서는 아주 이례적인 일이다. 그 이면에는 이 지역이 품고 있는 막대한 철광석을 차지하고자 한 프랑스의 계산이 있었다. 그러나 이 지역은 1870년의 보불 전쟁 이후 프로이센의 땅이 된다.

우리에게 잘 알려진 소설 『마지막 수업La Dernière Classe, 1873』이 바로 이 시기를 배경으로 한 작품이다. 작가인 알퐁스 도데Alphonse Daudet, 1840~1897는 알자스-로렌을 다시 독일에 뺏기게 된 것을 안타까워했던 프랑스의 우익 작가였다. 1918년, 제1차 세계대전에서 독일이 패하자, 이 지역은 다시 프랑스에 합병되지만 얼마 지나지 않아 다시 히틀러의 제 3 제국이 곧바로 되찾아온다. 이렇듯 알자스-로렌은 독일과 프랑스에 합병되길 반복했다. 이 두 지역의 주민들은 제 2차 세계대전 후 각기 독립을 원했지만, 프랑스의 반대로 뜻을 이루지 못하고, 결국 주민 투표를 통해 프랑스에 합병되었다. 지금도 이 지역을 여행하면 생김새는 독일인인데, 프랑스어를 쓰는 사람들을 종종 볼 수 있다. 물론 이들에게 독일어로 말을 건네면 유창한 독일어가 돌아온다.

이 지역 주민들은 왜 프랑스를 선택했을까. 주민들이 과거 프랑스 혁명에 참여했던 경험에서 그 이유를 찾을 수 있다. 시민의 힘으로 왕권을 무너뜨렸던 경험을 프랑스인과 공유했기 때문일 것이다. 프랑스의 국가 〈La Marseillaise〉가 이 지역의 라인강 수비대에서 만들어진 점도 이채롭다. 이 지역 주민들의 시민 의식과 정서는 독일보다 오히려 프랑스와 더 어울린다고 볼 수 있다. 참고로 영국 프리미어리그 명문팀 아스날Arsenal의 전 감독 아르센 벵거Arsene Wenger, 1949~도 국적은 프랑스인데 이름만 보면 독일계다. 그의 고향이 바로 알자스 지방이다.

# 5

# 음지에서
# 양지로,
# 유대인

#베니스의 상인  #고리대금업자  #오늘날의 미국

## 유럽 역사의 그림자

자유주의 혁명의 수혜자는 부르주아 평민들이었지만, 이면을 들춰보면 숨겨진 수혜자는 유대인이었다. 유대인은 자유주의 혁명을 통해 양지로 나올 수 있었다. 우리가 배우는 서양사에서 보통 유대인과 연관된 사실은 특별히 다루지 않는다. 그러나 유대인은 서양사의 변곡점마다 그림자처럼 함께하고 있다.

유대인은 서기 64년, 예루살렘에서 쫓겨난 후 유럽의 자유주의 혁명으로 인해 합법적인 시민으로 인정받기까지 무려 1800여 년 동안 전세계를 떠돌았다. 유럽에서 이들은 항상 이방인으로 취급되었다. 이들은 명분상 예수를 죽인 민족이었기에 가는 곳마다 배척당했다. 그러나 그들이 더 무시당했던 이유는 성경에서 금지되어온 돈 장사, 다시 말해 고리대금업에 종사했기 때문이었다.[10] 중세에는 "유대인 한 집이 이주해 오면 그 마을 돈은 몽땅 유대인 주머니로 들어간다."는 말이 있을 정도였다.

유대인에 대한 편견이 끔찍한 오해를 낳기도 했다. 16세기 초에 독일 중부에 위치한 포겔스베르크Vogelsberg의 물레방앗간에서 한 소년이 살해된 사건이 발생했다. 이때 그 지역의 유대인 고리대금업자가 살인범 혐의를 받았다. 증인들까지 속속 나서면서 그는 살인 누명을 벗지 못하고 결국 사형을 당했다. 그러나 그가 진범이었는지는 아직까지 미궁에 빠져 있다. 성주를 포함한 그 지역 사람들 대다수가 그의 돈을 빌린 채무자였고, 그 한 사람만 죽으면 채무가 모두 해결되었

베니스의 상인, 1623년 출판본.
이 작품은 당시 고리대금업
자, 유대인에 대한 조롱과
증오를 보여준다.

기에 일부러 범인으로 몰아갔던 것이었다. 고리대금업에 종
사하는 유대인이 얼마나 지독했는지는 세계적인 문호 셰익
스피어William Shakespeare, 1564~1616의 글에 상세하게 묘사되고 있
다. 『베니스의 상인The Merchant of Venice, 1600』에 나오는 대금업자
샤일록Shylock은 당시 대금업을 휘저은 유대인들의 전형적인
모습으로 그려졌다. 기독교적 윤리관에 충실했던 유럽인들
에게 유대인 고리대금업자들은 필요악으로 비쳐졌다. 유대
인에 대한 뿌리 깊은 증오와 혐오는 훗날 유대인들이 대금
업을 용인하는 칼뱅파자유교단, 혹은 청교도와 함께 신대륙으로 이
주하는 아주 큰 원인이 되었다.

유대인들은 자유주의 혁명 덕분에 합법적인 시민이 된다.
얼마 지나지 않아 그들은 금융 및 언론[171] 그리고 학계에 본
격적으로 진출하며 영향력을 키웠다. 그러나 히틀러의 등장
으로 이들은 미국으로 대거 이주하였다. 현재 유럽 대륙에
는 아주 적은 유대인들만 남아 많은 분야에서 그 영향력이
소멸되었다. 1933년 3월에 나치의 기관지였던《필키셔 베
오바흐터Vöklischer Beobachter》는 독일을 탈출했던 자본가, 언론
인, 학자들의 명단을 게재하며 "독일은 당신들을 필요로 하
지 않는다. 잘 가라!"라는 타이틀로 지면을 장식했다. 이 명
단에는 아인슈타인Abert Einstein, 1879~1955의 이름도 있었다. 그때
미국으로 넘어왔던 유대인들은 금융 및 언론, 그리고 학계
를 지배하고 있다. 자유주의 혁명과 제 2차 세계대전을 거
치면서 유럽을 떠난 유대인들은 칼뱅파 자유교단과 함께 오
늘날의 미국을 만들었다.[172]

대부분의 유대인들은 히틀러의 유대인 박해Holocaust를 피해

유럽을 떠났고, 소수의 유대인만 남아 있다. 이들은 누구와 사귀기 전에 자신이 유대인이라고 꼭 밝힌다. 그런 다음 상대방이 전혀 개의치 않을 때만 비로소 친구가 된다. 친해진 후 자신이 유대인인 게 알려지면 바로 절교를 당할 수 있기 때문이다. 이는 현재까지 유럽인들이 유대인에 대해 부정적인 감정을 갖고 있음을 말해준다.

현재도 유럽에서 슬럼가를 의미하는 게토Ghetto는 본래 중세의 유대인 거주 지역이었다. 유대인들은 성곽 안이나 도시 내에 거주할 수 없었다. 성문이 열리면 들어올 수는 있으나, 밤이 되어 문이 닫힐 시간이 되면 성곽 안을 떠나야 했다. 그래서 성곽 근처에 유대인 거주 지역이 생겨났는데, 그것이 바로 게토였다. 이곳에 살았던 유대인들은 대개 하층인 반면, 제법 돈이 있는 상류층 유대인은 별도 지역에서 살았다. 이처럼 유대인도 두 부류가 존재했다.

게토는 가난한 유대인이 모여 살며, 강도, 절도, 강간, 살인 등 온갖 범죄가 일어나는 곳이라는 아주 부정적인 이미지로 각인되었다.[173] 이후 산업화로 도시가 확장되면서 게토는 도시의 중심부로 편입되었다. 그래도 현재까지 게토는 주로 빈민들이 모여 사는 슬럼가라는 이미지가 강하다.

앞에서도 언급했던 영화 〈불의 전차〉에서 대표적인 장면이 나온다. 또 다른 주인공인 영국 케임브리지(Cambridge) 법대생 해럴드 에이브라함(Harold Abraham, 1899~1978)이 달리는 모습을 창가에서 물끄러미 쳐다보던 교수들이 하는 말이 있다.

"저 친구는 은행가 아버지를 둔 꽤 훌륭한 학생이지만 유대인이라더군."

이 장면은 유대인에 대한 유럽인들의 배타적이고 부정적인 시각을 단적으로 보여준다.

자유주의 계열의 대표적인 신문인 《Vossische Zeitung》.

베를린에서 발행되었던 이 신문도 역시 유대인 자본의 소유였다.

# 6

# 또 다른
# 패러다임의 변화,
# 산업혁명

## 생활 패러다임의 변화

산업혁명이란 인간의 물리적인 노동력이나 가축을 동원하지 않고 발생시킨 동력으로 대량 생산이 이루어지는 것을 뜻한다. 증기기관, 방직기, 방적기 등이 유럽의 산업혁명 당시 등장한 대표적인 기계들이다. 인류 역사상 산업혁명을 가장 먼저 성공시킨 나라는 바로 영국이었다. 영국은 1750년경에 이미 이런 기계들을 만들기 시작했다. 그 이후 벨기에1820년경, 프랑스1830년경, 독일1850년경 등이 뒤따랐다.[174] 러시아도 1880년경에 산업혁명을 이루었다. 유럽 이외의 지역에서도 산업혁명이 성공한 곳은 미국1870년경과 일본1890년경뿐이다.

산업혁명에서의 '성공'이란 개념은 매우 중요하다. 동력을 만들어 내는 기술은 당시로써는 획기적인 것이었다. 따라서 기술을 개발했다고 해도 다른 나라와 공유하지 않았다. 기술로 인한 경제적인 이익이 엄청났기 때문이다. 이는 현대의 IT나 자동차, 정밀화학, 생명공학 등의 첨단 기술들이 국가 차원에서 비밀리에 관리되는 것과 마찬가지다. 그러니 영국의 선도적 기술을 따라잡기 위해 수십 년 내지 백 년이 넘는 많은 세월을 필요로 했다. 그 누구의 도움도 없이 각 나라마다 독자적으로 개발해야 했기에 성공했다는 것에 남다른 큰 의미가 있었다. 따라서 독자적 기술이 없으면 산업혁명이라고 할 수 없었다. 자력으로 산업혁명을 일으키지 못하면 그 나라는 경제적으로 산업국에 종속될 수밖에 없었다. 한마디로 산업혁명은 국가의 성패를 좌우하는 중차대한 사안이었다.

산업혁명은 프랑스 혁명과 더불어 인류사에서 가장 중요한 양대 혁명으로 통한다.[175] 이 두 혁명이 개개인의 생활을 편리하게 하면서 인간 사회의 전체의지를 충족시켰기 때문이다. 인간 사회는 농업이 중심이 되는 농경 사회였으나 산업혁명을 계기로 농업에서 산업으로 옮겨가기 시작했다. 산업화는 생활의 패러다임을 완전히 변화시키는 결정적인 전환점이 되었다.

19세기 초 영국 광산에서 일하는 여성 노동자의 모습.

16세기 상업혁명으로 자본을 축적한 상업 자본가들은 새로운 기술을 자본과 연결해 대량 생산 시스템을 구축했다. 그로 인해 산업 자본가들이 대거 등장했지만 노동자들의 근무 환경과 처우는 더 열악해졌다. 대량 생산으로 인한 이익이 고루 돌아가지 않는 현상만 깊어져 갔다. 자본가와 노동자의 차이가 발생했고 자연스럽게 빈부 격차는 더욱 심해졌다. 노동자와 자본가 간의 이익 분배의 문제는 산업혁명 초기부터 현재까지 계속되고 있다. 급기야 이익에 대한 분배 문제를 해결하기 위해 새로운 사상이 등장했는데 이것이 바로 사회주의다.

산업혁명은 국가 간에도 빈부의 차이를 만들어 냈다.[176] 산업혁명에 일찌감치 성공한 나라들은 경제적으로 크게 발전해 잘 살게 되고, 그렇지 못한 나라들은 가난의 굴레에 갇혀 있었다. 얼마 전까지 G7이라고 하는 소위 선진국들이 세계 경제를 쥐락펴락했다. 미국, 영국, 프랑스, 독일, 이탈리아, 일본, 캐나다가 그들이다. 이들의 공통점은 이미 19세기 말까지 산업혁명에 성공한 나라들이라는 것이다. 서양의 시각에서 산업국이라 지칭되는 이들은 200년 가까이 세계 경제를 지배해 왔다. 현재는 G20이라고 해 이들 7개국 외에 러시아, 중국, 한국, 인도, 인도네시아, 아르헨티나, 브라질, 멕시코, 터키, 호주, 남아프리카 공화국, 사우디아라비아, EU가 추가로 가입해 세계 경제에서 이들의 영향력이 더욱 확대되었다. 한국을 제외하면 전통적인 산업국이거나 자원이 풍부하고 인구가 1억 명 이상인 국가들이다. 세계는 이들 G20 국가들의 이해 관계에 따라 좌지우지되는 상황이 되었다.

## 자본주의 개념의 등장

산업혁명을 통한 자본의 축적은 자본주의의 발달을 더욱 가속화시켰다. 통상 '자본주의'라는 개념은 사회주의자들이 사용한 '사회주의'의 상대적 개념으로 인식되어 왔다. 자본주의라는 용어는 19세기 중반까지는 아주 생소한 것이었다. 이 개념이 본격적으로 사용된 것은 마르크스와 엥겔스 Friedrich Engels, 1820~1895에 의해서다.[177] 자본주의는 여러 가지로 정의될 수 있다. 그러나 역사적 관점에서 본다면, 자본주의는 자유주의적 시장 경제라고 할 수 있다. 이것은 사유 재산을 인정하고 최대의 이윤 추구를 위해 자유로운 경제 활동을 보장한다는 것이다. 물론 이것은 자유와 평등을 보장하는 법치주의를 전제로 한다. 프랑스 혁명의 원인에서도 보았듯이, 자유주의는 구체제를 전복시키려는 부르주아들의 급진적인 이데올로기였다. 당시 자유주의자들이 적극적으로 정치 참여를 원했던 이유도 자유롭고 합리적인 경제 활동을 보장받으며 최대의 이익을 얻기 위해서였다. 결국 부르주아들에게 정치적 자유주의는 경제적 자유주의의 전제 조건이었다. 그러므로 경제적 자유주의의 최종 목표는 자본주의 체제의 완성이라 볼 수 있다. 그리고 자본가의 궁극적인 목표는 최대 이윤 창출이므로 값싼 원료를 확보하고 이를 제품화해서 판매할, 보다 넓은 시장이 필요했다. 자본주의 시스템에서는 식민지 확보가 필수적이었다. 결국 자본주의는 19세기부터 20세기 초반에 극성을 부린 제국주의의 배경이 되었다.

# 중진국이라는 표현의 진실

1970~1980년대에 우리는 우리나라를 중진국이라고 항상
표현했다. 그러나 서양 사회에는 중진국 개념이 없고, 경제
적 개념으로 산업국선진국과 개발도상국후진국으로만 분류한
다. 중진국이라는 개념은 당시 우리나라의 집권 세력이 자
의적으로 붙인 개념이다. 선진국은 아니지만 그렇다고 후진
국이라고 할 수도 없기에 국가적 자존심을 세우기 위해 억
지로 만들어 낸 무의미한 개념이었다.

# 6장.  도전과 응전의 국제 질서

## 세력 균형과 통합이 평화를 유지한다

# 1
# 해가 지지 않는 나라, 영국

#엘리자베스 1세  #무적함대  #네덜란드 격파

## 영국인이 가장 사랑하는 여왕

16세기까지 영국은 유럽의 변방 국가에 불과했다. 당시까지 영국인들은 주로 소와 양을 치고 바다 건너 대륙으로 양모와 가죽 등을 팔아 근근이 살고 있었다. 그리고 헨리 8세의 뒤를 이어 왕위를 계승한 메리 1세는 국교를 다시 로마 교회로 복귀시키는 등, 혼란스러운 상황이 이어졌다. 그러나 메리 1세에 이은 엘리자베스 1세가 왕으로 등극한 후 영국은 빠르게 안정기에 접어든다. 통화 개혁1560이 이루어지고, 도제법 Statute of Apprentices, 1563이 반포되며, 나아가 구빈법Poor Law, 1563까지 제정·시행되면서 점차 제대로 된 국가 모습을 갖춰 나갔다. 엘리자베스 1세는 원만한 성격으로 온건한 정책을 추진해 나갔다. 즉위 직후 먼저, 영국 교회 수장으로서 여전히 로마 가톨릭을 추종하는 세력과도 타협 노선을 유지하는 등 종교적 혼란을 잠재웠다.[178] 이후, 할아버지인 헨리 7세와 아버지 헨리 8세 시절 더욱 강화된 왕권을 바탕으로 영국 절대주의의 절정기를 이룩했다. 또한 엘리자베스 1세는 하층 귀족과 상층 시민, 그리고 상층 농민층이 결합된 젠트리gentry를 관료로 대거 등용하며 사회를 안정시키고 통치력을 강화해 나갔다. 1588년에는 스페인의 무적함대Spanish Armada도 무너뜨렸으니 국내에서 감히 그녀의 권위에 도전하기란 불가능한 일이었다.

여기서 한 가지 짚고 넘어가야 할 사안이 있다. 당시만 해도 유럽의 여타 강국에 비해 미미했던 영국이 어떻게 스페인의 무적함대를 격파할 수 있었을까. 당시 스페인은 1492년

엘리자베스 1세.

튜터 왕조의 마지막 군주인 엘리자베스 1세는 잉글랜드가 대영 제국으로 발전할 수 있는 굳건한 토대를 마련했다.

신대륙 발견으로 엄청난 부를 쌓은 명실상부 최강국이었다. 반면 이렇다 할 기반이 없었던 영국은 변변한 해군력도 보유하지 못한 형편이었다.

여기에 중요한 비밀이 숨어있다. 신대륙에서 온갖 물품을 가득 싣고 대서양을 건너는 상선들은 해적들에게 빈번히 약탈 당했다. 스페인은 그 해적들을 영국인이라 판단하고 엘리자베스 1세에게 끊임없이 시정하라고 경고장을 날렸다. 스페인의 판단은 정확했다. 해적들은 약탈한 물품의 일부를 엘리자베스 1세에게 바쳤고 여왕은 이들이 자국민이 아니라고 시치미를 떼며 오히려 이들을 보호해줬다. 스페인과 영국의 충돌은 불가피했다.

바다에서 잔뼈가 굵어진 백전노장의 영국 해적들이 돌연 해군으로 변신하니 스페인의 무적함대는 맥없이 무너졌다. 영국을 유럽의 변방에서 국제 무대의 강자로 화려하게 등극시킨 엘리자베스 1세는 지금까지도 영국인들의 사랑과 신망을 한껏 받고 있다.

## 유럽의 변방에서 세계의 중심으로

엘리자베스 1세가 죽자 튜더 왕조는 명맥이 끊어졌다. 메리의 아들이자 정복지 스코틀랜드의 왕인 개신교도 제임스 1세가 왕위를 이어받으며 영국과 스코틀랜드의 통합 왕조인 스튜어트 왕조Stuart Dynasty, 1603~1714가 시작되었다.

스페인에 이어 또 다른 숙명의 대결이 기다리고 있었다. 상대는 네덜란드였다. 네덜란드는 원래 신성 로마 제국의 한 공작국에 불과했으나, 1555년 신성 로마 제국의 황제 카를 5세가 퇴위하며 그의 아들인 스페인 국왕 펠리페 2세Felipe II, 1527~1598에게 양도되어 스페인의 지배하에 들어가게 되었다. 그러나 네덜란드는 칼뱅의 자유교단을 받아들인 후, 모범적 가톨릭 국가였던 스페인과 종교 갈등이 심해지며 기나긴 독립 전쟁을 치렀다. 이 와중에 가톨릭 지역이었던 서남부는 스페인에 투항하여 오늘날 벨기에가 되었으나, 프로테스탄트 지역만은 끊임없이 독립을 요구했다. 그리고 1609년에 이르러 스페인과 12년 간의 휴전을 체결하면서 드디어 독립을 쟁취했다. 이후 '30년 전쟁Thirty Years' War'을 마감하는 '베스트팔렌 조약Peace of Westphalia, 1648. 05., 1648. 10.'에 의해 종교 분쟁도 종결하고 완전하고 합법적인 독립이 이뤄졌다.

17세기는 네덜란드의 시대라 해도 과언이 아니었다. 네덜란드는 모직물 산업과 조선업 그리고 중개 무역으로 엄청난 부를 쌓았다. 독립 전쟁 중이었던 1602년에 이미 동인도 회사The East India Company, 1602를 모태로 전 세계로 진출할 정도였다. 미국의 뉴욕1626, 남아프리카 공화국의 케이프타운1619, 그리고 자카르타를 비롯한 스리랑카와 인도 등에 전략적 교두보를 마련하여 무역항을 개척한 것도 네덜란드였다. 로마 교회로부터 아프리카와 아시아 지역에 대한 지배권을 인정받던 가톨릭 국가 포르투갈을 제치고 아시아도 장악했다. 네덜란드는 중국과 일본에까지 진출해 해상 무역로를 확보했다. 1653년 조선에 표류해 왔던 하멜Hendrik Hamel, 1630~1692도

바로 동인도 회사 소속이었다.[179]

영국도 엘리자베스 1세 시대인 1600년에 동인도 회사를 설립하여 아시아 무역에 진출했지만, 17세기 전반기엔 네덜란드가 해상 운송을 대부분 독점하다시피 했다.[180] 또한 영국이 개척한 인도의 무역항들을 네덜란드에 빼앗기기도 했다. 아시아에서 무역 패권은 단연 네덜란드 차지였다. 제임스 1세는 북아메리카로 눈을 돌릴 수밖에 없었다. 1620년 무렵부터 영국은 당시로선 별 쓸모없는 대륙으로 여겨졌던 북아메리카로 진출했다.

해상 무역권을 놓고 네덜란드와의 경쟁은 아주 치열해져만 간다. 마침내 1651년 올리버 크롬웰Oliver Cromwell, 1599~1658, 청교도 혁명 이후 공화정 시대의 호국경은 '항해 조례Navigation Act'를 발표하기에 이른다. 항해 조례란 영국이나 영국의 식민지에 상품을 운송할 수 있는 선박은 오직 영국이나 그 상품 생산국의 선박에 한정한다는 내용이다. 당시 해상 운송과 중개 무역권을 독차지하다시피 한 네덜란드에 대한 전면적 도전이었다. 이로 인해 영국과 네덜란드는 22년 간 세 차례나 전쟁을 치르는데 이를 '영란 전쟁'이라고 한다. 1차1652~1654, 2차1665~1667, 3차1672~1674에 걸쳐 영국이 모두 승리하며 네덜란드가 소유했던 인도에 대한 무역권, 북아메리카와 아시아의 주요 무역항들을 하나하나 빼앗아 갔다. 네덜란드는 모든 해상권을 영국에게 넘길 수밖에 없었다. 이로써 네덜란드의 전성기는 막을 내렸고, 영국이 전 세계 바다를 제패하게 되었다.[181]

네덜란드의 제해권을 양도받은 영국에게 새로운 경쟁국들

올리버 크롬웰.
영국의 정치가이자 군인으로 청교도 혁명(1642~1651)에서 왕당파를 물리치고 의회파의 승리를 이끌었다.

이 출현했다. 프랑스였다. 스페인, 포르투갈, 네덜란드, 영국보다 늦게 해외에 진출했던 프랑스는 루이 14세Louis XIV, 1638~1715 시대인 1664년에 동인도 회사를 재건하여최초 설립은 1602년 아프리카와 북아메리카 지역으로 세력을 넓혀 나갔다. 그러니 그 지역에 먼저 진출했던 영국과의 마찰이 자주 일어날 수밖에 없었다. 그러나 아이러니하게도, 마찰이나 갈등은 직접적인 싸움이나 식민지 선점 경쟁이 아니라, 유럽 내 합종연횡적 전쟁의 모습으로 나타났다.

18세기에 접어들며 영국은 여러 차례의 전쟁을 통해 식민지를 넓혀 나갔다. 그 첫 번째가 스페인 왕위 계승 전쟁1701~1714이었다. 프랑스 부르봉 왕가가 스페인을 통합하려 하자, 세력 균형이 깨지는 것을 우려했던 오스트리아, 네덜란드, 영국이 동맹을 맺고 프랑스에 맞섰던 것이다. 프랑스의 루이 14세는 스페인을 합병하지 않지만 자신의 손자인 필립펠리페 5세, Philip V, 1683~1746을 스페인 왕위에 오르게 하는 선에서 타협을 보고 해외 식민지들을 상대국들에게 넘겼다. 이때 영국은 지중해에서 대서양으로 나가는 길목의 지브롤터와 신대륙의 뉴펀들랜드를 얻는다. 새로운 스코틀랜드를 의미하는 노바 스코티아노바스코샤, 그리고 허드슨만 등도 차지한다.

이후 오스트리아 합스부르크 왕가에서 마리아 테레지아Maria Theresia, 1717~1780의 상속권을 둘러싼 오스트리아 왕위 계승 전쟁1740~1748에서 영국은 오스트리아와 동맹을 맺고 반대 세력인 프랑스, 프로이센, 스페인 등과도 싸웠다. 이 전쟁은 슐레지아의 소유권이 오스트리아에서 프로이센으로 넘어간 것을 제외하면 모든 게 현상 유지로 끝났기에 영국에게는 드물게 영토 확장이 없었던 허망한 전쟁이었다.

이후 마리아 테레지아 여제는 슐레지아를 회복하기 위해 유럽 내 세력 균형의 양대 축인 프랑스와 동맹을 맺고 프로이센을 공격한다. 이에 영국은 해외에서 첨예한 대립각을 세웠던 프랑스를 제압하려 프로이센과 동맹을 맺는다. 이 전쟁은 '7년 전쟁Seven Years' War, 1756~1763'이라 하는데, 이 전쟁을 통해 프로이센은 슐레지아의 소유권을 재확인 받으면서 오스트리아, 프랑스와 더불어 유럽 내 최강국으로 발돋움할 수 있었다. 영국은 북아메리카 대륙미시시피강 동부와 캐나다과 인도에서 프랑스를 완전히 밀쳐낸다. 영국은 스페인 왕위 계승 전쟁과 7년 전쟁에서 가장 큰 이익을 챙긴 나라가 되었다.[182]

결론적으로 영국의 해외 식민지들 중 직접 개척한 곳은 인도의 일부와 북아메리카 동부 지역 정도이고, 그 외 수많은 지역은 모두 유럽에서의 전쟁을 통해 획득했다. 이때부터 영국은 해가 지지 않는 나라로 불리며 전 세계로 뻗어 나갔다.

# 토르데시야스 조약

1492년 신대륙 개척 이후, 스페인과 포르투갈의 해외 진출 경쟁이 지나치게 치열해지자 교황의 중재로 세계의 분할이 이루어진다. 이것이 바로 스페인과 포르투갈 사이 1494년에 맺어진 토르데시야스 조약Treaty of Tordesillas이다. 이 조약으로 스페인과 포르투갈은 경도 50도를 기준으로 서쪽은 스페인이, 동쪽은 포르투갈이 차지한다. 그런데 경도 50도는 남아메리카 대륙을 관통한다. 그렇게 남미 대륙의 동쪽은 포르투갈이 차지했다. 이 지역이 현재의 브라질이다. 남미의 거의 모든 나라들은 스페인어를 사용하지만, 브라질만은 포르투갈의 식민지였기에 포르투갈어를 사용한다. 스페인 지역이었다가 포르투갈 지역에 편입된 과라니Guarani 부족의 비극적 운명을 그린 영화 〈미션Mission, 1986〉의 시대적 배경도 바로 토르데시야스 조약으로 인한 영토 분할이었다.

또한 경도 50도를 기준으로 동쪽은 아프리카와 아시아 지역에 해당한다. 한반도는 우리도 모르는 사이에 포르투갈의 기득권 지역에 포함되었던 것이다. 훗날 우리나라에 가톨릭을 전파했던 김대건 신부1821~1846도 마카오에서 활동했던 포르투갈 출신 예수회 선교사로부터 사제 서품을 받았다.

# 2
# 세력 균형을 흔들다, 독일 제국

#독일의 유래 #관세동맹 #비스마르크

## 독일이라는 국명의 유래

독일은 중세 이래 수많은 왕국들로 나뉘어져 있었다. 왕국
들은 저마다 다른 화폐와 도량형, 우편제도 등을 사용하며
정치·외교는 물론 경제 상황까지 제각각인 독립 국가들이
었다. 이들은 신성 로마 제국이라는 느슨한 상징성 안에 있
었지만 하나의 정부 아래 통일 국가였던 적은 한 번도 없었
다.[183] 이렇듯 독일 민족 국가들로 이루어졌던 독일이 오스
트리아를 제외하고 역사상 처음으로 통일된 해는 1871년이
었다. 프로이센이 중심이 된 이 통일 국가가 독일 제국이었
다. 지금까지도 사용되고 있는 독일이라는 명칭은 바로 여
기에서 유래한 것이다.


## 비스마르크

1871년 독일 제국으로 통일되는 과정에서 결정적 역할을
한 인물은 비스마르크였다. 비스마르크는 소귀족 출신으로
프로이센 왕국 시절에 관료로 임관하고 프랑스 대사까지 지
내다가 재상에 오른 인물이다. 그가 재상으로 재임했던 시
절에 남긴 족적들은 가히 엄청나다. 독일 민족 국가들을 역
사상 최초로 통일하여 독일 제국으로 만든 사실 하나만으로
도 이미 무엇과도 비견될 수 없는 큰 업적이다. 그는 통일에
가장 큰 장애가 됐던 오스트리아와 프랑스를 상대로 전쟁까

지 불사하며 굴복시켰다. 루터교 국가였던 프로이센이 이미 관세 동맹[1834]을 통해 하나의 공동체에 가까웠던 남부의 가톨릭 국가들을 합병하려면 우선 프랑스와 오스트리아를 제압해야만 했다. 당시 가톨릭 국가들은 이 두 나라의 영향력 아래 있었다.

비스마르크는 하나의 왕조에 의한 단일 국가를 한 번도 경험해보지 못했던 독일 민족을 하나로 묶고자 했다. 종교 개혁과 종교 전쟁 이후 각 국가들은 가톨릭파와 루터교파로 나뉜 상태에서 물과 기름처럼 겉돌기만 했다. 비스마르크는 주도면밀한 외교 전략과 군사력을 통해 당시 어느 누구도 상상하지 못했던 통일을 이루어낸다.

우리는 세계 최초로 사회보장 제도를 도입한 인물로 비스마르크를 꼽는다.[184] 근로자들의 실직이나 질병, 또는 퇴직에 따른 불안감에 대비해준 사회보장 제도는 당시로선 엄청난 진전이었다. 질병에 대한 의무보험법[1883], 작업 중 상해에 대한 의무보험법[1884] 그리고 노령보험법과 상해보험법[1889] 등이 법제화되었고 실행에 옮겨졌다.

독일 민족의 통일과 사회보장 제도의 성공적 도입은 19세기 중반 이후 급격히 늘어난 자유주의자와 사회주의자들의 요구들을 일정 부분은 들어주면서 불만은 잠재운 것을 의미했다. 본래 두 집단은 정반대의 입장으로 각각 자본가와 노동자들의 이익만을 대변했다. 통일은 자유주의자들의 확대된 시장 요구와 맞아 떨어졌고, 복지는 사회주의자들의 끊임없는 요구 사항이었기에 독일 제국 정부는 양쪽 모두의 불만을 해소해 주는 정책을 펼쳤다. 실제 그 당시 유럽에서

철혈 재상으로 불리는 비스마르크.

"중요한 것은 역사를 만드는 일이지 역사를 쓰는 일이 아니다."

는 사회주의가 불길처럼 번져 나갔는데 독일에서는 그 세력이 크게 확장하지 못했다. 이는 비스마르크가 사회주의자들의 요구에 선제적으로 대응해 복지 제도를 시작한 것이 결정적 이유였다고 할 수 있다.

독일 제국이 중심이 되어 유럽의 세력 균형을 맞춘 것도 비스마르크가 이루어 낸 큰 성과라고 볼 수 있다. 통일 독일은 짧은 시간에 유럽에서 가장 강력한 국가로 성장했다. 영국과 프랑스 등 강대국들의 영역에는 손을 대지 않고, 이들의 식민지도 인정하며 조화로운 세력 균형을 꾀했다. 이 시기의 독일 제국은 유럽에서 균형을 잡아주는 역할을 했다. 비스마르크는 국내 정치는 물론 외교 문제에 있어서도 세력 균형을 중시했던 인물이었다.


## 통일 과정과 유럽의 세력 균형

1871년 이전까지 독일 민족 국가들은 서로 통일을 꿈꾸지도, 시도하지도 않았다. 몇몇의 힘센 왕국들을 중심으로 중세에는 주종 계약으로, 이후 절대주의 시대에는 서열에 따른 독립 국가 체제로 이어져 왔다. 신성 로마 제국이 해체된 후에는 이웃의 힘센 나라들과의 동맹 관계로 명맥을 유지했다. 게다가 가톨릭파와 루터파로 나뉘었으니, 통일 문제는 얽히고설킨 채 이합집산의 난맥상을 보여 왔다.

19세기에 접어들면서 영국과 프랑스 등 제국주의 국가들은 해외 식민지 쟁탈에 혈안이 된다. 그러나 독일의 경우에는 수많은 왕국으로 분산되어 강대국들과 경쟁할 여력이 없었다. 이런 상황에서 독일계 자유주의자들은 강력한 국가의 출현을 고대하며 통일 운동에 박차를 가한다. 그 결실로 나타난 것이 1848년의 프랑크푸르트 의회였다. 프랑크푸르트 의회에서 자유주의자들은 강력한 통일 국가와 이를 뒷받침할 수 있는 강력한 해군력의 확보를 강조했다.[185] 하지만 이들의 통일 운동은 허망하게 물거품이 되고 만다.

이처럼 주춤했던 독일 통일은 1866년에 이르러 프로이센에 의해 다시 추진되었다. 그러나 프로이센 중심의 통일에도 두 개의 장애 요인이 버티고 있었다. 하나는 같은 독일계 민족 국가였던 오스트리아가 반대했던 것이고[186], 또 다른 하나는 독일 남부 가톨릭 나라들의 후원 세력이었던 프랑스가 통일을 두려워했던 점이다.[187] 개별 왕국들이 오스트리아나 프랑스 등과 이런저런 동맹으로 얽혀 있으니 강압적으로 흡수 통일하는 것은 현실적으로 불가능했다. 비스마르크는 이런 나라들의 배후에 있었던 오스트리아와 프랑스를 격파하는 전략을 쓰기로 했다. 먼저 오스트리아를 제압한 후 아예 통일 독일에서 제외시키고, 다음 수순으로 독일 문제에 사사건건 간섭해 온 프랑스를 굴복시킨다는 전략을 세웠다.

오스트리아와의 승부는 덴마크가 점령하고 있던 슐레스비히-홀스타인Schleswig-Holstein의 관할권 문제로 시작되었다. 프로이센과 오스트리아는 덴마크를 상대로 공동 전선을 펴며 승리한 후 오스트리아는 홀스타인을, 프로이센은 슐레스비히를 차지하였다. 적과의 동침도 서슴지 않았던 것이다. 소기의 목적을 달성한 후 다음 전략으로 오스트리아를 고립시키는 작업을 이어간다. 비스마르크는 오스트리아와 전쟁 시 프랑스가 중립을 지킨다는 협약을 맺기도 한다. 이탈리아에게는 프로이센이 오스트리아를 북쪽에서 공격해 들어갈 때 남쪽에서 치고 올라와 주면 훗날 베네치아를 넘겨주겠다고 약속했다. 당시 이탈리아 남부의 사르데냐 왕국Kingdom of Sardinia은 베네치아를 병합한 후 통일을 완성시키려 했기에 이러한 비스마르크의 제안을 거절할 이유가 없었다. 러시아도 1863년 폴란드에서 반란이 일어났을 때 프로이센의 도움을 받았기에, 이런 오스트리아 고립화 전략에 동의해 주었다. 1866년, 오스트리아와의 전쟁은 불과 7주 만에 프로이센의 완승으로 끝났다. 오스트리아는 결국 베네치아를 이탈리아에 넘겨줬고 홀스타인 지역도 프로이센에 양도할 수밖에 없었다. 그전까지 느슨했던 독일 연방은 해체되고, 마인강 이북의 북독일 연방이 결성되기에 이른다. 프로이센이 중심이 되는 통일 국가의 밑거름이 다져진 것이다.

이어 비스마르크는 독일 남부에 끊임없이 영향력을 행사해 온 프랑스와의 전쟁도 준비했다. 당시 스페인의 왕위 계승 문제는 전쟁 구실이 되기에 충분했다. 프로이센의 호엔촐레른 왕가가 스페인의 왕위를 계승하려 하자 프랑스는 즉각 반발한다. 결국 프로이센은 왕위 계승을 포기한다. 한술 더 떠 프랑스의 나폴레옹 3세Napoléon III, Charles Louis Napoléon Bonaparte, 1808~1873는 엠스 온천에서 휴양중인 프로이센 빌헬름 1세 Wilhelm I, William Frederick Louis, 1797~1888에게 전보를 보내 스페인 왕위를 다시는 넘보지 않겠다는 내용을 공식 문서화해 줄 것을 요구했다. 비스마르크는 전쟁을 할 수 있는 절호의 기회가 왔다고 생각한다. 그는 전보의 내용을 거두절미하고 특정 부분만 부각시켜 언론에 내보냈다. 그 내용은 독일인에게는 프랑스인의 무례함을 돋보이게 했고 반대로 프랑스인에게는 굉장한 모욕감을 안겨주었다. 온 국민이 분노한 프랑스는 1870년 7월 19일 프로이센에 선전포고하기에 이른다. 비스마르크의 계략에 그만 걸려든 것이다. 미리 전쟁을 준비하고 있던 프로이센은 프랑스를 파죽지세로 몰아붙였다. 강력한 프로이센의 군사력에 밀려 1870년 9월 2일엔 나폴레옹 3세가 세당Sedan에서 포위되고 만다. 단 6주 만에 끝난 프랑스의 완패였다. 그 결과 프랑스의 실질적 영향권이었던 남부 지역의 독일계 민족 국가들은 북독일 연방에 편입된다. 비스마르크는 1871년 1월 18일, 프랑스 베르사유 궁전에서 독일 역사상 최초로 단일 통일 국민 국가인 '독일 제국'을 선포하고 빌헬름 1세의 황제 즉위식도 거행했다.[188] 비스마르크의 탁월한 외교력과 군사 전략이 단연 돋보이는 통일 국가 수립 과정이었다.

같은 해 4월 16일에 독일 제국의 헌법이 공표됨으로써 명실상부한 통일이 이루어졌다. 독일 제국은 프로이센을 중심으로 한 연방 국가의 틀을 유지했다. 각 국가는 기존의 군주제와 얼마 간의 자치가 보장됐으나 실질적으로는 황제의 지배를 받는 구조였다. 프로이센은 뿔뿔이 흩어져 있던 독일 민족 국가들을 피 한 방울 흘리지 않고 흡수했으

1871년 프랑스 베르사유궁에서 거행된 독일 황제의 즉위식. 흰 복장이 비스마르크.

며 오스트리아와 프랑스를 제압한 후 남부 지역을 합병하고 통일을 이뤘다. 프로이센은 유럽 내 양대 산맥이었던 오스트리아나 프랑스에 비해 강력한 나라는 아니었지만, 비스마르크가 치밀하게 전쟁 준비를 했기 때문에 승리할 수 있었다. 사실 오스트리아는 신성 로마 제국의 황제를 16세기 초부터 제국이 해체될 때까지 300여 년 간 거머쥐며 쥐락펴락했던 강대국으로 독일 민족 국가들 중에서 맏형 같은 존재였다.[189] 그러나 프로이센은 독일 통일 과정에서 오스트리아를 철저히 배제시켰고 이는 지금까지도 이어져 오스트리아는 별도의 독립국으로 그 정체성을 유지하고 있다.

이후 보불 전쟁Franco-Prussian War에서 완패한 프랑스는 유럽 문제에 대한 주도권을 독일에 넘겨준다. 비스마르크의 의도된 고도의 계략에 따라 프로이센이 독일 제국의 선포식과 황제 즉위식을 베르사이유 궁전에서 진행했다. 프랑스인들의 자존심은 완전히 무너졌다. 그 일이 있은 후 현재까지 프랑스는 독일과의 전쟁에서 단 한 번도 이기지 못할 정도로 패배 의식에 빠져들게 되었다. 이것은 독일 후손들에게 비스마르크가 남긴 가장 큰 유산이었다.

한편 독일 제국 선포 이후 비스마르크는 거대한 독일 민족 국가의 출현에 큰 반감을 갖고 있던 프랑스와 영국을 더욱 고립시키는 전략을 이어갔다. 1873년의 '3국 동맹독일 제국-오스트리아-이탈리아'과 1881년의 '3제 동맹독일 제국-오스트리아-러시아'이 이를 상징하는 조약이었다. 프랑스와 영국의 입지가 약화된 상황에서 독일 제국은 유럽의 새로운 질서와 세력 균형을 이루어 나갔다. 비스마르크의 현상 유지 정책의 핵심은 바

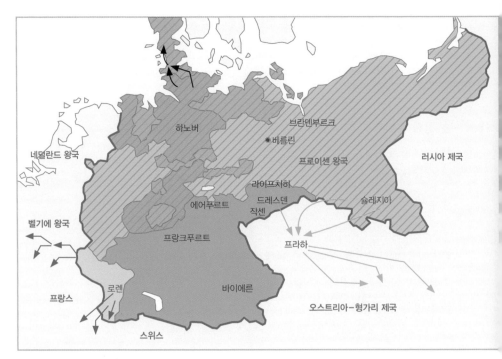

독일 제국 선포 당시 영역.

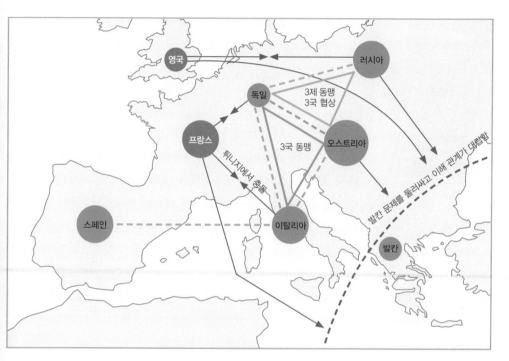

비스마르크의 외교.

| | | |
|---|---|---|
| ● 고립 | - - - | 재보장 조약 |
| ►◄ 대립 | - - - | 지중해 협정 |
| - - - 이해 관계 대립 | - - - | 독·오 동맹 |

로 프랑스와 영국의 고립을 의미했고 나아가 이 두 국가와 러시아가 가까워지는 것을 막는 것이었다.

그러나 상황은 급반전된다. 빌헬름 1세가 사망하고 황위를 계승했던 빌헬름 2세Wilhelm II, Frederick William Victor Albert, 1859~1941가 비스마르크를 재상에서 퇴임시킨다. 그러자 비스마르크의 외교 전략에 의해 20여 년 간 지속된 유럽의 세력 균형은 무너지기 시작했다. 비스마르크의 후임 재상인 카프리비Leo von Caprivi, 1831~1899는 조약의 연장을 원하는 러시아의 요구를 묵살하면서 반대로 영국에 접근했다.[190] 결과는 의도하지 않은 방향으로 흘러갔다. 비스마르크가 가장 우려했던 경우인, 러시아와 프랑스가 가까워지기 시작한 것이다. 설상가상 빌헬름 2세의 대 영국 교섭도 실패로 돌아갔다.[191] 비스마르크의 퇴장은 유럽의 열강들에게는 독일 제국이 유럽의 세력 균형을 포기하고 무한정 팽창하겠다는 의미로 받아들여졌다. 이는 결국 제 1차 세계대전으로 치닫는 것을 의미했다.[192]

'비스마르크, 독일 제국호에서 하선하다' 《Punch》지의 삽화(1890). 갑판 위에서 내려다보는 사람은 빌헬름 2세.

# 1960년대 독일 사회에서 비스마르크와 히틀러의 위상

1960년대까지 독일인들이 존경하는 인물 조사에서 1위로 선정된 인물이 바로 비스마르크였다. 2위는 히틀러였다. 설문에 참여했던 세대는 어린 시절 비스마르크를 직접 경험했거나 부모로부터 간접적으로 그의 이야기를 들었기에, 기록만으로 경험한 세대보다 독일 제국에 대한 시대 공감도가 높았다. 그는 통일 독일의 문화적, 사회적 갈등을 봉합한 것은 물론, 독일 산업혁명의 성공을 이끌었던 인물이었으니, 오늘날 독일의 모든 사회적 체계의 초석을 만든 장본인이라고 해도 과언이 아니다.

히틀러가 2위에 오른 것이 의외일 수 있다. 이는 대부분 히틀러의 집권 시기를 직접 경험했기에 가능한 이야기다. 히틀러 역시 외세에 흔들렸던 독일<sub>바이마르</sub> 공화국을 최단 기간에 다시 유럽의 강대국으로 만든 인물이었다. 그는 독일인의 뭉개진 자존심을 다시 세우려고 했던 인물로 당시에는 존경의 대상이었다.

그런데 두 차례의 세계대전을 겪은 세대의 사고와 가치관은 1960년대 말이 되자 다음 세대와 심각한 갈등을 낳았다. 이른바 '68운동'이 독일뿐만 아니라 서구 사회 전체에서 일어난 것이다. 68운동을 간단히 정의하면, 기성 세대<sub>부모</sub>와 청년 세대<sub>자식</sub> 간의 가치관 충돌이다. 비스마르크에 대한 평가는 큰 이견이 없었지만, 히틀러에 대해서는 세대 간 의견이 갈렸을 수도 있다. 그래서 히틀러에 대한 1960년대의 평가는 당대의 잣대로만 이해해야 한다.

# 3
# 통합 이론의 뿌리,
# 중부 유럽 구상

#통합 이론 #나우만 #시장 확대

# 독일식 통합 이론의 모태

현재 유럽은 유럽 연합을 출범시켜 통일된 화폐를 사용하며, 나라간 관세도 없어 경제적으로는 하나의 국가라고 볼수 있다. 이 같은 결론에 다다른 이유는 시장을 넓힐 필요성이 커졌기 때문이다. 미국이나 중국같은 인구 대국들은 내수만으로도 경제가 활기차게 돌아갈 수 있다. 그렇지 못한나라들은 수출을 해야만 경제가 돌아가는데 그때마다 관세를 부담해야 한다면 그만큼 기업의 이익이 감소할 수밖에 없다. 이 때문에 단일 시장의 필요성에 많은 나라가 동의해유럽 연합이 탄생할 수 있었다. 그렇다고 이 과정이 순탄하게 진행된 것은 아니다. 어느 날 갑자기 찾아온 것은 더더욱아니었다. 제 2차 세계대전이 끝난 이후, 독일과 식민지를하나둘 잃어가는 프랑스 등이 주도해 차근차근 준비되다가, 2002년에 비로소 현재의 모습을 갖추게 되었다.

유럽 통합은 19세기 말과 20세기 초에 독일의 자유주의 세력이 독일과 동유럽 일부를 포함한 더 넓은 시장을 확보하기 위해 제안했던 '중부 유럽 구상'에 뿌리를 두고 있다. 이구상은 지금의 유럽 연합과 비교하면 범위도 작았고 독일계민족, 헝가리, 체코, 폴란드 등을 아우르는 국지적 통합에 불과했다. 아울러 경제 통합은 명분이었고 실제로는 정치, 문화적으로 독일 민족 중심의 통합을 의도했기에 현재의 유럽연합과는 아주 큰 차이가 있다.

# 등장 배경

중부 유럽 구상의 출발점은 19세기 중반부터 시작된 독일 통일 운동이었다. 독일 민족 국가들은 1834년에 프로이센의 주도하에 관세동맹Zollunion을 맺어 일찌감치 세금을 철폐했다.

1871년 독일 제국이 출범한 이후, 독일의 자유주의 세력은 더 큰 시장을 확보하려는 구상을 구체화하기 시작했다.[193] 중부 유럽 구상은 변변한 해외 식민지를 개척하지 못했던 독일의 자본주의 세력에게는 시장 확대 전략을 의미했다. 중부 유럽으로 확장된 시장을 확보하는 것은 독일 자유주의 세력의 궁극의 목표였던 것이다. 그러나 비스마르크가 재상으로 활동하던 시기에는 이 구상은 허울 좋은 상상에 그쳤다. 여전히 비스마르크는 주변과 마찰을 피하려 세력 균형 정책을 지속적으로 이어갔기 때문이다. 그러나 상황이 바뀌었다. 1890년 비스마르크를 끌어내렸던 황제 빌헬름 2세는 세력 균형 정책을 밀어내고 본격적으로 팽창 정책을 펼쳐나갔다. 이를 계기로 중부 유럽 구상이 돌연 활기를 띠기 시작했고, 독일 제국의 팽창 정책을 뒷받침하는 중요 이론으로 자리잡아갔다.

20세기에 들어서 이와 관련한 이론들이 봇물처럼 터져 나왔다. 발터 라테나우Walther Rathenau, 1867~1922의 '중부 유럽의 관세연맹'이나 테오발트 폰 베트만 홀벡Theobald von Bethmann Hollweg, 1856~1921의 '중부 유럽의 경제연맹' 등 새롭고 다양한 이론들이 발표되었다. 그러나 중부 유럽 구상이 보다 구체화되는

중부 유럽의 범위.

| | 문화 및 정치적 범위 |
| --- | --- |
| | 지리적 범위 |

중부 유럽 구상의 주창자인
프리드리히 나우만.

"독일이 중심이 된
거대 규모의 경제
단위를 만들어야
한다."

것은 독일 자유주의 이론의 상징적 인물 프리드리히 나우만 Friedrich Naumann, 1860~1919이 1915년 발표한 『중부 유럽Mitteleuropa, 1915』을 통해서였다. 나우만은 중부 유럽 및 동유럽에 대한 독일의 지배를 경제, 문화적으로 세세하게 적시하고 있다. 그는 유럽의 중앙에 자리잡은 독일이야말로 정치, 경제적 영향력을 확대하기 용이하며 오히려 지정학적 한계도 극복할 수 있다고 주장했다. 또한, 독일이 주축이 된 거대 규모의 경제 단위를 만들어야 한다고 거듭 강조했다. 그는 게르만 민족이 중심이 된 초국가적 기구를 통한 중부 유럽 국가 간[194] 거대 시장을 구상하면서 영국과 프랑스가 중심이 된 서유럽 시장과 슬라브Slav 세력의 위협에서 벗어나 독자적인 공동 자유 시장을 확립하는 것을 목표로 했다.[195] 다시 말해 나우만은 영국과 프랑스 중심의 서유럽, 독일 중심의 중부 유럽 그리고 러시아가 축이 된 동유럽으로 재편되는 새로운 유럽 질서를 설계했다.[196]

## 중부 유럽 구상의 영향

중부 유럽 구상은 원래 독일 자유주의자들이 시장을 확대하여 더 많은 이익을 얻기 위해 시작된 것이다. 그러다 보니 독일 제국도 제국주의 국가의 면모를 띄면서 주변을 지배하는 것이 정당화되었다. 그러니 중부 유럽 구상은 주변을 침범하고 합병하는 이론으로 변질된다. 그리고 이 전략은 결국 제 1차 세계대전의 결정적 원인이 된다.

독일 민족이 중심이 되는 중부 유럽 구상 이론에 따르면[197] 다른 민족들의 자유와 권리를 침해할 수밖에 없었다. 유럽의 중부 지역에서 독일 민족이 주인이 되고, 나머지는 식민지로 전락하는 모양새였다. 주변 민족들의 반발은 불을 보듯 뻔했고, 곧 민족주의 감정이 분출되었다. 이와 유사했던 것으로 일본의 대동아공영권大東亞共榮圈이 있다. 이것은 독일의 중부 유럽 구상을 모방했다고 봐도 무방하다. 또한 중부 유럽이라는 개념은 나치 정권 시절에 독일인의 '생활 공간 이론Lebensraum-Theorie'으로 변형되며 또다시 동유럽에 대한 침략의 명분으로 이어졌다.

하나의 통합된 시장을 만들고자 했던 중부 유럽 구상은 오래도록 명맥을 이어갔다. 중부 유럽 구상은 제 2차 세계대전의 화마가 휩쓸고 간 후, 미국과 소련이라는 초강대국 사이에 놓인 유럽의 입장에서는 꺼지지 않는 불씨였다. 중부 유럽 구상과 현재의 유럽 연합은 공동 시장의 확대라는 목표는 같지만 그 구조를 보면 사뭇 다르다. 애초 이 구상이 독일 민족의 이익을 위해 주변을 경제적으로 지배하는 구조였던 반면, 유럽 연합은 모든 구성원들의 공동 이익을 추구하는 구조이기 때문이다.

# 일본의 대동아공영권

중부 유럽 구상은 1940년대 일본이 내세웠던 대동아공영론에 영향을 끼친다. 대동아공영론이란 동아시아와 동남아시아를 아우르는, 즉 만주에서부터 중국과 한반도 그리고 인도차이나 반도와 인도네시아, 인도, 심지어는 오세아니아까지 걸쳐 일본이 중심이 되는 하나의 정치, 경제적 블록 공동체를 만드는 것을 의미했다. 대동아공영론이 갑자기 등장했던 것은 아니다. 중부 유럽 구상이 처음 등장했던 19세기말, 메이지 유신을 통한 강력한 제국을 꿈꿨던 일본에게 이구상은 이상적인 모델이었다. 일본은 곧바로 이를 모방하기 시작했다. 일본은 주변국을 하나씩 점령하더니 급기야는 동남아로 뻗어 나갔다. 영국과 프랑스 등 유럽의 제국주의 국가들과 충돌하게 되는 1940년에 이르러서는 대동아공영권을 들먹이며, 서양 세력을 몰아내는 명분으로 사용하였다. 하지만 민족은 달라도 정치, 지리적으로는 물론 종교, 문화적으로도 공감대를 지녔던 중부 유럽 구상과 대동아공영권은 확연한 차이를 보였다. 단지 서양 세력을 몰아내야 한다는 억지 논리였기에 일본을 제외한 민족들에게 대동아공영론은 전혀 공감을 받지 못했다. 또한 중부 유럽 구상은 자유주의자들의 이상에서 출발하여 독일 제국의 침략 이론으로 전개되었던 반면, 대동아공영론은 처음부터 군국주의자들의 야욕에 의한 것이라는 점에서 큰 차이가 있다.

참고로 1915년에 발간된 나우만의『중부 유럽』초판이 국내에서는 서울대와 한국외대 도서관에 소장되어 있다. 해방 후 개교한 한국외대와 달리, 서울대 소장본은 일제 강점기 경성 제국 대학이 수입한 것으로 추정된다. 이는 일본이 한국을 식민지로 점령한 직후부터 아시아 통합에 대해 장기적으로 연구하고 그 정당성을 교육하기 위한 것이었다는 것을 추론할 수 있다.

# 4
# 끝없는 팽창,
# 제국주의

# 세계대전은 필연적이었다

19세기 후반, 전통의 강대국이었던 영국, 프랑스, 러시아는 물론 부상하던 미국까지 모두 제국주의의 행렬에 합류한다. 이로써 아시아, 아프리카를 포함해 전세계는 거의 남김없이 식민지화되었다. 반면에 당시의 독일과 이탈리아는 여러 민족 국가들로 나뉘어져 있어 이들 강대국과 경쟁하기엔 힘에 부쳐 번듯한 식민지를 보유하지 못하고 있었다. 그러므로 이들 국가에서도 통일에 대한 욕구가 점차 높아졌고, 자유주의자들의 통일에 대한 목소리도 커졌다.

이탈리아와 독일은 우연히도 비슷한 시기인 1870년과 1871년에 통일 국가를 세우긴 했다. 하지만 이미 전 세계를 무대로 몇몇 제국주의 국가들이 뻗어 나갔기에 이들에게 남은 선택지는 별로 없었다. 그러니 정상적인 방법으로 영토를 넓히거나 식민지를 개척하기는 어려울 수밖에 없었다. 독일 제국은 출범 이후 식민지 쟁탈전에 뛰어들어 함대를 파견했지만, 실익이 없었다. 남아 있는 곳은 남아프리카 서부의 황량한 사막으로 뒤덮인 나미비아 정도였는데 이곳은 경제적으로 큰 이익을 얻을 수 있는 곳이 아니었다. 아시아 쪽으로 눈을 돌렸으나 중국 청도를 조차租借하는 데에 그쳤다. 그런 가운데 독일 제국은 영국, 프랑스, 러시아와의 마찰은 될 수 있으면 피하면서 라인강 동쪽의 중부 유럽에서 영향력을 키워나갔다. 그러던 차에 2대 황제 빌헬름 2세가 등극하자 상황은 급변한다. 그는 비스마르크를 해임시키고 팽창 정책을 이어가 주변국들을 불안에 떨게 했다. 강대국으로 빠르게 성장해가는 러시아와 독일 제국은 곳곳에서 부딪히며 긴장 감을 조성한다. 이 국면을 역사학에서는 '범게르만주의Pan-Germanism와 범슬라브주의Pan-Slavism의 충돌'이라고도 한다.[198]

제 1차 세계대전이 발발하게 된 직접적인 원인은 독일 제국의 팽창과 오스트리아-헝가리 제국의 동유럽 기득권에 도전하는 러시아의 충돌로 볼 수 있다. 그러나 내막을 들여다보면 빌헬름 2세 즉위 이후 독일의 팽창을 두려워했던 영국과 프랑스의 부추김도 있었다. 이 두 국가는 러시아를 은밀하게 지원했다. 결국 제 1차 세계대전은 유럽 제국주의 세력들 간의 팽창과 방어라는 이해 관계에 따라 언젠가는 터질 수밖에 없는, 예정된 전쟁이었다.


## 제 1차 세계대전의 결과

제국주의 세력[199] 간의 대결이었던 제 1차 세계대전은 1918년 11월 3일, 결국 독일 제국과 그 동맹들이 열세에 몰려 마지못해 휴전을 수용하면서 마무리되었다. 이로 인해 유럽에서 기존의 전통적 세력 균형이 무너지기 시작했다. 이것이 제 1차 세계대전이 낳은 표면적인 결과이다.

그리고 종전으로 맺어진 베르사유 조약Treaty of Versailles, 1919. 06.[200]에 의거한 새로운 국제 질서를 베르사유 체제라고 한다. 우선 독일과 오스트리아의 지배하에 신음했던 민족들이 미국의 윌슨Thomas Woodrow Wilson, 1856~1924 대통령이 주창했던 민

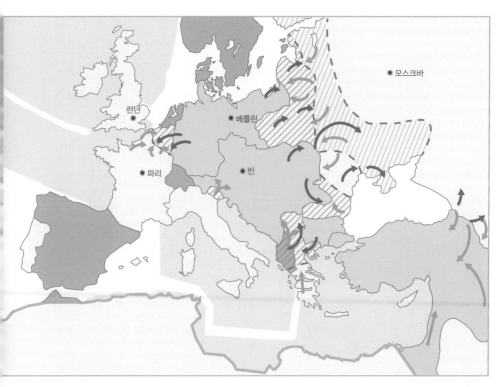

제 1차 세계 대전 중의 유럽.

| | | |
|---|---|---|
| ☐ 연합국(러·프·영·이) | ▨ 1917년 동맹군 점령 지역 | ➡ 연합군의 진격 |
| ▦ 동맹국(오·헝·독·투·불) | ▨ 1918년 동맹군 점령 지역 | ➡ 동맹군의 진격 |
| ■ 중립국 | ☐ 독일군 해상 봉쇄 지역(1917) | – – 동맹군의 전선 |

족자결주의National self-determination에 의해 대부분 독립하게 되었다. 연합국은 생제르망 조약Saint Germain Treaty, 1919. 09.에서 오스트리아-헝가리 제국을 해체시키면서 헝가리, 체코슬로바키아, 폴란드를 독립시켰다. 오스트리아의 남부에 위치한 티롤 지역도 이탈리아에게 넘어갔다. 독립을 이룬 폴란드도 옛 영토를 회복했다. 세르비아는 보스니아-헤르체코비나, 크로아티아, 슬로베니아, 마케도니아, 몬테네그로 등 발칸 서부를 차지하면서 유고슬라비아가 되었다. 오스만 튀르크현재의 터키는 세브르 조약Treaty of Sèvres, 1920. 08.에 의해 콘스탄티노플을 제외한 유럽 쪽 땅을 잃었다. 그리고 시리아는 프랑스의, 팔레스테인은 영국의 위임 통치에 넘어갔다. 불가리아는 유고슬라비아, 그리스, 루마니아에 영토의 일부를 할양하며 흑해로의 출구를 상실하고 내륙국이 되고 말았다. 또한 핀란드와 에스토니아, 라트비아, 리투아니아 이른바 발트 3국이 러시아로부터 독립했다. 영국과 프랑스의 영향력은 급속히 커진다. 유럽에 새로운 국제 질서가 찾아오니 독일의 입지는 급속히 축소되고 영국과 프랑스가 주도권을 잡게 되었다.

민족자결주의가 패전국의 피지배 민족만을 대상으로 시행되니 사실 민족 국가 독립은 승전국의 제 논에 물대기식 민족 해방에 불과했다. 이전까지 변방에 불과했던 미국이 전쟁의 승리를 통해 국제 사회에서 입김이 세지며 강대국으로 발돋움할 수 있었다.[201] 결국 제 1차 세계대전은 유럽의 왕조 대부분을 몰락시키는 계기가 되었고, 전통적인 귀족 중심 사회를 급속히 해체시켰다. 한마디로 기존의 국제 사회 판

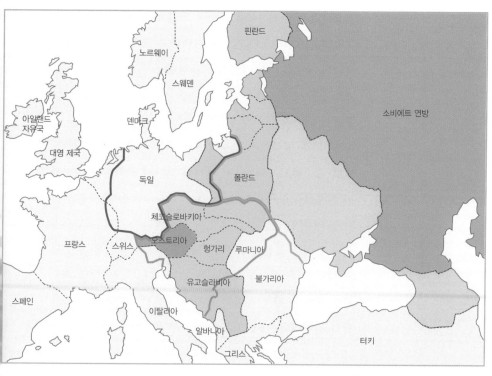

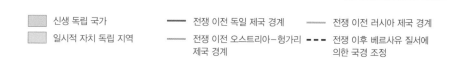

제 1차 세계대전 전후의 유럽 지도.

---

신생 독립 국가 | 전쟁 이전 독일 제국 경계 | 전쟁 이전 러시아 제국 경계

일시적 자치 독립 지역 | 전쟁 이전 오스트리아–헝가리 제국 경계 | 전쟁 이후 베르사유 질서에 의한 국경 조정

도를 완전히 바꾸어 놓은 것이다. 영국과 프랑스, 미국 등의 자유주의 세력이 세계 경제의 주도권을 확실히 장악했다.

독일인들의 입장에서 볼 때, 승자도 패자도 명확하지 않은 전쟁이었지만, 베르사유 조약은 독일과 그 동맹국들에게 가혹하리만큼 일방적인 희생을 강요했다. 조약은 승전국과 패전국의 차이를 더욱 명확하게 규정했다.

베르사유 체제는 1939년에 시작된 제 2차 세계대전으로 무효화될 때까지 독일의 발목을 잡았다. 1929년 영플랜Young-Plan에 의해 배상액은 경감해주고 배상 기간도 늘려주었음에도 불구하고, 1988년에 가서야 만기가 도래하는 막대한 전쟁 배상금은 독일바이마르 공화국, Weimarer Republik을 처음부터 궁지로 내몰아 영토가 상실되고, 군사력까지 대폭 제한되었으니 족쇄로 작용했다. 베르사유 조약의 배상 조항은 전쟁에 대한 모든 책임을 독일에게 전가했다.[202] 그야말로 베르사유 체제는 경제 공황이 터지기 전까지 온전히 승전국들만의 잔치였다.[203] 독일은 배상금 부담 탓에 화폐를 과도하게 찍으면서 화폐 가치가 폭락해 만성적인 인플레이션에 빠져들었다.

반면 승전국은 배상금을 받고, 더 많은 영토를 획득했으며, 독일 제국과 오스트리아의 지배를 받던 민족들을 자신들의 영향력하에 두었다. 이렇듯 베르사유 체제는 독일 등 패전국들에게 일방적인 불이익을 강요해 불만을 증폭시켰다. 민족 감정을 부추기는 여러 조치들은 패전국들에 피해 의식을 갖게

당시의 심각한 인플레이션을 보여주는 2천만 마르크 지폐.

했다.

예상하지 못했던 또 다른 결과가 나타났다. 베르사유 체제를 원천적으로 부정하는 극단적인 정치 세력들이 등장하는데 바로 독일의 히틀러와 이탈리아의 무솔리니가 그들이다. 당시 독일인들은 대부분 제1차 세계대전에서 독일 제국이 패배했다고 생각하지 않았다. 단지 전쟁을 더 이상 끌고 나가는 것이 무의미했기에 그만둔 것이라고 인식하고 있었다. 그런데도 패전국 대우를 전부 뒤집어쓰니 여간 불만인 게 아니었다. 독일인의 이러한 피해 의식은 훗날 나치라는 극단적 정당이 발호하는 결과를 낳았다.[204]

한편 세계 경제는 패전국이 지불한 막대한 배상금 덕분에 반짝 호황을 누린다. 그러나 승전국들의 방임적 시장 정책은 역설적으로 여러 가지 문제점을 낳으며 모순에 빠진다. 1929년 11월에 발생한 경제 대공황은 가뜩이나 취약했던 독일 경제를 가장 먼저 붕괴시켰다. 또한 독일 제국 후에 들어선 바이마르 공화국에서는 특히나 부의 쏠림 현상이 심각했다. 전체의 38%에 이르는 부를 거머쥔 유대인은 독일인들에게는 눈엣가시였다. 유대인 자본가들은 주로 금융업으로 부를 늘려갔을 뿐만 아니라 자유주의 계열의 언론에서도 막강한 영향력을 행사하고 있었다. 베르사유 체제에 대한 끊임없는 불만에 유대인에 대한 증오심까지 더해져 새로운 세력이 꿈틀거렸다. 국가사회주의 노동자당이 열성적인 지지와 함께 나타난 것이다. 여기에 바이마르 공화국의 정치적 혼란과 난맥상을 보인 국정 운영이 겹치면서 1933년 1월 30일 국가사회주의 노동자당이 정권을 장악하기에 이르렀다.

히틀러는 배상금과 연관된 독일의 책임을 전면 거부했다. 한술 더 떠 바이마르 공화국을 "사회주의자와 유대인이 합작한 공화국"이라고 비난했다. 유대인과 사회주의자는 모두 타도 대상이니, 바이마르 공화국도 반드시 타도되어야 한다는 논리였다. 베르사유 체제에 대한 불만은 독일만이 갖고 있었던 게 아니었다. 이탈리아도 승전국으로서 티롤 남쪽 지역과 아드리아해 북쪽의 군항 트리에스트를 획득한 것 외에 별다른 소득이 없었다. 소련 역시 베르사유 체제가 단지 자본주의만 옹호한다고 맹비난했다.

그러나 유럽의 패권을 장악하다시피 한 영국과 프랑스, 그리고 민족자결주의를 통해 독립한 동유럽의 신생 국가들은 베르사유 체제에 열광했다. 결국 1929년 세계 경제 대공황은 베르사유 체제에 대한 찬반 세력 간에 첨예한 갈등을 불러일으키게 된다.[205]

베르사유 조약 체결을 반대해 독일 제국 의회 앞에서 시위를 벌이는 독일 시민들.

# 포기와 패전은 달랐지만

제1차 세계대전의 결과를 독일과 오스트리아 등 동맹국 측의 패전으로 이해하는 경우가 일반적이다. 그러나 실상은 조금 다르다. 사실은 실탄이 부족해서 전쟁을 더 이상 수행할 수 없었던 동맹국이 연합국의 종전 제안을 받아들여서 포기한 전쟁이었다.

당시 군수 물자를 만들기 위한 원자재가 풍부했던 독일과 오스트리아는 성인 남성들이 전장에 투입된 상황이었다. 이 때문에 광산 채굴과 공장 노동 등 대체 노동을 동유럽계 민족들이 담당했다. 하지만 윌슨의 민족자결주의로 이늘이 태업을 벌이면서, 원자재 확보가 원활하지 못하게 됐고 전쟁이 길어질수록 상황이 심각해졌다. 결국 교회의 종과 가정의 스푼, 포크까지 징발해서 총탄을 만들기도 했다. 그러나 이마저도 여의치 않자 전쟁을 '포기'할 수밖에 없었다.

포기의 대가는 가혹했다. 전쟁 이후 체결된 베르사유 조약은 독일과 오스트리아에게 패전의 굴레를 덮어씌웠다. 그리고 그 조약을 체결했던 독일 측 대표가 사회주의 세력이었기에, 바이마르 공화국 시절 이들이 손가락질을 받았다. 독일이 전쟁에서 진 것도 아닌데, 조약에 서명한 이들이 조국을 패전국으로 만들어버렸다는 이유에서였다.

# 5

# 교묘한 외교 전략,
# 민족자결주의

## 윌슨의 계산

민족자결주의란 어느 한 민족이 스스로 자기 민족의 운명<sub>정</sub>
<sub>부</sub>을 결정해야 하는 것을 의미한다.

이는 제 1차 세계대전이 발발한 1914년 당시 미국 대통령
이었던 윌슨Thomas Woodrow Wilson, 1856~1924에 의해 제창되었다.
윌슨이 민족자결권을 내세운 것은 독일 제국과 오스트리
아-헝가리 제국을 약화시키기 위한 전략이었다.[206] 당시 동
맹국들 중 오스트리아는 헝가리 전체와 체코, 슬로바키아의
상당 부분, 발칸 반도 북부, 불가리아, 루마니아, 폴란드의
일부를 차지하고 있었다. 독일 제국도 체코, 슬로바키아, 이
탈리아, 폴란드의 일부를 차지하고 있었다. 따라서 당시 유
럽의 최강국이었던 오스트리아 영역 안의 슬라브 민족들이
독립하면, 자연히 힘이 빠질 수밖에 없었다. 윌슨은 동유럽
민족들의 해방과 독립을 약속하며, 그들이 독일과 오스트리
아에 저항하도록 하는 전략으로 민족자결주의를 주창하고
나섰다. 윌슨은 전쟁이 끝날 때까지 끊임없이 민족자결주의
를 내세우며 독일과 오스트리아를 압박했다. 결국에 전쟁
막바지인 1918년 1월 8일 민족자결원칙을 포함한 14개 조
항의 평화안Fourteen points을 공표했다.[207] 14개 조항 평화안은
민족자결원칙 외에도 비밀 외교의 폐지, 해양의 자유, 군비
축소, 국제 평화 기구 창설 등의 내용을 담고 있었다.

우드로 윌슨.
윌슨이 주창한 민족자결주
의는 제 1차 세계대전에서
패전국의 통치하에 있던 식
민지에만 적용됐다.

## 민족자결주의의 결과

민족자결주의는 독일과 오스트리아가 전쟁을 수행하는 데 있어 결정적인 장애로 작용했다. 당시 오스트리아 지배 하의 슬라브 민족들은 군수 산업 생산직에 징발되었는데, 이들이 사보타주Sabotage나 태업을 자주 했으니 물자 수급이 제대로 되지 않는 것은 불을 보듯 뻔했다. 결과적으로 독일과 오스트리아는 군수품과 무기가 부족해지며 전쟁을 끌고 나갈 수 없기에 마지못해 손을 든 것이다. 특히 오스트리아 치하에 신음하던 동유럽 민족들은 전후 연합국의 약속대로 대부분 독립했다.

민족자결주의가 중세 이후 독일 민족 국가들 지배 하의 동유럽 민족들을 해방시키는 데 결정적 역할을 한 것을 깊이 생각해 볼 필요가 있다. 역설적으로 이들의 독립을 통해 또 다른 민족주의가 분출해 갈등이 증폭될 수밖에 없는 상황으로 전개되어 갔다.

사실 독일 내 민족들은 오랫동안 서로 간에 감정이 충돌할 일이 별로 없었다. 중세 시대를 거치면서 통일 국가였던 적이 단 한 번도 없었고, 근대 이후로도 여러 나라로 쪼개져 있었기 때문이다. 서로를 외국인 대하듯이 했다. 아울러 독일인 뿐 아니라, 이민족도 꽤 섞여 있었으니 민족이라는 개념이 크게 와 닿을 리 없었다. 1871년 독일 제국으로 통일된 이후에도 마찬가지였다. 그러나 민족자결주의를 통해 다른 민족들이 우후죽순 독립하게 되니, 독일인들에게도 민족의식이 갑자기 꿈틀대기 시작했다.

# 3.1운동과 민족자결주의

민족자결주의는 우리나라에도 지대한 영향을 미쳤다. 유럽
에서 많은 민족이 해방되거나 독립을 보장받게 되자, 한국
의 민족 지도자들도 독립 의지를 고취시키며 독립 선언문을
발표하기에 이른다. 드디어 1919년 3월 1일에 독립 운동의
불길이 타올랐다. 그러나 3·1운동은 국제 정세를 파악하지
못하고 계획됐기에 성공할 수 없었다. 왜냐하면 윌슨의 민
족자결주의가 의미하는 민족의 독립은 독일과 오스트리아
의 지배를 받고 있던 동유럽 민족들을 대상으로 했기 때문
이었다.[208] 연합국이 지배했던 지역은 민족자결원칙과는 무
관했다. 따라서 미국, 영국, 프랑스는 자신들의 식민지에 대
해선 당연히 해당되지 않는다고 여겼다. 당시엔 일본도 연
합국의 일원이었기에, 한반도와 중국의 일부 지역은 민족자
결원칙에서 벗어나 있었다. 한국을 독립시켜 준다면, 자신
들의 식민지에도 역시 같은 잣대를 들이대야 했기에, 우리
나라의 사정은 국제 정세와는 동떨어진 사안이었다. 3·1 운
동은 우리 민족에게만 크게 부각됐던 사건이었다. 그러니
윌슨의 민족자결주의는 피지배 민족에게는 진정한 의미의
민족자결권을 보장한 게 결코 아니었다.

# 오스트리아에 해군이
# 존재했던 이유

현재 오스트리아는 알프스 동쪽에 위치한 작은 나라다. 오랜 기간 신성 로마 제국의 황제국 위치에 있었으며, 전성기에는 오스만 제국과 국경을 접할 정도로 광대한 영역을 자랑했다. 신성 로마 제국이 1806년 나폴레옹에 의해 해체된 이후에도 비독일계인 헝가리, 체코, 폴란드 일부와 크로아티아, 세르비아 등 발칸 북부의 대부분을 지배했던 유럽 내 최강국이었다. 그러나 제1차 세계대전 후 영역의 대부분을 상실하면서 바다로 나갈 수 없는 내륙 국가로 전락했다. 영화 〈사운드 오브 뮤직The Sound of Music, 1965〉에 등장하는 트랍 대령은 해군 출신으로 나오는데, 오스트리아의 과거를 모르는 사람은 바다가 없는 오스트리아에 해군이 있었다는 사실에 의아해 한다. 오스트리아는 제1차 세계대전 종전까지만 해도 아드리아해의 트리에스트오늘날 이탈리아에 함대를 보유하고 있었다. 그러나 항구를 잃고 현재는 해군을 보유하고 있지 않다.

# 쿠르드족과 민족자결원칙

제 2차 세계대전 이후 자리잡은 포츠담 체제와 1990년 동유럽이 무너진 후 나온 포스트 공산주의 국제 질서에서는 민족자결원칙과 전혀 상관없는 사례들이 여전히 존재한다. 새롭게 재편된 국제 질서에서 서방국들에게 별 이익이 되지 않는다고 판단되는 민족들이 이에 해당했다. 그 대표적 사례가 쿠르드족이다. 쿠르드족은 터키와 이라크, 이란에 의해 분할되어 지배를 받고 있다. 이 세 나라는 제 2차 세계대전 직후 소련의 남하 정책에 대한 방패막이로 서방국에게 중요 지역이었고, 당시에는 모두 친서방 국가들이었다. 그러니 쿠르드 지역은 이 세 국가에 분할 귀속되었다. 터키, 이라크, 이란의 국민이 된 쿠르드족은 현재까지도 독립을 갈망하고 있는데, 각기 다른 여권으로 유럽에 들어와 함께 독립 운동을 펼치고 있다. 그러나 이들의 독립 운동을 서방 사회에서는 테러로 규정하며, 그 어떤 국가도 지지하지 않는다.

우리도 3·1 운동 이후부터 해방될 때까지 독립 운동 과정에서 쿠르드족처럼 격렬히 저항했다. 우리는 당시의 항거를 매우 자랑스러워한다. 그러나 서방의 관점에서 독립 운동 활동의 일환인 암살이나 폭탄 투척 의거는 국제 질서를 따르지 않는 테러 행위에 불과했다. 현재 우리는 제 2차 세계대전 이후 재편된 세계 질서의 중요한 일원이지만 이런 질서에 저항하는 쿠르드족의 독립 운동은 여전히 현재 진행 중이다.

# 6

# 국제 질서의
# 틀을 깨다,
# 제 2차 세계대전

#히틀러의 오판  #대서양 헌장  #미국의 참전  #영국과 프랑스의 몰락

## 최후의 승자는 미국과 소련

1939년 9월 1일, 제 3 제국이 폴란드의 단치히Danzig를 침공하면서 제 2차 세계대전의 서막이 올랐다. 영국은 즉시 독일을 향해 선전포고를 했고, 전 세계가 화마에 휩싸이기 시작했다. 인류 역사상 가장 큰 피해를 남긴 이 전쟁은 독일, 이탈리아, 오스트리아, 터키 그리고 일본 등의 동맹국과 미국과 영국, 프랑스, 중국 등의 연합국이 6년 가까이 벌인 혈투였다.

독일, 오스트리아, 터키는 배상금의 덫에서 마냥 허덕이고 있었고 이탈리아, 일본은 제 1차 세계대전 승전국이긴 하나 영국과 프랑스 그리고 미국에 비해 턱없이 적은 이득을 취해 불만이 쌓인 상태였다. 다시 말해, 불만을 가진 국가들이 베르사유 체제를 파기하고 자신들에게 유리한 새로운 질서를 모색하려 하며 시작된 전쟁이 바로 제 2차 세계대전이었다.

처음 전황은 독일이 속한 동맹국에 유리하게 흘러갔다. 히틀러는 소련의 스탈린Iosif Vissarionovich Stalin, 1879~1953과 불가침 조약을 맺고, 서유럽을 쉽게 유린할 수 있었다. 이때만 하더라도 미국은 팔짱만 끼고 상황을 지켜보고 있었다.

자만한 히틀러는 이후 소련과의 불가침 조약을 파기하고 침공했다. 그러나 소련은 독일의 계획처럼 쉽게 무너지지 않았다. 연합국의 노르망디 상륙 작전Normandy Invasion이 성공하면서 전세는 급반전됐다. 동쪽과 서쪽에서 협공을 받게 된 독일은 진퇴양난에 빠졌다.

제 2차 세계대전 중에 스페인은 중립국이었다. 1939년 전쟁이 발발할 당시 스페인은 프랑코 총통(Francisco Franco Bahamonde, 1892~1975)의 지배가 막 시작된 시점이었고, 프랑코는 자신의 집권을 유지하기 위해 참전하지 않았다. 이후 프랑코는 1973년까지 무자비한 철권 통치를 자행했고, 인권을 말살한 프랑코 정권은 주변국으로부터 배척당했다. 그로 인해 스페인은 유럽에서 가상 낙후된 나라가 되었다. 그러나 스페인은 프랑코 정권이 몰락한 후 민주화가 진행되고 유럽의 일원으로 복귀하면서, 1980년대부터 경제적으로 급성장할 수 있었다.

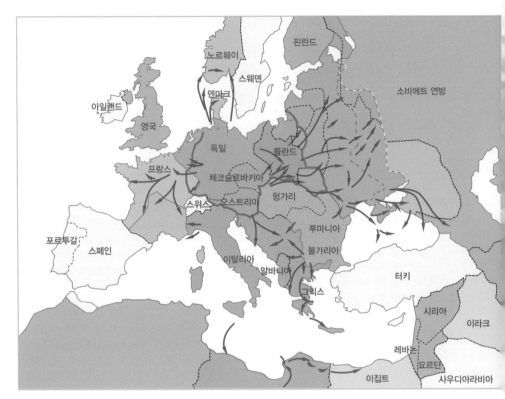

1942년 말의 전황.

1941년 12월 7일, 일본의 진주만 기습을 시작으로 태평양과 아시아에서는 미국과 일본의 전쟁이 시작됐다. 일본은 전쟁이 장기화될수록 패색이 짙어졌다. 지독하게 버티던 일본도 히로시마와 나가사키에 원폭을 맞고 끝내 항복했다. 수도 베를린이 함락된 독일은 1945년 5월 7일 연합국에 백기를 들었다.

1940년 6월 23일, 파리를 함락시키고 에펠탑 앞에서 수뇌부와 함께한 히틀러.

제 2차 세계대전은 베르사유 체제에서 이익을 취한 진영과 불이익을 당한 집단이 벌인 전쟁으로 볼 수 있다. 일본은 승전국이었으나 동남아시아로 진출하는 과정에서 사사건건 영국, 프랑스와의 마찰했다. 제 2차 세계대전은 결과적으로 식민지 국가들에게는 큰 행운이 되었다. 전 세계에 걸쳐 거의 모든 식민지가 비로소 해방되고 독립하게 되었다.

제 2차 세계대전에 참전하게 된 미국은 국제 사회를 새로운 질서로 재편하려는 목적을 갖고 있었다. 대통령 프랭클린 D. 루즈벨트는 미국이 전쟁에 참전하는 명분을 세계 모든 식민지의 해방이라고 '대서양 헌장Atlantic Charter, 1941. 08.'을 통해 선언했다.[209] 이는 독일과 일본 등 동맹국들의 지배하에 있었던 모든 민족들에게 독립의 희망과 저항의 의지를 심어줬다. 결국엔 동맹국의 힘을 약화시킨 것이다. 대서양 헌장과 민족자결주의의 큰 차이는 해방

| 대서양 헌장 |
| --- |
| 1. 양국은 영토의 확대를 원하지 않는다. |
| 2. 관계 주민의 자유 의사에 의하지 아니하는 영토 변경을 인정하지 않는다. |
| 3. 주민이 정체(政體)를 선택하는 권리를 존중하며, 강탈된 주권과 자치가 회복될 것을 희망한다. |
| 4. 세계의 통상 및 자원에 대한 균등한 기회를 도모한다. |
| 5. 노동 조건의 개선과 경제적 진보 및 사회보장을 확보하기 위하여 경제 분야에서 국제 협력을 도모한다. |
| 6. 나치의 폭정을 파괴한 다음 모든 인류가 공포와 결핍으로부터 해방되어 생명의 보전이 보장되는 평화를 확립한다. |
| 7. 공해(公海)의 자유 항행을 확보한다. |
| 8. 침략의 위협을 주는 나라의 무장을 해제하고, 항구적이며 전반적인 안전 보장 제도를 확립하며, 군비 부담의 경감을 조장한다. |

대상이 적국동맹국의 식민지에만 해당하는 것이 아니라, 아군 연합국의 식민지들까지 포함한다는 것이었다. 루즈벨트는 전쟁 이후 영국과 프랑스의 식민지들까지 독립시켜 그들의 힘도 약화시키려 했고 신생 독립국들이 스스로 자유민주주의를 실천할 수 있을 때까지, 신탁 통치를 통해 미국의 영향력을 행사하려 하였다.[210] 이는 전통적인 제국주의 국가들이 식민지들을 독립이라는 명분을 내세워 빼앗아 오겠다던 것과 다를 바 없었다. 제 1차 세계대전의 승리 후에 영토적 실리를 챙기지 못했던 실수를 반복하지 않으려는 전략이었다. 한마디로 영국과 프랑스만 약화시키면 미국이 세계 최강국이 된다는 계산을 깔고 있었다. 이런 맥락에서 루즈벨트는 전 세계 모든 국가들을 포함하는 기구를 만들면서 실질적인 주도권을 쥐겠다는 심산이었다. 바로 여기서 탄생한 것이 국제연합United Nations, UN이었다. 더 나아가 그는 UN에서 영국과 프랑스가 아닌 소련을 파트너로 삼겠다는 구상을 하기에 이르렀다.[211]

그러나 제 2차 세계대전 이후 세계 질서는 루즈벨트의 계획대로 전개되지 않았다. 연합국의 일원이 되어 승리에 기여한 소련이 공산주의라는 이념을 가지고 미국의 새로운 경쟁자로 등장했기 때문이다. 소련은 승리의 대가를 집요하게 요구했고, 연합국은 소련

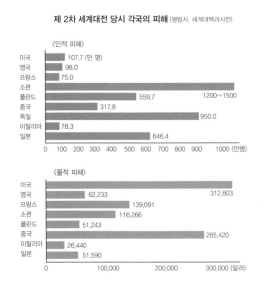

제 2차 세계대전 당시 각국의 피해 (평범사, 세계대백과사전)

〈인적 피해〉

| | (만 명) |
|---|---|
| 미국 | 107.7 |
| 영국 | 98.0 |
| 프랑스 | 75.0 |
| 소련 | 1200~1500 |
| 폴란드 | 559.7 |
| 중국 | 317.8 |
| 독일 | 950.0 |
| 이탈리아 | 78.3 |
| 일본 | 646.4 |

0  100  200  300  400  500  600  700  800  900  1000 (만명)

〈물적 피해〉

| | (달러) |
|---|---|
| 미국 | 312,803 |
| 영국 | 62,233 |
| 프랑스 | 139,091 |
| 소련 | 116,266 |
| 폴란드 | 51,243 |
| 중국 | 265,420 |
| 이탈리아 | 26,440 |
| 일본 | 51,590 |

0  100,000  200,000  300,000 (달러)

이 얻게 된 지역에 대해 기득권을 인정해 주었다.[212] 동유럽과 동독 그리고 한반도의 38도선 이북이 소련의 영향 아래 놓이게 되었다. 이런 상황이 전개된 이유는 포츠담 회담 Potsdam Conference, 1945. 07. 17.~1945. 08. 02.의 미국 측 대표가 루즈벨트가 아닌 트루먼Harry S. Truman, 1884~1972으로 바뀌었기 때문이었다. 트루먼은 1945년 4월 12일, 루즈벨트가 사망하자 대통령직을 승계했다. 공산주의를 팽창시키려는 스탈린의 의도를 꿰뚫은 트루먼은 루즈벨트와는 달리 소련과의 관계를 대립으로 설정한다. 미국과 소련이 세계를 양분해 각 진영의 맹주가 되는 방향으로 노선을 수정한 것이다.[213] 이로써 자유민주주의와 공산주의라는 이념으로 양분되는 새로운 국제 질서가 탄생했다. 이 시대를 '냉전 시대Cold War'라고 부른다.

# 전세를 바꾼 히틀러의 판단 착오

전쟁 초기에 히틀러가 세운 전략은 번개 전쟁Blitzkrieg이었다. 우선 서유럽으로 급작스럽게 들이쳐 단시간 내에 점령하고, 이후 군대를 동쪽으로 진군시키는 것이었다. 히틀러는 프랑스를 점령한 이후 영국을 공격하려 했다. 그러나 소련의 행동이 내심 마음에 걸렸다. 등 뒤에 소련을 두고 승리를 장담할 수 없다고 판단한 것이다. 불가침 조약은 이내 휴지 조각이 되었고 독일군은 동쪽으로 진군했다. 그러나 그것은 심각한 오판이었고 전세가 뒤집히는 결정적 계기가 되었다.

히틀러가 영국에 대한 공격을 멈추고 소련을 침공한 것은 영국과의 동맹에 대한 미련이 있었기 때문이다. 히틀러는 오스트리아와 체코를 강제 합병했을 때에도 역사적으로 게르만족의 연고가 있었다고 국제 사회에 주장하기도 했다. 그는 또 게르만족이 세계를 정복하기 위해서는 같은 게르만계 민족으로 구성된 영국과 반드시 연합해야 한다고 생각했다.

이전부터도 영국과 손을 잡으려고 한 움직임은 꾸준히 있어왔다. 영국 쪽에서도 히틀러의 이러한 움직임을 알아챘기에 신중히 저울질하고 있었다. 그러나 히틀러에게 비교적 온정적인 태도를 보인 보수당의 체임벌린Neville Chamberlain, 1869~1940 수상이 물러나고 처칠이 그 자리에 올랐다. 처칠은 히틀러와의 동맹을 단호히 거절했다. 그는 독일이 폴란드를 침공하자마자 즉시 독일에 선전포고를 해야 한다고 체임벌린을 압박했던 강경파였다. 그리고 전쟁중인 1940년에 직접 수상을 맡고, 종전까지 이끌었다.

# 트루먼의 일기

포츠담 회담 중인 1945년 7월 28일, 트루먼의 일기에는 이런 문장이 등장한다.

"우리는 앞으로 오랫동안 슬라브 유럽을 보게 될 것이다. 나는 그것이 그렇게 나쁘다고 생각하지 않는다We shall have a Slav Europe for a long time to come. I don't think it is so bad."

이것은 트루먼이 소련 공산주의와의 대립 구도가 꽤 오랫동안 이어질 것을 예견한 것이라 할 수 있다.[214]

# 7
# 선택을 강요하다,
# 냉전 체제

#자유민주주의 #사회주의 #6·25 전쟁

## 자유민주주의 VS. 사회주의

냉전이란 국제 사회가 자유민주주의와 공산주의 진영으로
양분되어 대규모 전쟁을 치르지 않으면서도 팽팽한 긴장
감으로 대립했던 시기를 말한다. 엄밀히 말하면 1945년부
터 1955년까지로 한정하는 것이 맞지만[215], 보통 1945년부
터 1990년까지로 넓게 잡는다. 1945년은 제 2차 세계대전
이 끝난 시점이고, 1990년은 소련을 중심으로 하는 동유럽
공산주의가 몰락했던 시기이다. 1945년부터 1990년까지 전
세계는 자유민주주의와 공산주의라는 이념으로 나뉘어져
팽팽히 대치하며 치열하게 경쟁했다.

1945년 7월 18일 포츠담
회담에 모인 트루먼, 스탈린,
그로미코, 몰로토프 그리고
번즈.

이념은 어떤 사회가 추구하는 체제를 만드는 데 필요한 정
치와 경제의 기본적인 원칙이라고 할 수 있다. 따라서 자유
민주주의와 사회주의는 정치적인 개념으로, 자본주의와 공
산주의는 경제적인 개념으로 이해하면 된다. 제 2차 세계대
전 후의 체제 경쟁은 1990년에 이르러 소련과 동유럽 공산
주의 국가들이 경제 위기로 몰락하면서 판가름이 났다.

등소평의 '흑묘백묘론(黑猫白
猫論)'을 앞세워 1980년대부
터 개혁 개방의 길을 간 중
국은 경제 정책에서는 이미
공산주의를 포기했다고 볼
수 있다. 사실상 자본주의
시스템을 도입한 셈이다. 중
국의 경제 개발은 공산당 일
당 독재로 관리되는 세계 유
일의 중국식 모델이다. 정치
적으로는 공산당이 모든 사
회를 통제하고, 경제 분야에
서도 공산당이 금융과 시장
을 관리하는 기형적 자본주
의를 추구한다. 중국의 경제
는 시장 원리에 따르지 않고
공산당 정부가 관리하기에,
모든 것은 일사불란하며 효
율적이지만 결국엔 왜곡될
수밖에 없다.

## 봉쇄 정책과 강요된 선택

포츠담 회담에서 소련은 독일 동쪽 지역을 비롯한 동유럽
점령 지역에 대한 사회주의적 기득권을 요구했다.[216] 그러면
서 태평양 전쟁이 끝나기 직전인 1945년 8월 8일, 대일본

선전포고를 하고 한반도의 38도선 이북에 진주해 공산주의 팽창의 야욕을 드러냈다.

또한 소련은 독일 문제에서 하나의 행정 기구를 만들자는 포츠담 회담의 합의 내용을 스스로 저버렸다. 소련 점령 지역Sowjetische Besatzungszone, SBZ을 애초부터 미국, 영국, 프랑스의 점령 지역과 분리시키고 독자 노선을 취했다.

소련은 연이어 이란과 터키를 비롯한 중동으로 눈을 돌리며 팽창 정책을 펼쳤고, 그리스 키프러스 등 남유럽 쪽까지 노렸다. 상황이 이렇게 되자 미국은 소련의 팽창을 저지하려고 1947년 3월 12일, 트루먼 독트린Truman Doctrine을 발표하며 이른바 공산주의에 대한 봉쇄 정책Containment Policy을 단행했다. 그리고 1947년 6월 5일, 후속 지원책으로 미국 국무장관 조지 마셜George Catlett Marshall, 1880~1959이 유럽 복구 계획European Recovery Program, ERP을 발표했다. ERP는 일반적으로 마셜 플랜Marshall Plan이라 불렸다. 모든 유럽 국가들을 대상으로 전후 복구를 위한 원조를 하겠다는 것으로, 동유럽은 물론 소련도 제안 대상이었다. 한마디로 ERP의 원조를 받지 않는다면 미국의 반대편에 선다는 것을 의미했다. 당시 동유럽 국가들은 공산주의도 자유민주주의도 아닌 중립적 입장을 취했기에 소련의 영향력을 확인하고 싶었다. 마셜 플랜은 공산주의에 반대하는 모든 국가와 민족을 지원하겠다는 미국의 공세적인 원조 정책이었다. 즉 이념적 진영을 확인하기 위한 미국의 선제적 조치였다. 동유럽 국가들은 ERP를 받고 싶었어도 눈치가 보여 마지못해 거절했다. 물론 소련은 공산 진영의 우두머리였으므로 거부했다. 이를 통해 어

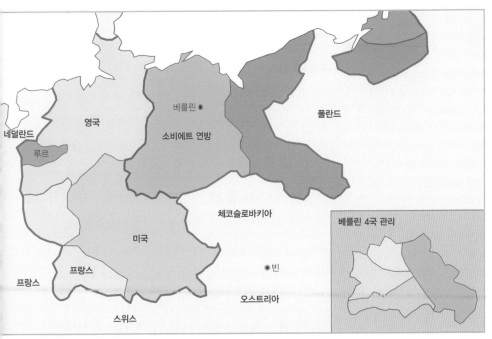

1945년 분할 점령된 독일.

| 범례 | | |
|---|---|---|
| —— 1937년 독일의 국경 | 영국 관리 구역 | 국제 관리 구역 |
| —— 동·서 독일의 국경 | 미국 관리 구역 | 폴란드 관리 구역 |
| | 프랑스 관리 구역 | 소련 점령 구역 |
| | 소련 관리 구역 | |

독일은 패전 이후 승전 4개 국에 의해 분할 점령되었다. 그러나 포츠담 조약에 따라 통일이 가능했다. 조약 발효 후 합의에 따라 독일에게 분명 집행력 있는 중앙 행정 기구를 허용해야만 했다. 처음부터 반대하고 나선 나라는 소련이 아닌 프랑스였다. 프랑스는 전쟁 배상금 조항이 빠진 연합국의 결정에 불만이 많았다. 프랑스는 점령 지역에 매장된 철광석과 석탄이라도 가져가려는 의도에서 통일된 행정 기구 설치만은 한사코 반대했다. 내심 반대했던 소련도 프랑스의 반대를 빌미삼아 자신들이 점령한 동독 지역을 이내 분리시켰다. 논란의 소지가 있지만 포츠담 조약에서 규정했던 통일 독일이 좌절된 것에 결국 프랑스가 원인을 제공한 셈이었다.[218]

느 곳이 자유민주주의인지 혹은 공산주의 진영인지 윤곽이 드러났다. 미국은 전 세계의 반공 국가들에게도 지원을 확대했다. 반공 국가를 표방한 신생국 대한민국도 1948년 12월 10일, 한미원조협정에 따라 많은 지원을 받았다. 마셜 플랜을 한마디로 요약한다면 공산 진영에 대한 경제 전쟁의 선전포고였다.[217]

동서 진영의 첨예한 대립은 1946년 서울에서 개최된 미소 공동 위원회와 1948년에 시작된 제 1차 베를린 위기, 그리고 1950년의 한국 전쟁 등을 통해 고조되어 갔다. 그리고 트루먼 독트린을 실행한 봉쇄 정책은 6·25 전쟁을 거쳐 서독이 재무장하는 계기를 만들어 북대서양 조약 기구에 가입1955시켰다. 유럽에서 동서 진영의 분할과 대립이 더욱 고착화되면서 미국의 봉쇄 정책은 우선 성공을 거뒀다. 게다가 서독의 NATO 가입과 동독의 바르샤바 조약 기구Warsaw Treaty Organization, 1955 가입1956은 동·서독은 물론 유럽을 이념적으로 명확하게 분할시킨 일대 사건이었다. 이로써 나치 독일의 항복 이후 유럽에서 10년 간 지속되어 온 공산주의와 자유민주주의 간의 긴장 상태는 일단락되었다. 그 이후 유럽에서는 현상Status quo을 유지해 나가는 긴장 완화 시도가 오랫동안 이어졌다.

냉전 구도 속에서 전세계는 자유민주주의와 공산주의 중 하나를 선택하도록 강요받았다. 이념이 갈려 나라가 둘로 갈라지는 일도 벌어졌다. 대표적인 분단 국가로는 남북한과 동서독, 중국과 대만, 남북 예멘, 남북 베트남이 있었다. 이 중에 1945년 제 2차 세계대전이 끝나면서 분단된 국가는

**공산화된 동유럽.**

동유럽 국가들은 1945년 하반기부터 소비에트 연방의 영향권에 들어갔지만,
공식적으로는 공산화되기 전까지 국제법상 중립국이었다. 그래서 6·25 전쟁 이후
공산 국가들의 추천을 받은 체코슬로바키아와 폴란드 등 양국의 대표가 중립국 감시단
자격으로 한반도에 파견되기도 했다.

제 2차 세계대전 후
공산화 된 지역

—— 1955년 이후의 철의 장막

\*표시된 연도는 공식적으로 공산화된 시점

한국과 독일이었다.

6·25 전쟁이야말로 냉전의 정점에서 발생한 대사건이었다. 이 전쟁은 1949년 중국 공산화 이후 동아시아의 세력 균형에 균열이 생기면서 위기감을 느꼈던 미국의 봉쇄와 그 지역에서 미국을 축출하려던[219] 소련의 팽창이 충돌하면서 전개된 작은 규모의 세계대전이었다. 6·25 전쟁은 얼핏 보면 자유민주주의·자본주의와 사회주의·공산주의 간의 이념 대결이라고 여길 수 있지만, 내막을 들여다보면 두 이념 집단의 대리 전쟁이었고 서로의 진심을 확인할 수 있는 '탐색 전쟁' 또는 '시험 전쟁'이었다.[220] 미국과 소련이 전쟁을 한반도 내에서만 치르고 중국이나 일본으로 확전되지 않게 한 사실만 보아도 이들의 의도를 짐작할 수 있다. 이런 의미에서 6·25 전쟁은 제한된 범위와 기간 안에 치러진 또 하나의 세계대전이었다.

전쟁 초기, 소련은 미국의 강력한 봉쇄 의지를 확인할 수 있었기에, 소련의 외무장관 말리크Yakov Aleksandrovich Malik, 1906~1980는 1951년 6월 23일 UN에서 휴전을 제안했다. 그러나 일련의 휴전 시도는 인해전술로 참전한 중국은 물론 한국과 북한 모두가 거부했고, 그 후 2년 이상, 휴전이 되기 전까지 교착 국면을 이루며 지루하게 흘러갔다. 6·25 전쟁을 통해 냉전 시대를 특징짓는 결과들이 나타났다. 한반도의 분단이 고착화된 것은 물론, 미국과 소련이 주도했던 포츠담 질서가 와해되었고, 소련 대신 중국이 전면에 나서는 휴전 체제가 시작되었다는 점이다. 또한 소련과 중국의 관계가 악화되며 각자의 길로 들어섰기에 공산 진영도 분열되기 시작했다. 미국은 태평양에서 공산주의 팽창 저지라는 명분으로 1950년 9월 1일, 오스트레일리아, 뉴질랜드와 함께 태평양 안전 보장 조약Australia New Zealand United States, ANZUS Treaty를 체결하고 1951년 9월 8일에는 일본과 샌프란시스코 평화 조약을 체결하였다. 한편 서유럽 국가들은 공산화에 대한 공포에 휩싸이며 1950년 10월, 유럽 안보 공동체European Defence Community, EDC 창설을 구상하기 시작했다. 이어서 서독의 재무장도 허용하게 된다. 그러나 유럽의 독자적인 안보 기구 창설은 뜻을 이루지 못했다. 트루먼이 창설한 NATO가 유럽 안보의 대안으로 떠올랐고, 1955년 재무장된 서독을 NATO에 가입시키면서 공산주의 팽창에 대한 방패로 삼았

다. 결국 6·25 전쟁은 서독을 재무장하게 하고, 서방에 대한 미국의 군사적 영향력을 극대화시킬 수 있었던 사건이었다. NATO 설립, 6·25 전쟁, ANZUS 체결, 미일 평화조약 체결 등은 모두 트루먼 재임 때의 사건들이었다. 한마디로 냉전 구도를 공고히 만든 장본인은 바로 미국 대통령 트루먼이라고 볼 수 있다.

1953년 1월 미국 대통령에 취임한 아이젠하워Dwight David Eisenhower, 1890~1969는 공산 세력에 대해 봉쇄가 아닌 전면적인 대응이라는 정

| 6·25 전쟁의 결과 |
| --- |
| 1. 대한민국이 확실한 반공 국가가 되었다. |
| 2. 남북 분단이 고착화되었다. |
| 3. 대한민국에 대한 미국의 영향력이 강화되었다. |
| 4. UN에서 미국의 정당성과 위상이 강화되었다. |
| 5. 자유진영 내에서 공산주의의 위험성이 확인되었다. |
| 6. 미국과 일본의 샌프란시스코 평화조약의 체결로 일본이 자유민주주의 진영으로 합류되었다. |
| 7. 'Korea-Boom'으로 인하여 서방 국가들의 경기가 활성화되었다. |
| 8. 서방진영 국가들에게 공산주의 팽창에 대항하는 다자간 동맹 체제를 구축할 명분이 생겼다. |
| 9. 서독이 재무장을 통한 외교권 회복으로 자유진영으로 합류했다. |
| 10. 동남아시아 지역에서 공산주의의 선전 선동이 강화되었다. |
| 11. 소련과 중국의 관계가 소원해지기 시작했다. |
| 12. 냉전 구조가 고착되고 막대한 군비 경쟁이 시작되었다. |
| 13. 동아시아가 포츠담 질서에서 휴전 체제로 바뀌었다.[221] |

책을 표명했지만, 실제로는 전임자 트루먼의 봉쇄 정책을
계승한 것이나 다름없었다. 미국은 인도차이나 반도에서 공
산 세력을 봉쇄하기 위해 1954년 9월 8일, 동남아시아 조약
기구South East Asia Treaty Organization, SEATO, 1954. 09.를 창설하였다. 그
리고 1955년 11월에는 NATO 국가인 터키와 이란, 이라크
등이 창설한 바그다드 조약 기구[222]에 SEATO 국가인 파키
스탄도 참여하면서 소련의 남진 정책을 저지하는, 유럽에서
태평양에 이르는 거대한 울타리가 완성되었다.

결국 6·25 전쟁은 미국의 대공산주의 봉쇄 정책의 명분
을 강화시켰다. 미국이 주도하는 다자간 안보 기구의 창설
을 가능하게 했고, 미국의 군사적 헤게모니Hegemony 구축 과
정에서 촉매 역할을 했다. 다시 말해 6·25 전쟁은 냉전 구
도를 고착화시키는 출발점이었다.[223] 양 진영은 1955년까지
나타났던 국제 사회의 냉전 질서를 공고히 하는 수순을 밟
아갔는데,[224] 이것은 1955년 제네바 회담 이후 나타난 평화
공존Coexistence 논리였다. 이후의 수에즈 위기1956, 헝가리 봉
기1956, 제 2차 베를린 위기1958, 쿠바 위기1959, 그리고 냉전
의 대미를 장식했던 베를린 장벽 설치1961는 양 진영이 전면
전을 피하면서 현상을 유지해 나가는 과정에서 일어난 사
건들이었다.

1960년대 이후의 평화 공존과 동-서 데탕트Détente 시대가
막을 내린 것은 소련의 붕괴에서 원인을 찾을 수 있다. 자유
민주주의 체제의 승리는 무엇보다 경제적인 차이에서 비롯
됐다. 공산주의는 스스로 내포한 모순으로 말미암아 서서히
붕괴되어 갔다. 자유민주주의자본주의는 정부가 적극 개입하

는 수정자본주의를 바탕으로 시장 경제 속에서 끊임없이 성장해 왔다. 소련의 붕괴는 또 다른 국제 질서의 재편을 불러올 수밖에 없었다. 가장 상징적 사건이 독일의 통일이었다. 포츠담 조약의 당사국이자 독일 문제에 대한 국제법적인 책임 국가인 소련이 몰락해 더 이상 동독에 대한 기득권을 행사하지 못하게 되었다. 1945년 포츠담 조약에서 규정한 독일 민족의 하나의 행정 기구 수립이 마침내 '4+2 조약'[225]으로 결실을 맺게 된 것이었다. 이를 통해 포츠담 체제가 종식되면서 1990년에 독일은 통일을 달성했다. 그러나 한반도의 경우, 휴전 체제 속에서 한반도 분단의 책임을 소련 대신 중국이 갖게 되었다. 분단에 대한 국제법적인 권한을 갖고 있는 중국이 건재한 이상 한반도의 분단은 유지될 수밖에 없는 것이다. 휴전 체제라는 상황을 변화시키기 위해서는 국제법적 권한이 있는 조약의 당사국들미국·중국·북한이 동의해야 가능하다. 따라서 한반도의 통일은 결코 대한민국과 북한이 직접 대화를 하는 '우리 민족끼리'로 해결할 수 있는 사안이 아니다.

베를린 장벽 위에 올라선 동독 군인들.

장벽 붕괴는 공식 연표상에 1989년 11월 9일로 기록돼 있지만, 장벽 전체가 철거되기까지 많은 시간이 걸렸다. 이때를 기점으로 시민들은 해머와 곡괭이로 벽을 부수었다.

# 6·25 전쟁

이 전쟁은 제 3국에서는 일반적으로 한국 전쟁이라 불려지고 있으며, 한국의 학계에서도 아무런 이의 없이 이를 수용해서 그대로 쓰고 있다. 1970년대까지 국내에서는 '6·25 사변', '6·25동란' 등으로 이 전쟁을 표현해 왔다. 하지만 1980년대에 브루스 커밍스Bruce Cumings, 1943~의 『한국 전쟁의 기원 The Origins of Krean War, 1981』이라는 책한국전쟁의 원인을 수정주의적으로 해석한 책이 국내에 번역되어 소개되면서 보편화되었다. 커밍스뿐만 아니라 수많은 외국 학자들의 논문이나 저서에서는 이 전쟁을 한국 전쟁이라고 표기한다. 하지만 한국 전쟁이라는 용어는 원칙적으로 제 3자의 입장에서 사용돼야 하는 표현이다. 이를 테면 전쟁이 일어난 지역을 지칭하여 베트남 전쟁, 이라크 전쟁이라고 하는 것에서 알 수 있듯이, 제 3국의 관점에서 그 전쟁을 특징 지을 때 흔히 그 지역명을 사용한다. 하지만 전쟁 당사국은 자국의 입장에서 그 이유나 동기 또는 특색을 가지고 전쟁의 개념을 정의하고, 이에 따라 그 명칭을 사용한다. 우리가 한국 전쟁이라는 표현을 사용하고 있는 것과 같이 베트남이나 이라크에서 베트남 전쟁과 이라크 전쟁이라는 표현을 사용하고 있는지도 생각해 보아야 할 문제이다. 그리고 유럽과 미국에서 내전이라고 지칭하는 전쟁을 왜 우리는 일본식 표현인 남북 전쟁이라고 지칭하는지 곰곰이 생각해 보아야 한다.

# 모스크바 회동

네덜란드의 일간지 《Nieuwe Rotterdamse Curant》는 1951년 7월 20일자 기사에서 전년도 1~2월에 열린 스탈린, 마오쩌둥, 김일성의 모스크바 회동에 대해 보도했다. 매체에 따르면 이들은 '아시아의 해안에서 외부의 침공을 청소하자'라고 결의했다고 한다. 이는 곧 6·25 전쟁을 의미하는 것이었다. 당시에는 공식적으로는 중립이었던 소련이 전쟁의 배후이자 중공의 참전까지 미리 계획했다는 것이다.

실제 마오쩌둥과 김일성은 각자 다른 시기에 모스크바를 방문했다. 공식적인 방문 일정은 1월 말과 2월 초로 대략 1주일 차이가 났다. 그래서 3자 회동은 없었던 것으로 알려져왔지만, 이 매체의 보도 외에도 다른 유럽의 언론들이 모스크바 3자 회동 여부에 대해 강한 의구심을 제기해왔다.

# 미주 및 참고문헌

1 경제 정책으로써 중상주의의 핵심은 초기 산업 자본을 위해 국내 시장을 확보하고, 국외 시장을 개척할 목적으로 수행되는 보호주의 제도로써 외국제 완제품의 수입 금지와 제한, 외국산 원료의 수입 장려, 국내 상품의 수출 장려, 국내 원료의 수출 금지 등의 조치를 직접 입법 및 관세 정책으로 실행하였다.

2 John M. Charon, Ten Questions: A Sociological Perspective (Belmont, 2010), p. 74.

3 Frits van Holthoon / David R. Olson, eds., Common Sense: The Foundation for Social Science (Lanham, 1987) p. 143.

4 Marvin Perry, Western Civilization: A Brief History Volume 1: To 1789 (Boston, 2009), pp. 256-257; Moses Mendelssohn, "On the Question: What is Enlightenment? (1784)", in James Schmidt, ed., What is Enlightenment?: Eighteenth-Century Answers and Twentieth-Century Questions (Berkeley, 1996), p. 55.

5 Geraldine Emma Hodgson, Rationalist English Educators (New York, 1912), p. 35.

6 John Locke, Two Treatises of Government (London, 1689), Book II Concerning the True Original Extent and End of Civil Government, p. 6, p. 11, p. 12, p 24.

7 Ian Adams, Political ideology today (New York, 1993), p. 14.

8 John Locke, Two Treatises of Government (London, 1689).

9 Locke, ibid.

10 Polly J. Price, Property Rights: Rights and Liberties Under the Law (Santa Barbara, 2003), p. 7.

11 John Hittinger, Liberty, Wisdom, and Grace: Thomism and Democratic Political Theory (Lanham, 2002), p. 100.

12 David Gordon, ed., Secession, State, and Liberty (New Brunswick, 1998), p. 48.

13 Desmond M. Clarke, Catherine Wilson, eds., The Oxford Handbook of Philosophy in Early Modern Europe (Oxford, 2011), p. 484.

14 John Locke, Two Treaties of Civil Government (London, 1689); John Marshall, John Locke: Resistance, Religion and Responsibility (New York, 1996), p. 280; L. S. Koetsier, Natural Law and Calvinist Political Theory (Victoria, 2003), p. 210.

15 John Locke, Two Treaties of Civil Government (London, 1689); Ruth W. Grant, John Locke's Liberalism (Chicago, 1987), p. 66.

16 Donald Kelley, The Beginning of Ideology (London, 1981), p. 80.

17 Anthony Pagden, ed., The Languages of Political Theory in Early-Modern Europe (New York, 1990), p. 163., Michael Rosenfeld, Just Interpretations: Law between Ethics and Politics (Berkeley, 1998), p. 219.

18  Nancy J. Hirschmann, Gender, Class, & Freedom in Modern Political Theory (Princeton, 2006), p. 126.

19  Jean-Jacques Rousseau, translated and edited by Donald A. Cress, The Basic Political Writing: Discourse on the Sciences and the Arts, Discourse on the Origin of Inequality, Discourse on Political Economy, On the Social Contract, The State of War (Indianapolis, 2011), p. 199.

20  David M. Estlund, Democratic Authority: A Philosophical Framework (Princeton, 2008), p. 103.

21  Ian Adams / R. W. Dyson, Fifty Major Political Thinkers (New York, 2007), pp. 77-78.

22  Jean-Jacques Rousseau, Victor Gourevitch, ed., Rousseau: The Social Contract and other later political writings (New York, 2003), p. 114.

23  Ian Adams / R. W. Dyson, Fifty Major Political Thinkers (New York, 2007), pp. 77-78.

24  Chris Sparks / Stuart Isaacs, eds., Political Theorists in Context (New York, 2004), p. 151.

25  David M. Estlund, Democratic Authority: A Philosophical Framework (Princeton, 2008), p. 103.

26  Paul Hyland, et al., The Enlightenment: A Sourcebook and Reader (New York, 2003), p. 21.

27  Jackson J. Spielvogel, Western Civilization (Boston, 2012), p. 586.

28  Brian A. Pavlac, A Concise Survey of Western Civilization: Supremacies and Diversities throughout history (Lanham, 2011), p. 208.

29  Pavlac, ibid., p. 208.

30  Brigid C. Harrison / Thomas R. Dye, Power & Society: An Introduction to the Social Sciences (Boston, 2008), pp. 42-43

31  David L. Sills, ed., International encyclopedia of social sciences vol. 3, (New York, 1968), p. 291.

32  Alf Mintzel, "Conservatism and Christian Democracy in the Federal Republic of Germany," in Zig Layton-Henry, ed., Conservative Politics in Western Europe (London, 1982), p. 58.

33  Friedrich Pukelsheim, Proportional Representation: Apportionment Methods and Their Applications (Augsburg, 2014), p. 30.

34  Udo Zolleis, Die CDU: Das politische Leitbild im Wandel der Zeit (Wiesbaden, 2008), pp. 75-77.

35  스크런튼은 보수주의의 맥락과 기원에 대해 통찰력 있는 연구로 주목받았던 영국의 철학자였다. 그는 1971년에서 1992년까지 런던 버크 벡 칼리지에서 미학 교수로 재직했으며 1982년부터 2001년까지 영국의 정치저널인 《The Salisbury Review》의 편집인으로 재직했다. 그는 학업을 위해 1960년대 말 프랑스 파리에서 생활했는데 이때 마침 '68운동'을 목격했고, 운동에 참여한 자제심 없는 중산층들이 터무니없는 마르크스주의에 현혹되어 비합리적이고 전체주의적인 생각을 한다고 판단했다. 스크런튼은 68운동에 동조했던 사람들이 드골의 재임 기간 동안 자유를 보장받고 교육과 번영을 누린 사람들이었으나 정작 그들은 문화 혁명에서 대학살을 자행했던 마오쩌둥을 칭송하고 오히려 자신들에게 번영을 가져다 주었던

드골을 버렸다고 비판했다. 그는 이러한 움직임에 대해 보수주의적 시각에서 현상을 바라봐야 할 것을 느꼈고 68운동을 또 다른 형태의 전체주의라고 판단했다. 또한 그는 이러한 움직임에 대항해 서구 문명을 보존하고 방어할 수 있는 방법이 있어야 한다고 생각했다. 이후 그는 보수주의에 대한 다양한 연구를 하기 시작했다.

36  스크런튼은 2017년 『보수주의: 위대한 전통으로의 초대 Conservatism: An Invitation to the Great Tradition』라는 저서에서 사회적 전통 및 제도가 없으면 개인의 자유 역시 불가능하다고 주장했다.

37  Roger Scruton, Conservatism: An Invitation to the Great Tradition (New York, 2017).

38  Stephen J. Lee, Gladstone and Disraeli (New York, 2005), p. 76.

39  Karl Popper, Open Society and its Enemies (London, 1945), p. 500.

40  Popper, ibid., p. 610.

41  Popper, ibid., p. 264.

42  자본가는 생산 수단을 가진 자이며 노동자는 생산 수단을 가지지 못한 자이다. 자본가와 노동자의 개념 정의에서 수익은 중요하지 않다. 자본가와 노동자의 구분은 재산의 많고 적음이 아니라, 생산 수단 소유의 유무로 판단된다. 즉, 이론적으로 보면 고임금을 받는 대기업의 CEO는 노동자에 해당되고, 반대로 작은 점포를 운영하는 사람은 그의 수입이 매우 적더라도 자본가로 분류된다.

43  막스의 저서 『자본(Das Kapital)』은 막스와 엥겔스의 저작들을 모아놓은 Mark-Engels-Werke(막스-엥겔스-전집)의 23~25권으로 3권으로 이뤄져 있다.

44  Kenneth E. Goodpaster / Joanne B. Ciulla, "Note on the Corporation as a Moral Environment", in Kenneth R. Andrews, ed., Ethics in Practice (Boston, 1989), p. 90.

45  Goodpaster/Ciulla, ibid., p. 90.

46  Robert C. Tucker, Philosophy & Myth in Karl Marx (Piscataway, 2001), p. 109; Joseph E. Pluta, Human Progress amid Resistance to Change (Victoria, BC, 2011), p. 188.

47  Eugène Kamenka, The Ethnical Foundations of Marxism (Boston, 1972), p. 8.

48  Geoffrey Ingham, Capitalism: With a New Postscript on the Financial Crisis and Its Aftermath (Cambridge, 2008), p. 42.

49  Phil Gasper, ed., The Communist Manifesto: A Road Map to History's Most Important Political Document (Chicago, 2005), p. 25.

50  Josef Stalin, "The Dictatorship of the Proletariat", in Stephen Eric Bronner, ed., Twentieth Century Political Theory: A Reader (New York, 2006), p. 213.

51  Andreas Arndt, Karl Marx: Versuch über den Zusammenhang seiner Theorie (Berlin, 2012), p. 108.

52  C. B. Macpherson, Die politische Theorie des Besitzindividualismus (Frankfurt am Mein, 1973), p. 69.

53  Adam Przeworski, Democracy and the market: Political and economic reforms in Eastern Europe and Latin America (Cambridge, 1991), p. 132.

54  Armando Navarro, Global Capitalist Crisis and the Second Great Depression: Egalitarian

Systemic Models for Change (Plymouth, 2012), p. 176.

55  Sheri Berman, The Primacy of Politics: Social Democracy and the Making of Europe's Twentieth Century (Cambridge, 2006), pp. 15-16; Gunnar Skirbekk / Nils Gilje, A History of Western Thought: From ancient Greece to the twentieth century (New York, 2001), p. 370.

56  Erich Zettl, Deutschland in Geschichte und Gegenwart (München, 1972), p. 51.

57  Eduard Bernstein, Die Voraussetzungen des Sozialismus und die Aufgaben der Sozialdemokratie (Stuttgart, 1899).

58  Ralph Haswell Lutz, The German Revolution, 1918-1919 (London, 1967) p. 21.

59  Karl Kautsky, Die Diktatur des Proletariats (Vienna, 1918).

60  Ronald H. Chilcote, "Trotsky and Latin American Development Theory", in Henry Veltmeyer, ed., Imperialism, Crisis and Class Struggle: The Enduring Verities and Contemporary Face of Capitalism (Leiden, 2010), p. 58.

61  Anthony D. Smith, Nationalism (Cambridge, 2010), p. 9.

62  파시즘은 '묶음'을 뜻하는 이탈리아어 'fascio'에서 유래되었는데, 일반적으로는 무솔리니의 전체주의를 지칭한다.

63  Cyprian P. Blamires, World Fascism: A Historical Encyclopedia Volume I (Santa Barbara, 2006), p. 672.

64  James H. Billington, Fire in the Minds of Men: Origins of the Revolutionary Faith (New York, 2009), p. 252. 공산주의는 자본의 폭력으로부터 인간을 해방시키기 위해 초국가적인 공산주의 체제 건설을 목표로 하고 있다. 공산주의 이론에 따르면 국가는 자본가 및 자본주의의 이익을 위해 존재한다. 따라서 개별 민족이나 국가의 이익에 대해 근본적으로 관심이 없다.

65  Roderick Stackelberg, Hitler's Germany: Origins, Interpretations, Legacies (London, 1999), p. 119.

66  Hans Mommsen, "Social Views and Constitutional Plans of the Resistance", in Francis Ludwig Carsten / Hermann Graml, eds., The German Resistance to Hitler (Berkeley, ) p. 75.

67  Juliet Kaarbo / James Lee Ray, Global Politics (Boston, 2011) p. 40.

68  Stephen D. Krasner, "State Power and the Structure of International Trade", in Jeffry A. Frieden / David A. Lake, eds., International Political Economy: Perspectives on Global Power and Wealth (London, 2000), p. 33.

69  Brian Greenberg / Linda S. Watts, Social History of the United States: the 1900s Volume I (Santa Barbara, 2009), p. 18.

70  Russell Hardin, Liberalism, Constitutionalism, and Democracy (Oxford, 1999), p. 69.

71  George G. Brenkert / Tom L. Beauchamp, eds., The Oxford Handbook of Business Ethics (Oxford, 2010), p. 74.

72  Michael Harrington, Socialism: Past and Future (New York, 2011).

73  Stefano di Lorenzo, Reaganomics: The Roots of Neoliberalism (New York, 2017).

74  Dieter Fuch, "Participatory, liberal and electronic democracy", in Thomas Zittel / Dieter

Fuchs, eds., Participatory Democracy and Political Participation: Can participatory engineering bring citizens back in? (New York, 2007), p. 32.

75 Oswyn Murray, ed., Encyclopedia of the Ancient Greek World (New York, 2005), p. 235.

76 Michael Sheehan, The Balance of Power: History & Theory (New York, 1996), p. 25.

77 라틴어에서 -a로 끝나는 명사는 여성 명사인데, 지역 이름이 -a로 끝나면 이는 어머니처럼 모든 대지, 땅이라는 의미를 가졌기에, 큰 지역 이름은 대개 -a로 표기된다.

78 켈트인들은 유럽에서 최초로 청동기를 사용한 민족으로서, 그들의 원주지는 알프스 산맥 지역이었는데, 로마인들에게 쫓겨 북으로 계속 이주하였다. 오늘날 켈트족의 후손들은 스코틀랜드와 아일랜드 그리고 프랑스의 브르타뉴 지역에 남아있다.

79 Brian Duignan, ed., Forms of Government and the Rise of Democracy (New York, 2013), p. 12.

80 옥타비아누스는 황제의 지위에 올랐지만, 절대 권력자라는 비난을 듣지 않기 위해서 황제라는 표현을 쓰지 않고, 'Princeps'라는 직함을 사용했다. 이 단어는 전체에서 1번이라는 의미였다.

81 Stanford A. Lakoff, Democracy: History, Theory, Practice (Boulder, 2001), p. 66.

82 Alan Watson, Roman Law & Comparative Law (Athens, 1991), p. 218.

83 로마법은 훗날 나폴레옹 법전으로 부활·계승되어 오늘날 현대 국가의 법질서의 근본이 되었다.

84 James W. Ermatinger, The Decline and Fall of the Roman Empire (Westport, 2004), p. 58.

85 BC. 27~AD. 180의 기간으로 전쟁이 없던 시기.

86 게르만족의 대이동 (4세기~6세기)

87 Donald W. Ekstrand, Christianity: The Pursuit of Divine Truth (Longwood, 2008), p. 243.

88 국내 유럽사 관련 문헌들에서 중세 유럽의 봉건 제후들의 명칭은 모두 과거 일본에서 사용했던 명칭을 그대로 사용하고 있다. 그 이유는 한국사에는 이러한 개념이 없기 때문에 이들의 명칭이 적절하게 번역되기 어렵기 때문이다. 유럽의 왕족 서열은 황제 가문, 왕 가문, 공작 가문, 대-중-소 백작 가문, 선제후 가문, 남작 가문, 영작 가문, 제후 가문 등으로 구분되는데, 이들 모두 각기 지역에서 독립적인 왕이다. 그런데 세력의 차이가 있기 때문에, 황제에서부터 제후까지 명칭을 달리하는 것이고, 이들의 자녀들은 모두 왕자, 공주로 지칭된다.

89 Jeffrey L. Singman, Daily Life in Medieval Europe (Westport, 1999), p. 7.

90 국내의 저가 마켓 노브랜드도 이런 방식이다.

91 Jackson J. Spielvogel, Western Civilization: Alternate Volume: Since 1300 (Boston, 2015), p. 438.

92 De Lamar Jensen, Reformation Europe: Age of Reform and Revolution (Lexington, 1992), p. 345.

93 Marvin Perry, et al., Western Civilization: Ideas, Politics, and Society (Boston, 2009), p. 476.

94 Sean Kay, NATO and the Future of European Security (Lanham, 1998), p. 13.

95 일반적으로 개헌은 정부의 형태가 바뀔 때 진행된다. 1789년에 프랑스 혁명이 시작되고, 1792년에 프랑스 역사상 제 1공화국이 선포된 이래 현재까지 프랑스에서는 다섯 차례의 개

헌이 있었다. 현재의 프랑스는 1958년 개헌에 따른 제 5공화국이다.

96  Christopher Booker, Great Deception: The Secret History of the European Union (New York, 2003), p. 31.

97  Laurie Buonanno / Neill Nugent, Policies and Policy Processes of the European Union (New York, 2013), p. 142.

98  Lily Gardner Feldman, "Reconciliation and Legitimacy: Foreign relations and enlargement of the European Union," in Thomas Banchoff / Mitchell Smith, eds., Legitimacy and the European Union: The Contested Polity (New York, 1999), p. 67.

99  William Frank Smith, Catholic Church Milestones: People and Events that shaped the institutional Church (Indiananpolis, 2010), p. 29; William A. Dyrness / Veli-Matti Kärkkäinen, ed., Global Dictionary of Theology:A Resource for the Worldwide Church (Downers Grove, 2008) p. 627.

100 신성 로마 제국(962~1806)의 정식명칭은 Heiliges-Römisches Reich der Deutschen으로 이는 독일 민족, 즉 게르만족의 신성 로마 제국이라는 뜻이다. 결국 로마의 정통성을 게르만족이 이어받았다는 것을 의미한다.

101 신성 로마 제국의 황제에게 도움을 청하지 않고 로마 교황에게 도움을 청했다는 사실은 서유럽 지역에 대한 교황의 지배력을 상징한다.

102 Reformation이라는 단어는 독일어로 개혁을 의미하는 Reform에서 파생된 단어인데, 오직 종교 개혁이라는 뜻으로만 사용된다.

103 Erich Zettl, Deutschland in Geschichte und Gegenwart (München, 1972), p. 22.

104 과거 동독 공산주의 정권은 종교개혁가들 중에서 뮌처를 가장 인정하였다.

105 Donald Tannenbaum, Inventors of Ideas: Introduction to Western Political Philosophy (Boston, 2012), p. 118.

106 Herman J. Selderhuis, John Calvin: A Pilgrim's Life (Nottingham, 2009), p. 119.

107 Elsie Anne McKee, John Calvin: Writings on Pastoral Piety (New York, 2001), p. 10.

108 Richard Swedberg, The Max Weber Dictionary: Key Words and Central Concepts (Stanford, 2005), p. 10.

109 Harmut Lehmann, "Max Weber Weg vom Kulturprotestantismus zum asketischen Protestantismus", in Wolfgang Schuluchter / Friedrich Wilhelm Graf, eds., Asketischer Protestantismus und der 'Geist' des modernen Kapitalismus (Tübingen, 2005), pp. 33- 46; Hartmut Lehmann, Max Weber "Protestantische Ethik": Beiträge aus der Sicht eines Historikers (Göttingen, 1996), pp. 9-29; Max Weber, Protestantische Ethik und der Geist des Kapitalismus (Tübingen, 1905).

110 Max Weber, Protestantische Ethik und der Geist des Kapitalismus (Tübingen, 1905).

111 1526년 슈파이어 제국 의회(Diet of Speyer)에서 루터의 추종자들은 의회로 하여금 총 공의회가 개최되기 전까지 보름스 칙령을 중단하고 각 국가의 통치자들이 종교를 채택한다는 원리를 승인하게 했다. 그러나 1529년에 개최된 제 2차 슈파이어 제국 의회에서 칼 5세는 이 원리를 철회하고 가톨릭만 인정했다. 이로 인해 루터를 따르는 여섯명의 제후와 14개의 자

유도시 대표들은 항의문(Protestation)을 선언하고 본격적인 투쟁에 돌입했다. 그 후로 이들은 항의하는자라는 의미를 가진 프로테스탄트로 불리었다.

112 Reinhold Bernhardt / Thomas K. Kuhn, eds., Religionsfreiheit Schweizerische Perspektiven (Zürich, 2007), p. 72.

113 전체 유럽으로 보면 대체적으로 북유럽 국가들은 루터교이고 남유럽 국가들은 가톨릭이다. 또한 종교개혁이 최초로 발생했던 독일 지역에서도 북부는 루터교, 남부는 가톨릭으로 구분된다.

114 James A. Patrick, ed., Renaissance and Reformation (New York, 2007), p. 321.

115 뉴햄프셔, 매사추세츠, 코네티컷, 로드 아일랜드, 뉴저지, 뉴욕, 펜실베이니아, 메릴랜드, 델라웨어, 버지니아, 노스캐롤라이나, 사우스캐롤라이나, 조지아.

116 그 외에도 이 당시에 영국이 네덜란드로부터 빼앗은 지역은 남아프리카 공화국, 동부 인도 지역 등이었다.

117 또한 애팔래치아 산맥 서부 지역에서 시카고에 이르는 지역과 북서부 지역에는 독일계 지명도 많이 분포한다.

118 Edward L. Ayers, et al., eds., American Passages: A History of the United States (Boston, 2010), p. 88.

119 Ray Raphael, A People's History of the American Revolution : How Common People shaped the Fight for Independence (New York, 2001).

120 John P. McKay / Bennett D. Hill / John Buckler, eds., A History of Western Society Volume B: From the Renaissance to 1815 (Boston, 1983), p. 733.

121 왕의 자의적 지배와 권력을 반대하고 법에 의한 합리적 지배와 공화주의를 표방했다. 자유주의적 관점에서 인간의 천부인권과 자연권을 규정하고 신 앞에서의 평등과 개인주의적 권리와 자유를 강조했다. 로크의 정부론에 나온 정치이론을 수용해 제퍼슨이 기초를 닦았으며 영국왕에 대한 식민지 부르주아들의 직접적인 항거에 대한 선언이었다.

122 Merrill D. Peterson, The Political Writings of Thomas Jefferson (Chapel Hill, 1993), p. 14.

123 Catherine H. Zuckert, Natural Right and the American Imagination: Political Philosophy in Novel Form (Savage, 1990), p. 18.

124 Gordon S. Wood, Creation American Republic 1776-1787 (Chapel Hill, 1998) p. 614.

125 James W. Russel, Double Standard: Social Policy in Europe and the United States (Lanham, 2011), p. 63.

126 Harold J. Berman, Law And Revolution, II: The Impact of the Protestant Reformations on the Western Legal Tradition (Cambridge, 2006), p. 11.

127 정식 명칭은 전국삼부회이다. 1302년 필리프 4세가 소수 특권층인 사제·귀족·도시의 대표를 모아놓고 노트르담 성당에서 개최한 것이 기원이다. 그 뒤 제1부 사제, 제2부 귀족, 제3부 평민의 대표들로 구성된 국민의회로 정형화(定型化)하였다. 영국 의회와 성격이 다른 점은 국왕의 의지를 제약하는 대의회(代議會)가 아니고, 왕권의 주도로 국민 대표에 협력을 요청하는 자문 기관이라는 점이다. 의회의 소집권과 의제의 제기권은 모두 국왕에게 있었고, 의원은 심사·상신권(上申權)을 보유하였지만, 의결권은 인정되지 않았다. 이들이 최초로 저

항을 시도한 일은, 백년전쟁 중인 1356년 파리의 상인장(商人長) 에티엔 마르셀을 중심으로
왕실고문관을 편성하여, 이것을 근대형식의 의회로 개조(改組)하려는 의향을 표시한 것이었
다. 그 뒤 이들 내부에서는 평민의원과 보수적인 귀족의원 사이에 대립·항쟁이 자주 되풀
이되었다. 16세기 전반에는 삼부회 소집이 비교적 적었으며, 1562년 종교 전쟁이 일어난 뒤
로 신앙 문제를 둘러싸고 논의가 되풀이되었다. 1614년 콩데 공작을 비롯한 대귀족의 특권
확장 요구로 개최되었는데, 부르주아가 독점한 관직을 귀족에게도 개방시키기 위하여 매관
제(賣官制) 폐지가 논의되었다. 여기에서 뒤에 루이 13세의 재상이 된 리슐리외도 출석하여
열변을 토하였다. 그러나 이를 마지막으로 그 뒤 170년 간 한 번도 소집되지 않았다. 1789
년 5월 루이 16세가 재정 문제에 대해 고심한 끝에 오랜만에 재개되었으나, 토의 형식과 투
표방식 때문에 제 3 부 의원과 특권 신분 사이에 심각한 의견 대립이 발생하였다. 6월 17일
부별심의에 반대한 미라보·시에예스 등은 국민의회(國民議會)를 성립시켜, 이를 새로운 형
식으로 바꾸었다. 궁정에서 이 움직임을 탄압하기 위하여 군대를 집결시켰을 때 프랑스 혁
명이 일어났고, 이 신분제 의회는 종식되었다. 1789년 5월 5일 루이 16세가 베르사유 궁전
에 삼부회(성직자·귀족·제 3 신분)를 소집하였으나, 이 삼부회는 중세적인 신분제 의회의 형
식으로 열렸기 때문에, 신분별 심·표결에 반대한 자유주의 귀족과 평민 의원으로 구성된
제 3 신분 의원과 귀족·성직자로 구성된 특권 의원과의 알력이 개회 초부터 생기게 되었다.
즉, 제 3 신분 의원은 각 신분 공통의 두수제(頭數制) 채결 방법을 주장하여 합동 회의가 열
리지 못하는 상태였다. 제 3 신분 의원은 성직자·귀족·평민의 전 대표가 합류할 것을 주장
하여 특권층과 교섭을 벌였으나 뜻대로 합동 회의가 열리지 않았기 때문에, 6월 17일 제 3
신분 의원 단독으로 '국민의회'라는 명칭을 채용하여 영국식 국회를 건설할 것을 결의·발표
하였다. 이에 19일 밤 국왕은 성직자·귀족의 특권층 의원들과 개최한 친림회의(親臨會議)에
서 제 3 신분 의원이 주장한 결의를 파기시키기로 하여 삼부회 회장의 폐쇄를 명하였다. 그
러나 제 3 신분 의원은 20일 '테니스 코트의 서약'으로 맞서 헌법제정 때까지 해산하지 않을
것을 서약하였다. 또한 성직자 대다수와 약 50명의 귀족이 국민의회에 합류하자 국왕도 어
쩔 수 없이 삼부회 합동 회의에 동의하게 되었고, 대세에 밀려 삼부회 전 의원이 합류하게
되었다. 의회는 7월 7일 헌법위원회를 창설하고, 9일에 헌법제정국민의회로 명칭을 개칭하
였다. (두산백과)

128 H.A.L. Fisher, A History of Europe Volume Ⅱ From the Early 18th Century to 1935 (London, 1935), p. 886.

129 국민의회로 모인 프랑스 민중의 대표들은 무지와 나태함 또는 인간 권리에 대한 경멸이 정
부의 부패와 사회의 공적인 재난의 유일한 원인임을 믿고 엄숙한 선언을 통해 그리고, 사회
적 조직체의 모든 구성원들 앞에 언제나 존재하는 이 선언으로 계속적으로 그들에게 그들
의 의무와 권리를 일깨우기 위해 자연적이고 양도할 수 없으며 신성한 인간의 권리를 발표
할 것을 결정하였다. 이 선언이 의도하는 바는, 사회체의 모든 구성원이 항시 이 선언에 준
하여 부단히 그들의 권리와 의무를 상기하게 함이며, 또 정부의 입법권과 행정권의 행위가
모든 순간에 일체의 정치 제도의 목적과의 비교에서 한층 더 존중되게 함이며, 차후 시민의
요구가 단순하고도 이론의 여지가 없는 원리에 기초를 둔 것으로써 항상 헌법의 유지와 만
민의 행복에 이바지할 수 있게 함이다. 이러한 이유에서 국민의회는 최고 존재 앞에서 그 가

호에 의하여 다음과 같은 신성한 인권과 시민권을 승인하고 선언한다.

제 1 조: 인간은 자유롭고 평등하게 태어나서 생활할 권리를 가진다. 사회적 차별은 공적인 이익을 근거로 해서만 있을 수 있다.

제 2 조: 모든 정치적 결사의 목적은 인간의 자연적이며 시효에 의하여 소멸할 수 없는 권리들을 보전함에 있다. 이 권리들이란 자유, 재산, 안전의 보장 및 압제에 대한 저항이다.

제 3 조: 모든 주권의 근원은 본질적으로 국민에게 있다. 어떤 단체나 어떤 개인도 명백히 국민에게서 유래하지 않는 권력을 행사할 수 없다.

제 4 조: 정치적 자유는 타인을 해치지 않는 한 무엇이든지 할 수 있음이다. 그러므로 저마다의 자연적 권리의 행사는 사회의 다른 구성원에게도 같은 권리를 향유하도록 보장하기 위한 제한 이외에는 제약을 받지 아니한다. 이 제약은 법률에 의해서만 규정된다.

제 5 조: 법은 사회에 해로운 행위가 아니라면 금지할 권리를 가지지 아니한다. 법에 의하여 금지되지 않는 것은 어떤 일이라도 방해되지 않으며, 또 법이 명하지 않은 것은 누구에게도 강요할 수 없다.

제 6 조: 법은 일반의지의 표현이다. 모든 시민은 개인적으로 또는 대표자를 통하여 입법에 참여할 권리가 있다. 법은 보호하는 경우에나 벌하는 경우에나 만인에게 꼭 같아야 한다. 모든 시민은 법 앞에 평등하므로 그 능력에 따라서 그리고 덕성과 재능 이외에는 차별이 없이 모든 영예와 공공 지위와 직무에 평등하게 취임할 수 있다.

제 7 조: 누구도 법에 의하여 규정된 경우이거나 법이 정하는 절차에 의하지 아니하고는 고소, 체포, 구금되지 아니한다. 자의적인 명령의 작성을 선동하거나 편의를 제공하거나 또는 그 명령을 집행하게 하는 자는 처벌되어야 한다. 그러나, 법에 의하여 소환되거나 체포되는 시민은 누구나 즉각 법에 순응해야 한다. 이에 저항하는 자는 범죄자가 된다.

제 8 조: 법은 엄격히 그리고 명백히 필요한 형벌만을 요구해야 하고 누구도 범죄 이전에 제정되어 공포된 법률이나 또는 정당하게 적용된 법률에 의하지 아니하고는 처벌되지 않는다.

제 9 조: 유죄로 선고되기까지는 누구나 무죄로 간주되므로 체포가 꼭 필요하다고 판단되는 경우에도 신병을 확보하는데 필요하지 않은 강제 조처는 법에 의하여 엄중히 제지되어야 한다.

제 10 조: 누구도 그의 의견이 법률에 의하여 정해진 공공질서를 교란하지 않는 한 그의 의견이 비록 종교상의 의견이라 할지라도 방해되어서는 안 된다.

제 11 조: 사상과 의견의 자유로운 소통은 인간의 가장 귀중한 권리의 하나이다. 그러므로 모든 시민은 자유로이 말하고 쓰고 출판할 수 있다. 다만 법률에 의하여 규정될 경우에는 자유의 남용에 대하여 책임을 져야 한다.

제 12 조: 인권과 시민권을 보장하기 위해서는 공공의 무력이 필요하다. 그러므로 이 무력은 모든 사람의 이익을 위하여 마련된 것이고 그것을 위임 받은 사람들의 개인적인 이익을 위하여 마련된 것은 아니다.

제 13 조: 공공 무력의 유지와 행정의 비용을 위하여 공동의 조세는 불가결하다. 조세는 모든 시민이 그 능력에 따라 평등하게 분담해야 한다.

제 14 조: 모든 시민은 스스로 또는 대표자를 통하여 공적 조세의 필요사항, 조세의 용도, 세

액, 징수 방법 및 기간을 결정하는 데 자유롭게 발언할 권리가 있다.

제 15 조: 사회는 모든 공직자에게 그 행정에 관하여 보고를 요구할 권리가 있다.

제 16 조: 권리의 보장과 권력의 분립이 확립되어 있지 않은 모든 사회는 헌법을 요구한다.

제 17 조: 소유권은 신성 불가침의 권리이므로 합법적으로 확인된 공공 필요가 명백히 요구하고 또 정당한 사전 배상의 조건하에서가 아니라면 결코 침탈 될 수 없다.

130 자코뱅파는 프랑스 혁명 시기에 생긴 당파 중 하나이다. 명칭의 유래는 파리의 자코뱅 수도원을 본거지로 한 데에서 유래되었다. 지코뱅파는 넓은 의미에서는 자코뱅 클럽에 속해 있던 시민, 좁은 의미에서는 혁명을 지지했던 혁명파를 가리키지만, 일반적으로 후자의 급진 공화파를 가리키는 말이 되었다.

131 Ludvig Beckman / Emil Uddhammar, eds., Virtues of Independence and Dependence on Virtues (New Brunswick, 2003), p. 99.

132 혁명의 수구화는 우리나라에서도 나타나는 현상이다. 1980년대 민주화 운동을 했던 자칭 민주 투사들 역시 현재도 여전히 개혁 세력인지 아니면 이제 개혁의 대상이 되었는지 분명히 성찰해 보아야 한다. 현재 어떠한 길을 걷고 있는지를 스스로 끊임없이 성찰하고 자문하면서, 자신들이 개혁 세력인지, 아니면 개혁의 대상인지 자기 정체성을 파악해야 한다. 프랑스 혁명 역시 로베스피에르 숙청 이후 수구화되어 부르주아들만의 개혁을 완수하고 전체 시민을 위한 개혁 의지를 상실했다. 우리나라도 1980년대 민주화 세력이 개혁을 외쳤으나 자기 이익만 얻고 이후에는 수구화된 것이 아닌지 돌이켜볼 필요가 있다.

133 지중해 코르시카섬 아작시오에서 출생했다. 카를로 보나파르테와 레티치아 라몰리노 사이에서 태어났는데, 그의 이름인 나폴레옹 보나파르트(Napoléon Bonaparte)는 부모가 지어준 나폴레오네 부오나파르테란 본명을 이후에 프랑스식으로 바꾼 것이다. 코르시카는 이탈리아계와 프랑스계 주민들이 공존했던 지역으로, 원래 제노바령으로서 독립 기풍이 강해 자주 반란이 일어나곤 했다. 그러자 제노바는 프랑스 군에 부탁해 반란을 진압시켰고 마지막에는 빚 저당으로 섬 자체를 프랑스에 팔아 버렸다. 다시 말해 코르시카는 원래 이탈리아에 속하는 지역이었다. 나폴레옹은 이 섬의 독립 운동가였던 가난한 귀족의 아들이었는데 생활고 때문에 열 살 때 프랑스 본토의 육군 유년학교에 들어갔다

134 John Stevens Cabot Abbott, The History of Napoleon Bonaparte (New York, 1855), p. 226.

135 Martha Rasmussen, The Catholic Church The First 2000 Years: A Popular Survey and Study Guide to Church History (New York, 2005), p. 304.

136 Martyn Lyons, Napoleon Bonaparte and the Legacy of the French revolution (New York, 1994), p. 96.

137 Lyons, ibid., p. 96.

138 가령 우리나라 사극에 보면 왕이 사약을 내리고 당사자는 자기의 목숨을 부당하게 빼앗는 자에게 절을 하고 마시는 장면이 종종 등장한다. 왕이 한 사람의 목숨까지 빼앗을 수 있는 막강한 권한, 즉 생사여탈권을 가지고 있으며 이러한 권한이 왕의 자의적 판단에 의해 이루어진다. 왕과 귀족에 의한 자의적 지배란 충동적이고 감정적이며 부정확하고 비합리적, 비논리적, 비이성적이다. 프랑스 혁명 당시 시민들은 이러한 불합리한 자의적인 지배를 부정하고 법에 의한 공정하고도 합리적인 지배를 원했다. 자유주의자들은 인간에 의한 자의적

지배가 아닌 법에 의한 지배가 합리적이라고 여겼다.

139  Alexander Tchoubarian, The European Idea in History in the Nineteenth and Twentieth Centuries: A View from Moscow (London, 1994), p. 22.

140  Tchoubarian, ibid., p. 22.

141  Leo Gershoy, The Era of the French Revolution, 1789-1799 (New York, 1957), p. 150.

142  1792년 4월 혁명 정부가 오스트리아를 상대로 선전포고를 했다는 소식을 듣고 공병 장교 루제 드 릴이 스트라스부르의 숙소에서 하룻밤 사이에 가사와 멜로디를 썼다고 하는 La Marseillaise는 당시에 라인 강변으로 출정하는 용사들의 심경을 그린 것으로 밝은 선율이 평범하고 호전적인 가사를 완전히 살리고 있어 곧 도처에서 불리게 되었다. 정식 국가로써 채택된 것은 1879년의 일이다. '라마르세예즈'라는 노래제목은 당시 전국에서 파리로 모여든 의용군 중 마르세유로부터 온 무리들이 노래를 부르면서 파리로 진군해온 데 연유하며, '마르세유 군단의 노래'라는 뜻을 가지고 있으며, 현재까지 프랑스 국가로 사용되고 있다.

143  Jacob Leib Talmon, The Myth of the Nation and the Vision of Revolution (London, 1980), p. 5.

144  Micheline R. Ishay, The History of Human Rights: from Ancient Times to the Globalization Era (Berkeley, 2008), p. 115.

145  헤겔은 역사를 세계 정신의 구체적 실현이며 자유를 향한 진보로 보았다. 헤겔에게 있어서 나폴레옹은 세계 정신을 실현하는 자였다.

146  Gustav-Hans H. Falke, Begriffne Geschichte: Das historiche Substrat und die systematische Anordnung der Bewußtseinsgestalten in Hegels Phänomenologie des Geistes (Berlin, 1996), p. 35.

147  Gilbert Highet, The Classical Tradition: Greek and Roman Influences on Western Literature (Oxford, 1985), p. 427.

148  하지만 나폴레옹이 유럽에서 정복하지 못한 곳이 있었는데, 바로 영국과 러시아였다. 그래서 영국과 러시아는 프랑스 혁명의 영향을 받지 못했기 때문에, 유럽 대륙의 국가들과는 다른 시민 의식을 갖게 되었다. 러시아가 나폴레옹에게 정복당했다면, 러시아 역시 자유주의의 유입으로 시민 국가가 형성되었을 것이며 공산주의 혁명이 성공하지 못했을 것이다. 서유럽에서는 대다수가 공산주의를 반대했으며 공산주의 혁명은 실패했다. 이는 서유럽이 가진 자유주의적 시민 의식 때문이다.

149  David Nicholls, Napoleon: A Biographical Companion (Santa Barbara), p. 62.

150  Chris Cook / John Stevenson, Modern European History Since 1763 (New York, 1998), p. 57.

151  John P. McKay / Bennett D. Hill / John Buckler, eds., A History of Western Society Volume B: From the Renaissance to 1815 (Boston, 1983), p. 756.

152  J. David Markham, Napoleon's road to glory: triumphs, defeats and immortality (London, 2003), p. 251.

153  우리는 종종 왕들이 민족주의적 입장일 것이라고 오해하고 있다. 그러나 이것은 사실과 다르다. 이러한 오해는 우리 역사에서 왕의 국민이 대부분 우리 민족으로 이루어져 있었기에 생기는 것이다. 왕의 입장에선 국가의 재산인 국민이 많을수록 이익이다. 그만큼 납세 의무자가 많아지기 때문이다. 그래서 왕에게는 자신의 왕국이 단일 민족이 아닌 여러 민족으로

이루어져 있어도 큰 상관이 없다. 국민의 입장에서도 어차피 정치적 권리(주권)가 없을 경우에는 왕이 다른 민족이어도 큰 불만이 없었다. 자신과 같은 민족이 거주하는 지역이 아니라고 해서 그 지역을 정복할 수 있는데도 다른 민족의 지역이라고 정복하지 않는 왕은 없다. 결국 왕은 민족주의자가 아니라 국민주의자라고 해야 옳다. 과거 중국의 황제도 한족만을 국민으로 생각하지 않았듯이, 왕은 민족을 구분하지 않는 국민주의자라고 해야 한다.

154 개인주의가 개인의 자유를 지향한다면 민족주의는 민족의 구성원으로서 민족의 자유를 지향한다. 유럽의 민족주의는 자유주의를 통해 형성되었고 왕이 국가의 구성원을 억압하는 것을 반대하며 모든 국가의 구성원이 평등하며 이러한 평등의 기초 위에 혈통, 정서, 문화 공동체의 국민에 대한 자각이 결합된 것을 말한다.

155 여기서 언급된 민족주의는 우리가 이해하고 있는 민족주의와 동일한 개념이다. 그러나 일반적으로 nationalism이라는 용어는 그 외에도 상황에 따라 '국민주의' 혹은 '국가주의'로 해석될 수 있다. 오늘날 미국의 예시를 보면, 전 세계 민족들이 모여 살면서도 인종주의는 차치하고라도, 민족주의적인 갈등 없이 국민주의(nationalism)에 입각한 애국심을 갖고 있는 것을 볼 수 있다. 이는 자유주의가 지향하는 시민사회의 모습이라고 할 수 있다.

156 Marvin Perry, Western Civilization: From the 1400s (Boston, 2011), p. 329.

157 빈 회담은 프랑스 혁명 전쟁 이후의 유럽 질서를 논의했던 것으로써, 유럽의 전체 국가들이 참여했다. 어떤 면에서는 현재 UN과도 유사하다고 볼 수 있으며, 메테르니히는 오늘날 UN 사무총장과 유사한 역할을 했다.

158 Rene Albrecht-Carrie, A Diplomatic History of Europe since the Congress of Vienna (London, 1965), p. 95.

159 Crane Brinton, A History of Civilization: 1648 to the present (New York, 1984), p. 132.

160 프랑스의 제 2 공화정에서 초대 대통령은 루이 나폴레옹이었는데, 그러나 1952년 11월 국민 투표를 통해 루이 나폴레옹이 황제로 선출되어 나폴레옹 3세가 되면서, 제 2 공화정이 무너지고 제 2 제정이 성립되었다.

161 1949년 서독 정부가 수립된 이후 수도를 정할 때와 1990년 동서독이 통일된 이후 통일 독일의 수도를 정할 때, 수도를 프랑크푸르트로 해야 한다는 의견들이 많았다. 그 이유는 1848년 프랑크푸르트 의회의 시민주체적 상징성 때문이었다.

162 Wolfram Siemann, Vom Staatenbund zum Nationalstaat Deutschland 1806-1871 (München, 1995), p. 418.

163 William A. Carr, A History of Germany 1815-1990 (London, 1991).

164 Peter Brandt, "Liberalismus", in Lutz Niethammer, ed., Bürgerliche Gesellschaft in Deutschland (Frankfurt am Mein, 1990), pp. 143-165.

165 Ferdinand Seibt, "Das Jahr 1848 in der europäischen Revolutionsgeschichte", in Rudolf Jaworski / Robert Luft, eds., 1848/49 Revolutionen in Ostmitteleuropa (München, 1996), p. 18.

166 Jürgen Dittberner, Sozialer Liberalismus: ein Plädoyer (Berlin, 2008), p. 49.

167 1990년 독일이 재통일된 이후 수도를 다시 정하는 문제에서 베를린과 당시 서독의 수도였던 본이 경쟁했었다. 그러나 본을 지지했던 사람들 중의 일부에서는 베를린이 프로이센과

제 3 제국의 수도였던 관계로 권위주의적 인상이 강하기 때문에, 수도를 옮겨야만 한다면 차라리 통일 독일의 시민 사회적 가치에 따라 프랑크푸르트로 수도를 옮겨야 한다는 주장 이 제기되기도 했다. 이러한 이유로 1949년 서독의 수도를 정할 당시에도 프랑크푸르트는 강력한 후보였다.

168 J. Thomas Wren, Inventing Leadership The Challenge of Democracy (Northampton, 2007), p. 113.

169 우리가 일반적으로 사용하는 남북 전쟁이란 표현은 일본을 비롯한 동아시아 학계에서 사용 되고 있다. 정작 미국이나 유럽에서는 이 전쟁을 일반적으로 내전, 또는 미국 내전(American Civil War)이라고 표현한다.

170 Michael Stanislawski, "The Yiddish Shevet Yehudah: A Study in the "Ashkenization" of A Spanish-Jewish Classic," in Elishiva Carlebach / John M. Efron / David N. Myers, eds., Jewish History and Jewish Memory: Essays in Honor of Yosef Hayim Yerushalmi (Hanover, 1998), p. 142.

171 19~20세기 초의 자유주의계 언론들은 거의 모두 유대인들의 소유였고, 대부분의 유럽 내 국가에서 전국적으로 판매되었다.

172 Benjamin Ginsberg, "Identity and Politics: Dilemmas of Jewish Leadership in America," in Louis Sandy Maisel / Ira N. Forman eds., Jews in American Politics (Lanham, 2001), p. 4.

173 Anne Fuchs / Florian Krobb, eds., Ghetto Writing: Traditional and Eastern Jewry in German-Jewish Literature from Heine to Hilsenrath (Columbia, 1999), pp. 1-2.

174 Søren Kjeldsen-Kragh, The Role of Agriculture in Economic Development: The Lessons of History (Portland, 2007) p. 25.

175 Jan Luiten Van Zanden, The Long Road to the Industrial Revolution: The European Economy in a Global Perspective, 1000-1800 (Leiden, 2009) p. 12.

176 Johan J. Graafland, Economics Ethics and the Market: Introduction and applications (New York, 2007), p. 194.

177 Karl Marx, Das Kapital Bd. 1 (Berlin, 1968).

178 Paul Hilliam, Elizabeth I: Queen of England's Golden Age (New York, 2004), p. 41.

179 Joseph Henry Longford, The Story of Korea (London, 1911), p. 10.

180 John Robert Seeley, The Expansion of England: Two Courses of Lectures (London, 1914), p. 86.

181 Seeley, ibid., pp. 86-87.

182 Bruce Bueno de Mesquita, Principles of International Politics (Washington D. C., 2000), p. 487; Tim McNeese, The Age of Absolutism (Dayton, 2000), pp. 22-23.

183 Jaroslav Pánek, "Bohemia and the Empire: Acceptance and Rejection", in R. J. W. Evans / Peter H. Wilson, eds., The Holy Roman Empire, 1495-1806: A European Perspective (Leiden, 2012), p. 136.

184 Peter Hough, Understanding Global Security (New York, 2008), p. 257.

185 Matthew P. Fitzpatrick, Liberal Imperialism in Germany: Expansionism and Nationalism,

1848-1884 (New York, 2008), pp. 42-43.

186 Thomas H. Greer / Gavin Lewis, A Brief History of the Western World (New York, 2005), p. 499.

187 George Peabody Gooch, Studies in Modern History (New York, 1968), pp. 10-11. 프랑스의 외교 전략에서 가장 우선적 목표는 독일 민족을 분열시키는 것이었다. 1990년 독일 통일 당시에 승전 4개국 중에서 가장 마지막으로 마지못해 승인한 국가도 프랑스였다.

188 Nicola Lambourne, War Damage in Western Europe: The Destruction of Historic Monuments During the Second World War (Edinburgh, 2001), p. 16.

189 William Otto Henderson, The Zollverein (New York, 1984), p. 4.

190 Alan farmer / Andrina Stiles, The Unification of Germany 1815-1919 (Oxford, 2001), p. 170.

191 Adolphus William Ward / George Peabody Gooch, ed., The Cambridge History of British Foreign Policy, 1783-1919 Volume 3: 1866-1919 (Cambridge, 2012), p. 276.

192 Annika Mombauer, "The Coming of War, 1914", in Gordon Martel, ed., A Companion to Europe 1900-1945 (Oxford, 2011), p. 181.

193 정치적 개념으로써 중부 유럽은 이보다 앞선 19세기 중엽에 이미 등장했었다. 이것은 독일 과 폴란드 그리고 도나우강 동부의 슬라브 지역을 포함하여 러시아와 프랑스라는 두 강력한 세력 사이에서 힘의 균형을 이루기 위한 목적으로 콘스탄틴 프란츠가 그 필요성을 처음 제기하였다.

194 중부 유럽은 폴란드, 체코, 슬로바키아, 헝가리 등 중부 유럽과 동유럽 일부 지역을 포함했다.

195 Friedrich Naumann, Mitteleuropa (Berlin, 1915), p. 1.

196 제1차 세계대전은 서유럽의 제국주의와 범슬라브주의 및 범게르만주의 등의 갈등이 표면 화되어 나타난 전쟁이었다. 나우만은 이러한 유럽의 갈등을 막을 방법을 중부 유럽의 경제 통합이라고 보았다. 그는 제1차 세계대전을 겪으면서 거대한 중부 유럽 시장의 필요성을 절감했고 이러한 거대 시장이 전쟁을 막을 수 있다고 생각했다. 중부 유럽 구상은 현실적인 독일의 경제적 팽창 정책인 동시에 안보 정책이었던 것이라고 할 수 있다.

197 중부 유럽이라는 지리적 개념은 현재까지도 그 영역이 명확하지 않다. 일반적으로 두 가지 관점에서 나뉘어진다. 문화정치적인 범위를 따진다면 프랑스 동부에서 러시아 서부까지를 포함하고, 지리적 범위로는 라인강과 도나우강을 중심으로 한 동·서지역을 의미한다. 하나의 통합된 블록과 하나의 통합된 큰 시장을 염원하던 유럽의 입장에서는 유럽 연합 결성의 이론적 뿌리가 되었다.

198 Alan Cassels, Ideology and International Relations in the Modern World (New York, 1996), pp. 100-101

199 우월한 군사력과 경제력으로 다른 나라나 민족을 정벌하여 대 국가를 건설하려는 침략주의적 경향. 19세기 유럽 강대국들의 일반적인 모습.

200 베르사유 조약은 31개 연합국과 독일이 맺은 강화조약이다.

201 Matthew C. Price, The Advancement of Liberty: How American Democratic Principles Transformed the Twentieth Century (Westport, 2008), p. 25.

202 William R. Keylor, "Versailles and International Diplomacy", in Manfred F. Boemeke / Gerald D. Feldman / Elisabeth Glaser, eds., The Treaty of Versailles: A Reassessment After 75 Years (Cambridge, 1998), p. 501.

203 Zara Steiner, The Lights that Failed: European International History 1919-1933 (Oxford, 2005), p. 69.

204 Pam Cornelison / Ted Yanak, The Great American History Fact-Finder: The Who, What, Where, When, and Why of American History (New York, 2004), p. 484.

205 Joseph W. Bendersky, A Concise History of Nazi Germany (Lanham, 2007), p. 40.

206 이것은 나폴레옹의 대오스트리아 전략과 유사했다.

207 Anne R. Pierce, Woodrow Wilson & Harry Truman: Mission and Power in American Foreign Policy (New Brunswick, 2007), p. 86.

208 Heather M. Campbell, ed., The Britannica Guide to Political and Social Movements that changed the Modern World (New York, 2010), pp. 78-79.

209 John Springhall, Decolonization since 1945 (New York, 2001), p. 10.

210 Wolfgang Krieger, Die Deutschlandpolitik der amerikanischen Besatzungsmacht 1943-1949, in: Wolfgang-Uwe Friedrich, de., Die USA und die Deutsche Frage 1945-1990 (Frankfurt/ New York, 1991), p. 108.

211 Krieger, ibid., p. 108

212 Christopher Layne, "Why Die for Gdansk? NATO Enlargement and American Security Interests", in Ted Galen Carpenter / Barbara Conry, eds., NATO Enlargement: Illusions and Reality (Washington D.C., 1998), p. 64.

213 Marc Trachtenberg, A Constructed Peace, The making of the European Settlement 1945-1963, (Princeton, 1999), p. 27.

214 Walter Mills (ed.), The Forrestal Diaries,(New York, 1951), p. 78.

215 1955년은 유럽에서 서독과 동독이 각각 NATO와 바르샤바 조약 기구에 가입했던 시점이었다. 이로써 유럽에서 동-서 진영의 영역이 확정되었고, 이후로는 공산주의 진영의 팽창과 자유민주주의 진영의 봉쇄가 아닌, 새롭게 재편된 유럽 질서의 현상을 유지하는 평화 공존 정책으로 동-서 진영이 실제로 협력하는 시기로 접어들었다.

216 Boris Meissner, Rußland, die Westmächte und Deutschland. Die sowjetische Deutschlandpolitik, 1943-53 (Hamburg 1953), p.39, p61.

217 Gerd Hardach, Der Marschll-Plan, Auslandshilfe und Wiederaufbau in Westdeutschland 1948-52, (München, 1994), p. 67

218 Wolfgang Krieger, Die Deutschlandpolitik der amerikanischen Besatzungsmacht 1943-1949, in: Wolfgang-Uwe Friedrich, de., Die USA und die Deutsche Frage 1945-1990 (Frankfurt/ New York, 1991), p. 104.

219 Nieuwe Rotterdamse Courant, 1951. 7. 20.

220 Gustav Schmidt, "Strukturen des "Kalten Kriegs" im Wandel", in Nobert Wiggershaus / Dieter Krüger, eds., Konfrontationsmuster des Kalten Krieges 1946-1956 (München, 2003), p.

70.

221 O-Joong Kwon, Politik für die geteilte Nation, Bundesrepublik Deutschland und Südkorea im historischien Vergleich 1945-1963. Darstellung auf der Grundlage unveröffentlichter deutscher Akten, Diss. Uni. Marburg, Scriptorium, (Münster, 2003), p.131.

222 미국도 1959년부터 준회원으로 참가했다.

223 O-Joong Kwon, Politik für die geteilte Nation, Bundesrepublik Deutschland und Südkorea im historischien Vergleich 1945-1963. Darstellung auf der Grundlage unveröffentlichter deutscher Akten, Diss. Uni. Marburg, Scriptorium, (Münster, 2003), p. 101-103.

224 Helga Haftendorn, Coming of Age: German Foreign Policy Since 1945 (Oxford, 2006), p. 36.

225 독일 분단에 책임이 있는 포츠담 조약 당사국들(미국, 영국, 프랑스, 소련)과 통일의 당사자인 동독과 서독이 모여 독일의 통일에 합의한 조약.

# 노붐 유럽 테마사

진보 대 보수, 틀리고
좌파 대 우파, 맞다

1판 1쇄 인쇄 | 2020년 8월 30일
1판 1쇄 발행 | 2020년 9월 10일

지은이 권오중 김진호

펴낸이 송영만
디자인 자문 최웅림
편집 송형근 김미란 이상지 이태은

펴낸곳 효형출판
출판등록 1994년 9월 16일 제406-2003-031호
주소 10881 경기도 파주시 회동길 125-11(파주출판도시)
전자우편 editor@hyohyung.co.kr
홈페이지 www.hyohyung.co.kr
전화 031 955 7600

© 권오중 김진호, 2020
ISBN 978-89-5872-172-7 03920

값 17,000원

이 도서의 국립중앙도서관 출판시도서목록(CIP)은 서지정보유통지원시스템 홈페이지
(http://seoji.nl.go.kr)와 국가자료공동목록시스템(http://www.nl.go.kr/kolisnet)에서
이용하실 수 있습니다.(CIP제어번호: CIP2020035851)